中古中國佛經協作翻譯史

蕭世友 著

中華書局

目錄

自 序

　　中土佛典漢譯歷時千載，中古時代大盛，起自漢晉，下開隋唐，譯經模式或是譯者一人為之，或是多位中外譯者協力為之，各盡所能，分工合作，將佛門典籍從西域語言逐一譯成漢文，筆者謂之「協作翻譯」，很多持誦至今的三藏經典，便是以此方式譯出。

　　本書以中古中國的佛典協作翻譯史為主題，查探經本、注疏、經錄、譯序、僧傳、出土文獻等不同歷史材料，提出舊日的譯經組織共有三類：（一）小組譯經、（二）大型譯場和（三）精英譯場，可考者近百例，分三章討論，並探索中世多人譯經的本末經過、核心譯者、翻譯流程和翻譯特徵，從中分析集體譯經運作程序的演變脈絡，說明翻譯組織如何由東漢的數人小組，經歷數百年的發展，最終衍生唐代分工精細的譯場系統，藉此補充中國佛經翻譯史的研究，同時揭示古代東、西文化互動交流的另一面向。

　　今人閱讀佛藏，誠甚方便，電腦在手，即可透過互聯網一覽各類譯經，學習佛菩薩的智慧法理，但其實一切得來不易。如無古代一眾譯經師為法忘身，誓傳教義、翻梵成華、精益求精，妙語終究難聞。譯師們的大悲功德及無私精神，筆者早於香港大學中文學院攻讀碩士，研究十六國佛教史的時候，已深有所感，後來在香港中文大學翻譯系就讀博士課程，考究唐代般若經典梵漢翻譯史，查探眾多譯史個案，並受各位老師啟發，了解昔日譯師的翻譯大智，對歷代翻經大德的敬佩之情，更是由衷，難以言喻，發心他日機緣許

可，望能撰書一部，綜述諸師事蹟，盡己所能，明其偉業，是為成書的第一因。

再者，今人每當討論中國古代的佛教集體譯事，常舉羅什、玄奘為例，加上宋代傳法院，以為全貌，其實不然。翻譯組織發展近千載，大小團隊必然不止數個，上述顯例的形成，背後當有多代譯者的經驗累積，不斷探索，加以改良，方有所成，分工精密的唐宋譯場模式如何從無到有、其他時期的翻譯流程有何特色、整個多人譯經體系的變化軌跡為何等問題，應先透過整合現有譯史檔案，編寫新的協作譯經史，疏通理路，進而逐一解答，然後將著作應用於大學本科或研究生課程教學，一同再探，才能讓人全面理解當時的實際佛典翻譯情況，避免以偏概全之弊，是為成書的第二因。

本書得以付梓刊行，有賴香港特別行政區研究資助局的部分資助（UGC/FDS14/H20/19），並感謝中華書局（香港）有限公司前總經理兼總編輯侯明女士和中華書局學術分社社長、副總編輯黎耀強先生處理出版申請、中華書局學術分社編輯黃杰華博士詳審校勘書中內容，以及書局一眾善知識幫忙出版，包括簡雋盈女士（封面設計）、陳美連女士（內容排版）和劉漢舉先生（書籍印務），甚為感激，特此致謝。

第一章

導

論

1. 引言

　　中國佛經[1]翻譯歷史源遠流長，東漢（25-220）伊始，隋（581-618）唐（618-907）大盛，歷時近千年。譯師的弘法事跡遍見中古時代[2]，所翻經本涉及經、律、論三藏，為後人留下珍貴的哲學寶藏。筆者撰寫《中古中國佛經協作翻譯史》[3]一書，旨在爬梳史料，重構由東漢至唐代的佛經漢譯歷史，說明古代譯經師如何透過協作方式，籌組翻譯團隊，排除萬難，翻出眾經，傳入中土，令普羅大眾了解佛門義理。

1　書中「佛經」、「佛典」、「佛籍」等詞同義，泛指佛門「三藏」（tripiṭaka），即「經藏」（sūtrapiṭaka）、「律藏」（vinayapiṭaka）和「論藏」（abhidharmapiṭaka），乃至後人的佛門撰述，並不限於佛陀宣說的「經藏」類典籍。

2　本書所謂的中國中古時代，是指東漢（25-220）晚期、三國（220-280）、兩晉十六國（266-439）、南北朝（420-589）、隋代（581-618）和唐代（618-907），近現代中外學者亦多以此定義中國中古年期，見夏曾佑（1863-1924）：《中國古代史》（上海：商務出版社，1933 年）；內藤湖南（Naitō Konan，1866-1934）著，神田喜一郎（Kanda Kiichirō，1897-1984）、內藤乾吉（Naitō Kenkichi，1899-1978）編：《內藤湖南全集（十）》（東京：筑摩書房，1969-1976 年）；Albert E. Dien, *State and Society in Early Medieval China* (Hong Kong: Hong Kong University Press, 1990) 等著作。此外，關於「中古」一詞於東亞史學界的理解和演化，詳參謝偉傑著〈何謂「中古」？——「中古」一詞及其指涉時段在中國史學中的模塑〉，文中指出「當今學界中，『中古』一詞被普遍運用於指稱魏晉南北朝和隋唐時代，相當於 3 至 9 世紀。」（見謝偉傑：〈何謂「中古」？——「中古」一詞及其指涉時段在中國史學中的模塑〉，《中國中古史集刊》2016 年第 2 輯，頁 4。）

3　本研究得到香港特別行政區研究資助局的部分資助（UGC/FDS14/H20/19）。

2. 研究框架

翻譯研究學者 Andrew Chesterman 嘗於 "The Name and Nature
of Translator Studies" 一文提出三大方向，[4] 以開拓翻譯學的研究，
順應千禧年後翻譯學中的「社會學轉向」（sociological turn），[5]
其方向包括：（一）譯作社會學（the sociology of translations），即
分析翻譯市場的需求和譯作的功能作用；[6]（二）譯者社會學（the
sociology of translators），即探討不同文化背景或不同種類譯者的
地位狀態、薪酬水平、工作條件、榜樣楷模、習慣常行、專業機
構、認證體系、交際網絡、版權問題、公眾印象等；[7]（三）翻譯流
程社會學（the sociology of translating/translating process），即探究
譯業中不同階段的活動事項，如翻譯實踐和工作程序、譯文質量監
控程序和修訂過程、團隊翻譯中的合作情形、多重起草工序、與客
戶等不同代理的關係等。[8] Chesterman 所述內容，點出三種翻譯現
象的研究方向，其之於佛經翻譯史考究亦有大用，有助補足相關領
域的研究框架，令探索更見條理，避免游談無根。

本書參考 Chesterman 的第三大研究方向（即翻譯流程社會
學），總論中國中古時代的佛典漢譯流程特徵，說明譯經團隊的發

---

4 Andrew Chesterman, "The Name and Nature of Translator Studies", *HERMES -
Journal of Language and Communication in Business* No.42 (2009), pp. 13-22.

5 Andrew Chesterman, "Questions in the Sociology of Translation", in João Ferreira
Duarte, Alexandra Assis Rosa, and Teresa Seruya (eds.), *Translation Studies at the
Interface of Disciplines* (Amsterdam/Philadelphia: John Benjamins Publishing
Company, 2006), pp. 9-27.

6 同上注，頁 17。

7 同注 4，頁 16。

8 同上注，頁 17。Andrew Chesterman, *Reflections on Translation Theory*
(Amsterdam/Philadelphia: John Benjamins Publishing Company, 2017), pp. 123-146.

展歷史。所謂「中古」，即以佛法傳入中土的漢代為開端，以譯事大盛的隋唐時代為終。綜觀古代佛教翻譯史，譯經模式主要有兩種：第一種是個人譯經，早見於佛法東傳初期，部分譯經師語言能力非凡，來華以後不久便學懂漢言，能夠以一己之力，將佛典由西域語言翻作漢文，整個翻譯流程獨力主理；第二種是協作翻譯模式（collaborative translation），即多位譯經師合組團隊，各盡所能，分工翻譯，其組織方式因時演化，不斷改良，經過數百年的發展，至唐代出現極具規模的譯經體制。本書旨在考察協作譯經的本末，是為討論重點。

論中古中國的協作翻譯模式，可以分為三大類別：第一類是「小組譯經」，常見於東漢、三國（220-280）、西晉（265-316）時代。當時來華弘法的西域譯師未必通曉漢言，故常與有志學佛、略通外語的漢地文士合作，籌建數人小組，嘗試將佛典由外語轉為華言，部分屬於編譯（adaptive translation），典型例子有東漢安玄團隊和西晉竺法護（Dharmarakṣa，239-316）⁹團隊。

第二類是「大型譯場」，常見於東晉十六國（317-439）時期。隨着佛法日漸廣傳，僧侶信徒益增，不少君主亦信奉佛法，支持翻經，出資興建可容納過千人的大型翻譯場所，廣召天下能士加入其中，共參譯事，以求譯出上品經卷，補訂前代譯文不善之處，重要例子有後秦（384-417）鳩摩羅什（Kumārajīva，344-413）團隊和北涼（397-439）曇無讖（Dharmakṣema，385-433）團隊。

第三類是「精英譯場」，見於李唐一代。其時千人大型譯場已不復見，精英譯經成為官方譯事的常見模式，小組譯經為輔。駐場譯經師必為一時法匠，學行俱善，同時組織內有嚴謹的翻譯

9　書中歷史人物的生卒年和外文原名依據法鼓文理學院（Dharma Drum Institute of Liberal Arts）的「人名規範資料庫」標示，生卒不詳或外文原名未能確實者，則不落注。

分工程序，部分譯作要經朝廷審定核准，方可刊行。此等譯經模式隋代漸見雛形，唐代確立推行，並以初唐波羅頗迦羅蜜多羅（Prabhākaramitra，565-633）啟建譯場為濫觴，玄奘（602-664）等後世譯師承襲續辦，加以改良，成為官方譯經的基本制度。

　　書中所論，是透過分析不同種類的史料得出，除了梵漢經本、佛典注疏、三藏經錄、經序撰著、譯師傳記、筆記載述、正史紀錄等歷史檔案，更用及敦煌文獻、吐魯番文書等出土文獻，以求考據深廣，論述紮實。

3. 分章鋪排

　　全書共五章，概述如下：

　　第一章屬導論部分，說明研究主題、內容要點、分章架構、研究意義和書中涉及的重要概念。

　　第二章至第四章屬討論部分，分章探究漢唐期間的三大譯經組織模式，即是「小組譯經」（第二章）、「大型譯場」（第三章）和「精英譯場」（第四章）。此外，每一章節會將相關的譯經組織考出，逐一說明其建構緣起、核心譯者、譯經流程和翻譯特點，藉此敘述中國中古協作譯經的發展軌跡。

　　第五章屬結論部分，歸納全書要點，並略述後續研究方向，如撰寫續編，討論宋（960-1279）、元（1271-1368）、明（1368-1644）、清（1644-1912）四朝的翻譯組織；探索唐代以後的譯經師採用怎樣的譯經模式，將經本譯為金文、蒙文、滿文等語言。結論之後，附上詳細的參考書目。

4. 研究意義

本研究項目的意義共有四點：

其一，讓大眾讀者從另一角度認識中國文化史。現有不同著作，從衣、食、住、行等多個角度，介紹中國傳統文化，古代翻譯活動其實亦能提供有趣的面向，讓人理解某時某地的歷史內涵，故西方翻譯史學者 Christopher Rundle 曾提出 "translation as an approach to history" 的觀點。[10] 透過探討一部經文如何由西域傳入中土，經過集體智慧的提煉，爬羅剔抉，語言對翻，然後在華流通廣傳，分析箇中歷史片段，可讓普羅大眾了解古代中外互動的情況，說明中國自古對異域文化兼容並包，譯師們致力將正信的宗教哲理發揚光大，傳揚至今。本書以敍述中古佛教譯經團隊的舊事為中心，藉着佛經翻譯史點出上述的傳統文化要義，大眾閱後有助加深對國史的認識。

其二，重構中古佛經翻譯團隊的歷史。過去雖有著作總論中國歷史上著名的佛教譯經師事跡，可是論述未及全面，問題如下：一者，過分以譯主[11]為中心。古代不少譯事以多人組織團體為單位，由譯主與助譯人士籌建，「譯主中心論」忽略了各個譯者的相互協作關係，未能完全反映史實；二者，割裂分析。過往的著述較少從宏觀角度探討歷代譯經團隊的特徵和聯繫，所以未能闡明中古協作翻譯的演化情況。[12] 有鑑於此，筆者希望撰寫一部新的論著，以譯

10　Christopher Rundle, "Translation as an Approach to History", *Translation Studies* Vol. 5 Issue. 2 (2012), pp. 232-248.

11　「譯主」一詞，或作「主譯」，學者曹仕邦（1932-2016）指出兩者「所指雖屬同一職位」，但他傾向使用「主譯」，原因是「不滿『譯主』二字那股『唯我獨尊』的味道」，詳見《中國佛教譯經史論集》（台北：東初出版社，1992 年），頁 179-181。一般情況下，本書「譯主」、「主譯」二詞互用相通。

12　日本佛教學者岡部和雄（Okabe Kazuo）提倡從「共譯型態」的角度剖析譯經

經組織為基本研究單位，宏觀多種歷史文獻，然後歸納各個組織的特點，再加分類，得出多個階段的發展脈絡，藉此說明中古中國佛經協作翻譯史的總體面貌，讓人認識譯經活動的實況。

其三，補充翻譯學研究的不足。「翻譯史」（translation history）是翻譯學其中一個重要課題，早期的重要著作有 Jean Delisle、Judith Woodsworth 合編的 *Translators through History* 和 Anthony Pym 的 *Method in Translation History*，[13] 及後議題愈趨多變，主題多元，探究翻譯流程經過是為其一。[14] 可是，現時翻譯史的研究有三大重要問題：一者，以西方翻譯活動為中心；[15] 二者，縱有中國翻譯史的研討，主要從譯論方面着手，透過譯序文篇探索譯師的翻譯思想；[16] 三者，如翻譯學者張佩瑤（1953-2013）所言，關於歷史上的協作翻譯活動，研究尚欠充分，[17] 中國古代譯經架構、運作模式

史，更能呈現歷史實況，詳見（一）岡部和雄、田中良昭（Tanaka Ryōshō）編，辛如意譯：《中國佛教研究入門》（台灣：法鼓文化，2013 年），〈總論・第三章・譯經、經錄、偽經・一、漢譯佛典的特質〉，頁 65 和（二）蕭世友：〈書評：《中國佛教研究入門》，岡部和雄、田中良昭編，辛如意譯〉，《東方文化》2014 年第 47 期 1 號，頁 101-105。

13　詳見 Jean Delisle and Judith Woodsworth, *Translators through History* (Amsterdam/ Philadelphia: John Benjamins Publishing Company, 1995) 和 Anthony Pym, *Method in Translation History* (London and New York: Routledge, 1998)。

14　關於翻譯史（translation history）過去數十年的發展概況和研究主題，可以參閱 James St. André, "History of Translation", in Mona Baker and Gabriela Saldanha (eds.), *Routledge Encyclopedia of Translation Studies (Third Edition)* (London and New York: Routledge, 2020), pp. 242-246。

15　Roberta Raine, " 'Translation Archaeology' in Practice: Researching the History of Buddhist Translation in Tibet", *Meta* Vol. 59 Issue. 2 (2014), pp. 278-296.

16　參閱朱志瑜、朱曉農著：《中國佛籍譯論選輯評注》（北京：清華大學出版社，2006 年）。

17　Cheung P. Y., "Chinese Discourse on Translation as Intercultural Communication: The story of *jihe*（幾何）", in Juliane House (ed.), *Translation: A Multidisciplinary Approach* (Basingstoke: Palgrave McMillan, 2014), pp. 56-72.

和流變，仍待更進一步整理和討論。[18] 因此，本書以中古中國的佛經翻譯組織為題，正是希望彌補翻譯學界不足的地方，並冀能推動學術交流，讓研究人士可以利用本書的研究成果，進一步深化討論，甚或進行中西對比，拓闊翻譯史的探討範疇。

其四，學習和應用古代譯師翻譯傳意的智慧技巧。翻閱譯經組織的歷史檔案，不難發現譯經師翻譯佛典，從不草草了事，往往運用很多心思處理一字一詞，務求譯文與原文本義相契，又能讓中土信眾掌握要旨。早於佛教初傳時期，法師們嘗試以「順化」、「歸化」策略釋譯佛典，[19] 利用中國傳統文化概念介紹天竺經本用語，如三國東吳（222-280）支謙以「君子」、「君子種」翻譯印度種姓

18　過去雖有探究譯經組織的專書論著，可惜不多，共分三類：一者，概論類，如王文顏（?-2012）綜述中國古代譯場的沿革、組織和分工，見《佛典漢譯之研究》（台北：天華出版，1984 年）的〈第三章・譯場制度與譯場組織〉（頁 121-200），另一例子是船山徹（Funayama Toru）著《仏典はどう漢訳されたのか ── スートラが経典になるとき》（東京：岩波書店，2013 年），書中第三章總論中國古代兩種譯場，一種是開放式的，允許大眾參與，譯講同步，另一種是封閉式的，由專業譯者主理；二者，散論類，如曹仕邦有〈論中國佛教譯場之譯經方式與程序〉、〈關於佛教的「譯場」〉、〈中國佛教譯經史研究餘瀋（一至三）〉等多篇專文，議論中國古代譯事的不同問題，詳參《中國佛教譯經史論集》（台北：東初出版社，1992 年）；三者，專題類，即專門討論某一時代的譯場，如梁天錫《北宋傳法院及其譯經制度》（香港：志蓮淨苑，2003 年）討論宋代（960-1279）歷時百年的傳法院譯經活動；西田龍雄（Nishida Tatsuo，1928-2012）的〈西夏人の佛教信仰と大藏經の翻譯〉專探西夏譯場組織，詳見《西夏文華嚴經・一》（京都：京都大學文學部，1977 年），頁 4-14。本書基於前人的研究成果，進一步重考中國中古時代的佛經協作譯事，綜合分析東漢三國至隋唐時代的譯經檔案，提出古代譯經師的三種合作模式，以期增補協作翻譯史的研究內容。

19　相關概念早見於十八世紀末十九世紀初德國哲學家 Friedrich Schleiermacher（1768-1834）的著作，英譯為 "naturalising"，二十世紀美國學者 Lawrence Venuti 繼續探究，提出新見，謂之 "domestication"，詳見（一）Friedrich Schleiermacher, "On the Different Methods of Translating", in Lawrence Venuti (ed.), *The Translation Studies Reader* (London and New York: Routledge, 2012), pp. 43-63 和 Lawrence Venuti, *The Translator's Invisibility: A History of Translation* (Abingdon, Oxon; New York: Routledge, 2008)。

制度中的權貴階層名目 "kṣatriya"，[20] 便是例子。書中尚有諸多例
證，會在討論部分譯經組織的翻譯策略時細說。是故，閱讀本書除
了可以掌握中古佛經翻譯活動的史實、加深對古代中外文化交流史
的理解，同時能夠學習譯師處理跨語言文本、排解文化隔閡的巧思
妙法，有助思考促進文字傳遞、與人溝通的要點，進而應用於日常
生活，提升解決問題的能力。

20　梵本《維摩經》有經句："kṣatriyeṣu ca kṣatriyasaṃmataḥ kṣāntisauratyabalapra
　　tiṣṭhāpanāya"（直譯為「又剎帝利中，剎帝利中尊，以立忍和力」，梵本詳見
　　P. L. Vaidya, *Buddhist Sanskrit Texts No.6* [Darbhanga: The Mithila Institute of Post-
　　Graduate Studies and Research in Sanskrit Learning, 1960]）。三國東吳（222-280）
　　支謙譯為「入君子種，正君子意，能使忍和」，句中的「君子」、「君子種」，
　　即「kṣatriya」的對譯，支婁迦讖（Lokakṣema）譯《般舟三昧經》、竺法護
　　（Dharmarakṣa，239-316）譯《賢劫經》、《海八德經》、《光讚經》等漢晉佛經
　　亦見「君子」一語。查究「君子」詞義，先秦儒家經典中有多種解說，一是才
　　德兼備之士，二是地位高尚的在位者，如唐代孔穎達（574-648）所言：「『君子』
　　謂『人君』也。」譯者採用中國傳統中的「君子」概念，詮釋古印度的 "kṣatriya"
　　社會階層概念，屬「順化／歸化」譯法之一例，以助不諳天竺國俗的中土佛門
　　學眾略知其實。

第二章

小組譯經

1. 引言

　　所謂「小組譯經」，即由二至十多位譯者分擔翻譯工作，並將譯經分為三大程序：（一）由譯主誦出佛典原文，古代譯經檔案稱其為「出」、「執梵」、「執本」、「執正本」、「執梵本」、「執梵文」、「執胡本」等，名稱雖異，其本近同；（二）譯者聞受譯主所誦佛典原文，然後將原典口譯成漢文，史稱作「譯」、「譯語」、「傳譯」、「傳語」、「宣譯」、「度語」、「為譯」、「轉易」云云，部分譯師兼通華梵，能夠自行執本，然後口譯漢文，將步驟（一）、（二）合而為一；（三）另有譯者聞受步驟（二）譯者口譯的譯文，然後記錄成篇，加以潤飾訂正，稱為「筆受」，以確保語言文質兼備，使漢地大眾讀經無滯。早於漢晉時代，上述翻經流程經已出現，譯經師翻譯短篇經文時，亦常採用小組模式。本章考出中國中古時代的各個小組譯經團隊，逐一揭示其譯事本末。

2. 東漢三國的小組譯經

　　東漢三國時代，歷史文獻記載的小組譯經事例共有六則，分述如下：

2.1 竺佛朔、支婁迦讖、孟福、張蓮小組

　　按照現存的經錄僧傳所述，竺佛朔、支婁迦讖（Lokakṣema）、

孟福和張蓮籌建的譯經小組，屬中土小組譯經的先例。

　　小組共有四人：一者，竺佛朔。天竺人，東漢靈帝（156-189，168-189 在位）時到洛陽弘教，將《道行般若經》翻譯成漢言，時評「雖有失旨，然棄文存質，深得經意」，[1] 即譯人水平一般，但能點出經本要旨；二者，支婁迦讖。月氏人，或稱「支讖」，嚴守戒律，修行精勤，博通眾經，立志弘揚佛法。於東漢靈帝年間，到達洛陽，然後開始翻譯佛典，「傳譯梵文」，[2] 不少作品是個人翻出。前秦（350-394）道安（314-385）評其譯經「審得本旨，了不加飾」，[3] 意謂譯文質樸無華，內容能宣佛教本義；三、四者，孟福和張蓮。二人未見詳細生平傳記，《出三藏記集》和《高僧傳》僅述為河南洛陽人，[4] 估計他們是佛法初傳時期有志學佛的漢地人士，頗通筆墨，能協助外來譯師訂正譯稿。

　　上述四人合作譯經，時間為東漢靈帝光和二年，即西元一七九年，所出經本是《般舟三昧經》。〈般舟三昧經記〉有言：

1　「沙門竺朔佛者，天竺人也。漢桓帝時，亦齎《道行經》來適洛陽，即轉胡為漢。譯人時滯，雖有失旨，然棄文存質，深得經意。」見僧祐（445-518）：《出三藏記集》（1988 年大正新修大藏經刊行會編《大正新修大藏經》本），第 55 冊，第 2145 經，卷 13，頁 96。另本書引用《出三藏記集》的原文時，以《大正新修大藏經》（簡稱「大正藏」）本子為主，同時參考中華書局出版的蘇晉仁、蕭鍊子點校本。又本書所用的《大正藏》，均來自中華電子佛典協會的電子平台「CBETA Online Reader」，兼覽 SAT 大藏經テキストデータベース研究会的線上資料庫「大正新修大藏經（SAT 版）」。

2　「支讖，本月支國人也。操行淳深，性度開敏，稟持法戒，以精勤著稱。諷誦群經，志存宣法。漢桓帝末，遊於洛陽。以靈帝光和、中平之間，傳譯胡文，出《般若道行品》、《首楞嚴》、《般舟三昧》等三經，又有《阿闍世王》、《寶積》等十部經，以歲久無錄。」同上注，頁 95。

3　「安公挍練古今，精尋文體，云：『似讖所出，凡此諸經，皆審得本旨，了不加飾，可謂善宣法要弘道之士也。』」同上注，頁 95。

4　見（一）僧祐：《出三藏記集》，第 55 冊，第 2145 經，卷 13，頁 96 和（二）慧皎（497-554）：《高僧傳》（1988 年大正新修大藏經刊行會編《大正新修大藏經》本），第 50 冊，第 2059 經，卷 1，頁 324。

《般舟三昧經》光和二年十月八日，天竺菩薩竺佛朔於洛陽出菩薩法護。[5]時傳言者，月支菩薩支讖，授與河南洛陽孟福字元士，隨侍菩薩張蓮字少安筆受，令後普著。[6]

又《出三藏記集》的僧傳記道：

朔又以靈帝光和二年，於洛陽譯出《般舟三昧經》，時讖為傳言，河南洛陽孟福、張蓮筆受。[7]

按此分析，譯經小組的譯主為竺佛朔，第一步驟是佛朔誦出《般舟三昧》原經，稱為「口授」；第二步驟是支婁迦讖聽聞佛朔所誦，繼而「傳言」，將經本口譯成漢文，生成初譯；第三步驟是孟福、張蓮將支讖的口譯記下，潤飾成文，是為「筆受」。

四人合作譯經的因由，史料並無直述，但可以從僅見的紀錄加以推斷。估計《般舟三昧經》唯竺佛朔所得，甚或未有實體抄本，[8]只靠佛朔記憶，誦出原文，所以譯主非他人可任。可是，佛朔漢言並未完全通達，如上所言，譯經頗有「失旨」，而支婁迦讖譯筆較佳，故道安評之「審得本旨，了不加飾」，與佛朔協作，便能取長補短，所出漢譯初本，較佛朔一人獨譯為佳，所以出現佛朔與支讖共譯的情況。此外，為求經本語言通暢，符合漢地語言習慣，再請

5　佛教學者湯用彤（1893-1964）疑「菩薩法護」四字為衍文，見《漢魏兩晉南北朝佛教史》（台北：台灣商務印書館，1991年），頁68。

6　僧祐：《出三藏記集》，第55冊，第2145經，卷7，頁48。

7　同上注，卷13，頁96。

8　西域傳法，多以師徒口耳相傳，記誦全典，不一定有實體寫本，古稱：「外國法，師徒相傳，以口授相付，不聽載文。」見《分別功德論》（1988年大正新修大藏經刊行會編《大正新修大藏經》本），第25冊，第1507經，卷2，頁34。

兩位洛陽人孟福、張蓮加入，負責筆受工作，一方面記錄支讖的口譯內容，另一方面修飾文句不通的地方，確立譯文定本，四人小組譯經團隊由此成立，各個成員互補不足。

2.2 竺佛朔、支婁迦讖小組

　　東漢小組譯經第二道例子是竺佛朔、支婁迦讖合譯《道行般若經》。譯師生平上已述明，不再重複。

　　按照〈道行經後記〉，東漢靈帝光和二年，竺佛朔、支婁迦讖一同翻譯《道行般若經》，屬於小品系般若經，原文如下：

> 光和二年十月八日，河南洛陽孟元士。口授天竺菩薩竺佛朔，時傳言譯者月支菩薩支讖，時侍者南陽張少安、南海子碧，勸助者孫和、周提立。正光二年九月十五日，洛陽城西菩薩寺中沙門佛大寫之。[9]

　　竺佛朔將經文傳入中土，誦出原典，是為「口授」，然後支婁迦讖擔任「傳言譯者」，聽聞竺佛朔所誦，將經文譯成漢言。翻譯過程中，有南陽張少安、南海子碧二人從旁提供支援，聽候差遣，並有孫和、周提立充當「勸助者」，支持譯者所需。[10]

　　另據道安所撰〈道行經序〉，法師翻譯《道行般若經》的策略是「因本順旨，轉音如已」，基本上是靠向原語文本，依循經本所述，內容未敢改動，同時「敬順聖言，了不加飾」，意謂譯語行文質樸，不見雕琢用字，以免曲傳佛意，保存佛典原貌為上。原文節

9　僧祐：《出三藏記集》，第 55 冊，第 2145 經，卷 7，頁 47。

10　因無法從史料判定南陽張少安、南海子碧、勸助者孫和、周提立等人有否直接參與經本處理工作，故未有將其納入譯經小組成員，以後的譯經個案若逢相同情況，處理方法亦然。

錄如下：

> 佛泥曰後，外國高士，抄九十章為《道行品》。桓、靈之
> 世，朔佛齎詣京師，譯為漢文，因本順旨，轉音如已，敬順聖
> 言，了不加飾也。然經既抄撮合成音投，音殊俗異，譯人口
> 傳，自非三達，胡能一一得本緣故乎？由是《道行》頗有首尾
> 隱者，古賢論之，往往有滯。仕行恥此，尋求其本，到于闐乃
> 得，送詣倉垣，出為《放光品》。斥重省刪，務令婉便，若其
> 悉文，將過三倍。善出無生，論空持巧，傳譯如是，難為繼
> 矣。二家所出，足令大智煥爾闡幽。支讖全本。其亦應然。何
> 者？抄經刪削，所害必多。委本從聖，乃佛之至戒也。[11]

　　承上言，依道安所論，《道行經》的漢文翻譯，內容和語言上
雖力求忠實，可是譯筆有過於僵化之弊，「頗有首尾隱者」，令讀
者未能完全領略經文要旨實義，讀後時有不解，似懂非懂，「古賢
論之，往往有滯」，所以有西晉朱士行西行求取般若經重譯一事，
促成無羅叉、竺叔蘭、祝太玄、周玄明小組，合譯新本，「斥重省
刪，務令婉便」，是為《放光般若經》，下文有詳細解說。

2.3 安玄、嚴佛調小組

　　東漢另一可考史例，是安玄、嚴佛調的二人小組。安玄，安息
國人，佛門居士，為人嚴謹溫順，博學不同經典。漢靈帝末年，安
玄東遊洛陽，立功獲授「騎都尉」，故時人簡稱「都尉」。史稱安
玄「常以法事為己務」，來華既久，漸通漢言，並「常與沙門講論

11　支婁迦讖譯：《道行般若經》（1988 年大正新修大藏經刊行會編《大正新修大藏
　　經》本），第 8 冊，第 224 經，卷 1，頁 425。

道義」，立志宣揚佛說。[12] 又嚴佛調本臨淮人，年幼聰敏，好學用功，後出家為沙門，著書傳世。時人將嚴佛調與安世高、安玄二人，譽為善譯之士，「傳譯號為難繼」，無人能出其右。[13] 後世道安評佛調所出譯本言簡意賅，「省而不煩，全本巧妙」，評價不俗。[14]

安玄、嚴佛調合作翻譯的經本為《法鏡經》，時為東漢靈帝光和四年，即西元一八一年。〈法鏡經序〉有言：

> 騎都尉安玄、臨淮嚴佛調，斯二賢者，年在束亂，弘志聖業，鈎深致遠，窮神達幽。愍世曚惑，不覩大雅，竭思譯傳，斯經景摸。都尉口陳，嚴調筆受。[15]

又《出三藏記集》記道：

> 玄與沙門嚴佛調共出《法鏡經》，玄口譯梵文，佛調筆受。理得音正，盡經微旨，郢匠之義，見述後代。[16]

與竺佛朔翻譯《般舟三昧經》的個案不同，《法鏡經》翻譯過程中，出經、口譯兩個程序均由安玄主理，助手僅得嚴佛調一人，負責筆受，將安玄的漢文口譯錄下，兼飾文辭，故謂「都尉口陳，

12　「安玄，安息國人也。志性貞白，深沉有理致。為優婆塞，秉持法戒，豪釐弗虧。博誦群經，多所通習。漢靈帝末，遊賈洛陽有功，號騎都尉。性虛靜溫恭，常以法事為己務。漸練漢言，志宣經典，常與沙門講論道義，世所謂都尉言也。」見僧祐：《出三藏記集》，第 55 冊，第 2145 經，卷 13，頁 96。

13　「佛調，臨淮人也。綺年穎悟，敏而好學，信慧自然，遂出家修道，通譯經典，見重於時。世稱安侯、都尉、佛調三人傳譯，號為難繼。」同上注。

14　同上注。

15　同上注，卷 6，頁 46。

16　同上注，卷 13，頁 96。

嚴調筆受」、「玄口譯梵文，佛調筆受」。時人對二人合譯的《法鏡經》有很高評價，史言「理得音正，盡經微旨，郢匠之美，見述後代」，意謂譯文不但字詞準確無遺，且能道出經中微言大義，可謂後世典範。

2.4 康孟詳、曇果、竺大力小組

東漢第四個小組翻譯例子，是康孟詳分別與曇果和竺大力合作譯經。康孟詳祖籍康居，[17] 史稱孟詳與譯僧支曜、康巨，以佛行精進，在東漢靈帝、獻帝（181-234，189-220 在位）年間名揚京畿地區，[18] 曇果、竺大力二人的生平事跡，則未有詳載。

依照史料，康孟詳的譯事共涉兩大步驟，一是取經，二是漢譯。按《高僧傳》所述：

> 先是，沙門曇果於迦維羅衛國得梵本，孟詳共竺大力譯為漢文，安公云：「孟詳所出，奕奕流便，足騰玄趣也。」[19]

孟詳曾與竺大力合作翻譯《修行本起經》二卷，時為東漢獻帝建安二年（197），原典是曇果在迦維羅衛國（今尼泊爾西部）取得，另一譯作《中本起經》，由孟詳、曇果於建安十二年（207）共譯。[20]

---

17 「次有康孟詳者，其先康居人也。」同上注。

18 「又有沙門支曜、康巨、康孟詳等，並以漢靈、獻之間，有慧學之譽，馳於京雒。」見慧皎：《高僧傳》，第 50 冊，第 2059 經，卷 1，頁 324。

19 同上注。

20 費長房：《歷代三寶紀》（1988 年大正新修大藏經刊行會編《大正新修大藏經》本），第 49 冊，第 2034 經，卷 4，頁 54。《歷代三寶紀》雖然疏漏不少，歷來為人詬病，但部分譯經史述僅見其中，如考究以後，內容沒有明顯矛盾錯誤，本書仍援引作證，以供參考。

　　孟祥團隊的翻譯程序，今難考實，未如上述個案具體說明，但從史料簡述可辨為小組譯經。按《歷代三寶紀》、《修行本起經》和《中本起經》均由孟祥負責「度語」。[21] 關於翻譯風格，道安讚譽有加，指出「孟詳所出，奕奕流便，足騰玄趣」，[22] 意謂譯文通達流暢，能將經文深義顯現人前，翻譯質素甚佳。

2.5 維祇難、竺將炎、支謙小組

　　至三國時期，小組譯經的例子見於東吳，第一例是維祇難、竺將炎和支謙的三人小組。維祇難，天竺人，家族本以火祠為信仰，不奉佛法，後經天竺沙門示現神通，加以度化，眾人稱奇，遂捨棄原來信仰，深入佛門。史稱維祇難學貫三藏經典，通達四阿含，並四處弘揚佛法，信眾不少。[23] 竺將炎，或稱「竺律炎」，生平不詳，《高僧傳》載東吳黃武三年（224），炎與維祇難同抵武昌弘法。[24] 支謙，佛門居士，先世為月氏國人，後來漢地傳教。史稱支謙閱覽不同經典，學識淵博，並精通多國語言，名聲甚高。[25]

21　估計竺大力、曇果負責口宣經本原文，康孟祥聽聞以後，譯成漢言，同上注。

22　慧皎：《高僧傳》，第 50 冊，第 2059 經，卷 1，頁 324。

23　「維祇難，本天竺人。世奉異道，以火祠為正。時有天竺沙門習學小乘，多行道術，經遠行逼暮，欲寄難家宿。難家既事異道，猜忌釋子，乃處之門外，露地而宿。沙門夜密加呪術，令難家所事之火欻然變滅，於是舉家共出，稽請沙門入室供養。沙門還以呪術，變火令生。難既覩沙門神力勝己，即於佛法大生信樂，乃捨本所事，出家為道，依此沙門以為和上。受學三藏，妙善四《含》，遊化諸國，莫不皆奉。」同上注，頁 326。

24　「以吳黃武三年，與同伴竺律炎來至武昌，齎《曇鉢經》梵本。」同上注。

25　「支謙，字恭明，一名越，大月支人也。祖父法度，以漢靈帝世率國人數百歸化，拜率善中郎將。（中略）十歲學書，同時學者皆伏其聰敏。十三學胡書，備通六國語。初桓、靈世，支讖譯出法典，有支亮紀明，資學於讖，謙又受業於亮。博覽經籍，莫不究練，世間藝術，多所綜習。其為人細長黑瘦，眼多白而精黃，時人為之語曰：『支郎眼中黃，形體雖細是智囊。』其本奉大法，精練經旨。獻帝之末，漢室大亂，與鄉人數十，共奔於吳。（中略）後吳主孫權

　　維祇難、竺將炎和支謙一同翻譯的佛經，是佛門經典《法句經》，又稱《曇鉢經》。維祇難親攜《法句經》原典至東土，在東吳講經說法，後支謙請求翻成漢文。史稱維祇難漢言未通，支謙遂請其同道竺將炎共翻，構成三人協作譯經的團隊。如〈法句經序〉所言：

　　　　始者，維祇難出自天竺，以黃武三年來適武昌，僕從受此五百偈本，請其同道竺將炎為譯。[26]

　　關於翻譯流程，《法句經》漢譯本的序文和《出三藏記集》有明確記載，由維祇難宣本出經，竺將炎口譯成漢文，然後支謙筆受記錄，成為定本。〈法句經序〉記載節錄如下：

　　　　將炎雖善天竺語，未備曉漢，其所傳言，或得胡語，或以義出音，近於質直。僕初嫌其辭不雅，維祇難曰：「佛言：『依其義不用飾，取其法不以嚴。』其傳經者，當令易曉，勿失厥義，是則為善。」座中咸曰：「老氏稱：『美言不信，信言不美。』仲尼亦云：『書不盡言，言不盡意。』明聖人意，深邃無極。今傳胡義，實宜經達。」是以自竭，受譯人口。因循本旨，不加文飾。譯所不解，則闕不傳。故有脫失，多不出者。[27]

　　又《出三藏記集》的僧傳有言：

聞其博學有才慧，即召見之。因問經中深隱之義，應機釋難，無疑不析。權大悅，拜為博士，使輔導東宮，甚加寵秩。越以大教雖行，而經多胡文，莫有解者，既善華戎之語，乃收集眾本，譯為漢言。」見僧祐：《出三藏記集》，第55冊，第2145經，卷13，頁97。

26　同上注，卷7，頁49。

27　同上注，頁50。

後有沙門維祇難者，天竺人也。以孫權黃武三年，齎《曇
鉢經》胡本來至武昌。《曇鉢》即《法句經》也。時支謙請出
經，乃令其同道竺將炎傳譯，謙寫為漢文。時炎未善漢言，頗
有不盡，然志存義本，近於質實，今所傳《法句》是也。[28]

綜合上述史料所言，譯主維祇難雖得竺將炎、支謙協助，最後
成功將經文譯成漢言，但史載竺將炎「雖善天竺語，未備曉漢」、
「未善漢言，頗有不盡」，即通曉佛典原語，可是漢語水平一般，
其部分譯文或以非梵文的西域語言傳翻，或以漢文音譯，[29] 負責記
錄竺將炎口譯內容的支謙，對竺將炎所出亦有意見，認為「其辭不
雅」，維祇難遂以「依其義不用飾，取其法不以嚴」解說，譯義為
要，語言次之，譯本旨在將經義翻出，偏於質樸，文辭稍遜，仍有
價值。是故，支謙聽從譯主指示，將竺將炎口譯直記下來，「因循
本旨，不加文飾」，而且「譯所不解，則闕不傳」，[30] 此四句成為《法
句經》協作翻譯流程的根本綱領。

28　同上注，卷 13，頁 96。

29　漢文佛典有很多音譯字詞，早於中古時代便有「五種不翻」的説法，説明譯師
　　音譯名相的五種情況，詳見（一）灌頂（561-632）：《大般涅槃經玄義》（1988
　　年大正新修大藏經刊行會編《大正新修大藏經》本），第 38 冊，第 1765 經，
　　卷 1，頁 1 和（二）法雲（1088-1158）：《翻譯名義集》（1988 年大正新修大藏
　　經刊行會編《大正新修大藏經》本），第 54 冊，第 2131 經，卷 1，頁 1055。
　　中國佛教初傳時期譯典音譯詞出現的原因，除了可用「五種不翻」解釋，若從
　　竺將炎的譯經案例推斷分析，另一可能因素是早期譯師漢文未通，只能音譯字
　　詞而非意譯，同時負責筆受的譯者尊重譯主「因循本旨，不加文飾」的翻譯綱
　　領，直記入文，遂促成佛典包含不同音譯詞的情況，同時經本翻出以後，廣
　　為流播，信眾累世傳誦，音譯名相終成佛門慣用語，此一推説日後可進一步深
　　究。

30　「譯所不解，則闕不傳」有兩種解讀：一者，竺將炎翻譯經文原本時，遇到未
　　能理解的地方，「則闕不傳」，省略不翻；二者，支謙在序文中提到竺將炎的
　　漢文口譯，偶爾混入其他西域語作解，或純以漢文音譯表達，部分經文意思未
　　能明確譯出，所謂「譯所不解」，或可解釋為支謙遇上竺將炎口譯不通不明的
　　地方時，便不錄入譯文寫本，避免曲傳佛説，務求本旨真確。

2.6 支疆梁接、道聲小組

三國時代最後一個小組譯經例子，是支疆梁接、道聲合譯《法華三昧經》，相關記述最早見於《歷代三寶紀》。原文如下：

> 高貴鄉公世，甘露元年七月，外國沙門支疆梁接，魏言正無畏，於交州譯，沙門道聲筆受。祐云失譯。房檢及見竺道祖魏世錄及始興錄。若依交州及始興錄地，應入吳錄，今據年及魏錄收，附此。[31]

譯主支疆梁接，名稱意譯「正無畏」，西域人，其餘事跡不詳。另一譯者道聲，有史料記為「道馨」或「竺道馨」，[32] 協助支疆梁接譯經，他事不詳。《比丘尼傳》中有一女僧略傳，[33] 記述竺道馨的道行，可是傳中人是四世紀中葉東晉（317-420）人，不可能在三世紀的三國時代翻經，年歲相差太遠，似非同一人士。

按照《歷代三寶紀》，曹魏（220-266）甘露元年（256），[34] 譯主支疆梁接在交州翻譯《法華三昧經》，[35] 共六卷，道聲充當筆受。由此推斷，支疆梁接應該通曉胡漢語言，能夠執本自翻，口宣漢

31　費長房：《歷代三寶紀》，第 49 冊，第 2034 經，卷 5，頁 56。

32　見（一）道宣（596-667）：《大唐內典錄》（1988 年大正新修大藏經刊行會編《大正新修大藏經》本），第 55 冊，第 2149 經，卷 2，頁 227 和（二）靖邁：《古今譯經圖紀》（1988 年大正新修大藏經刊行會編《大正新修大藏經》本），第 55 冊，第 2151 經，卷 1，頁 352。

33　寶唱：《比丘尼傳》（1988 年大正新修大藏經刊行會編《大正新修大藏經》本），第 50 冊，第 2063 經，卷 1，頁 936。

34　另一說法為東吳孫亮（243-260，252-258 在位）五鳳二年（255），見靖邁：《古今譯經圖紀》，第 55 冊，第 2151 經，卷 1，頁 352。

35　費長房雖以曹魏（220-266）年號紀年，支疆梁接、道聲的《法華三昧經》小組譯事其實不在魏境，而是東吳領地交州（今廣東、廣西及越南北部）。

譯，然後只要道馨一人筆受即可，協助記錄漢文口譯，潤飾成篇。

3. 兩晉十六國的小組譯經

　　小組譯經早見於東漢三國時期，至兩晉十六國佛經漢譯發展期，這種翻譯組織模式依然存在，而且參與人數略有提高。考究現存的歷史文獻，西晉的小組譯經例子有十二個。後來，司馬氏偏安江左，是為東晉，相關譯例有三，北方則主要由胡人佔領，先後出現多個政權，籠統稱為「十六國」，[36] 譯經小組例子共十七個，分述如下：

3.1 竺法護、安文惠、帛元信、聶承遠、張玄伯、孫休達小組

　　西晉的小組譯事多由竺法護主持[37]，但組合模式並非同一，其中兩次小組譯經個案，參與人數較舊代為多，第一次譯事是與《須真天子經》漢譯有關的。

　　《須真天子經》譯於西晉武帝（236-290，266-290 在位）泰始二年，即西元二六六年，譯者有竺法護、安文惠、帛元信、聶承

36　「十六國」的歷史概念來自崔鴻（478-525）的著作《十六國春秋》，當時北方先後出現的割據政權其實不止十六個，僅為概數。

37　竺法護的譯作甚多，可考明譯時、譯地、譯人的協作譯經活動共九個。一些法護譯事看似小組合作而成，但其實無法確認法護以外的參與者翻譯工作（如度語、筆受云云），故未列作小組譯事。舉例而言，太康五年（284），竺法護從龜茲副使得到《阿惟越致遮經》梵書原典，「口敷晉言」，然後「授沙門法乘，使流布一切，咸悉聞知」（見僧祐：《出三藏記集》，第 55 冊，第 2145 經，卷 7，頁 50）。法乘的譯責不明，經記沒有說明其確實助譯工作，只知協助流傳法護譯本，所以本書未有將《阿惟越致遮經》視作竺法護與法乘二人小組合譯。

遠、張玄伯和孫休達六人。主譯竺法護是晉世十分有名的佛教譯師，又名「曇摩羅察」，有專傳記載其事。竺法護的先祖本為月氏國人，後居敦煌，八歲出家，師從沙門竺高座。[38] 史稱之學習能力超群，記憶力強，通多國語，博學經典，遊心物外，弘法為上，僧徒甚多，[39] 有「敦煌菩薩」之譽。[40] 後來，竺法護由敦煌到長安弘教，「沿路傳譯，寫以晉文」，[41] 很多大乘經典的漢文初譯由此在中土流傳，史譽「經法所以廣流中華者，護之力也」。[42] 另聶承遠主要擔任筆受，並協助竺法護修訂譯文，力使譯文更臻完善。史稱承遠「明練有才理，篤志法務」，才學非凡，志心佛門，得法師信賴，「護公出經，多參正焉」。[43] 其他助譯者安文惠、帛元信、張玄伯、孫休達沒有專傳，記載極少，只知帛元信是龜茲居士，兼助《正法華經》漢譯。[44]

　　按照史料所載，《須真天子經》的漢譯流程，屬於典型的小組三重譯經模式。〈須真天子經記〉有言：

38　「竺法護，其先月支人也，世居燉煌郡。年八歲出家，事外國沙門高座為師，誦經日萬言，過目則能。天性純懿，操行精苦，篤志好學，萬里尋師，是以博覽六經，涉獵百家之言。」見僧祐：《出三藏記集》，第 55 冊，第 2145 經，卷 13，頁 97。

39　「是時晉武帝之世，寺廟圖像，雖崇京邑，而方等深經，蘊在西域。護乃慨然發憤，志弘大道，遂隨師至西域，遊歷諸國。外國異言三十有六，書亦如之。護皆遍學，貫綜古訓，音義字體，無不備曉，遂大齎胡本，還歸中夏。（中略）後立寺於長安青門外，精勤行道。於是德化四布，聲蓋遠近，僧徒千數，咸來宗奉。」同上注，頁 97-98。

40　「護世居燉煌，而化道周給，時人咸謂『燉煌菩薩』也。」見慧皎：《高僧傳》，第 50 冊，第 2059 經，卷 1，頁 327。

41　僧祐：《出三藏記集》，第 55 冊，第 2145 經，卷 13，頁 97-98。

42　同上注，頁 98。

43　同上注。

44　載於〈正法華經記〉，見僧祐：《出三藏記集》，第 55 冊，第 2145 經，卷 8，頁 56。

《須真天子經》太始二年十一月八日，於長安青門內白馬寺中，天竺菩薩曇摩羅察口授出之。時傳言者安文惠、帛元信，手受者聶承遠、張玄泊、孫休達。十二月三十日未時訖。[45]

經本在西晉泰始二年啟譯，地點為長安青門內白馬寺。翻譯的第一步驟是主譯法師竺法護誦讀經文原本，是為「口授」；第二步驟是安文惠、帛元信二人協助「傳言」，即聽聞法護所宣原典，然後與法護一同口譯漢言；第三步驟是聶承遠、張玄伯、孫休達三人記錄安文惠、帛元信的口譯內容，訂定文句，書成經本，是為「手受」，整個譯事歷時一個多月。

3.2 竺法護、聶承遠、張仕明、張仲政、竺力、帛元信、康那律小組

除了上述例子，竺法護的第二次小組譯事，是在太康七年（286）主持《正法華經》漢譯。是次譯經與上述的《須真天子經》模式近似，與舊代比較，參與人數略有提升，同時增添一些與校訂和流通新經相關的新工序，力求譯本精確完備，可以說是小組譯經的初次改良變革，成為後代大型譯場和精英譯場的濫觴，啟導更嚴謹的協作譯經組織。

竺法護的《正法華經》譯經團隊，主譯者為竺法護，筆受為聶承遠，另有張仕明、張仲政、竺力、帛元信、康那律等多人助譯。相關重要史料共有兩則，一是〈正法華經記〉：

太康七年八月十日，燉煌月支菩薩沙門法護，手執胡經，口宣出《正法華經》二十七品，授優婆塞聶承遠、張仕明、張

45　僧祐：《出三藏記集》，第 55 冊，第 2145 經，卷 7，頁 48。

仲政共筆受，竺德成、竺文盛、嚴威伯、續文承、趙叔初、張
文龍、陳長玄等共勸助歡喜，九月二日訖。天竺沙門竺力、龜
茲居士帛元信共參校，元年二月六日重覆。又元康元年，長安
孫伯虎以四月十五日寫素解。[46]

二是〈正法華經後記〉：

> 永熙元年八月二十八日，比丘康那律於洛陽寫《正法華品》
> 竟，時與清戒界節優婆塞張季博、董景玄、劉長武、長文等，
> 手執經本，詣白馬寺詳對，與法護口校古訓，講出深義。以九月
> 本齋十四日，於東牛寺中施檀大會，講誦此經，竟日盡夜，無
> 不咸歡，重已校定。[47]

是次譯事，竺法護是為譯主，聶承遠擔任筆受，其生平事跡上
文已言，不再複述。又張仕明、張仲政、竺力、帛元信、康那律等
人，生平未詳，只知竺力是天竺沙門，帛元信是龜茲居士。按史料
所載，以上譯者應該精通漢言，分責筆受和參校的工作，聽從竺法
護的指示翻經，記錄譯主所出，參校內容，訂定漢譯。

此外，依照上述經記，竺法護小組的譯經流程主要有六大步
驟：一者譯經。竺法護通曉多種西域語言和漢文，而且深入經藏，
通達佛理，所以將《正法華經》原文翻為漢文二十七品的工作，由
竺法護主事，其譯經策略是依循原典；[48]二者筆受。竺法護所譯，

---

46 同上注，卷8，頁56。

47 同上注，頁56-57。

48 竺法護所譯《正法華經》，忠實原文，經中漢譯偈頌亦然，如辛嶋靜志
（Karashima Seishi，1957-2019）所論：「在《正法華經》中，梵本原文是 Śloka
韻律的偈頌時，竺法護譯為四句五言，梵本是 Triṣṭubh-Jagatī 韻律的偈頌時譯
為八句四言。而原文的這些偈頌由二個半偈構成一偈，竺法護忠實地按照原文

是以口譯方式翻出，故有多位譯者幫忙記錄法師口譯，成為譯本初稿，史稱聶承遠、張仕明、張仲政三人一同筆受；三者校訂。由竺力、帛元信負責，是為「參校」，旨在確保譯文與原典所述無差；四者寫經。譯本訂正以後，由比丘康那律於洛陽寫出全經。五者釋經。寫本既出，竺法護與居士張季博、董景玄、劉長武、劉長文等人，「口校古訓，講出深義」，為譯本哲理添加注解；六者講經。譯本和注解兼善，竺法護於東牛寺施檀大會講誦《正法華經》，令聽眾得聞新譯，史載「無不咸歡」。

要言之，竺法護的《正法華經》譯經小組，可說為中土小組譯經模式帶來初次變革，不但參與人數提高，同時進一步細分筆受的工序，強調校正經本的意義，並注重譯本的抄寫、解釋和流傳，為後來的譯經分工系統化奠基。

3.3 竺法護、聶承遠小組

上述兩個竺法護譯經小組，規模較大，其餘七個法護小組，則屬於二至三人協作的翻譯組織，翻譯流程與東漢三國時代相似。

第一個小組是竺法護和聶承遠籌組而成，其生平史事見於前節。兩位譯者合作無間，他們翻譯出來的佛教經典數量亦甚可觀，現存四部由其漢譯的經本，兼附經序傳世，說明譯經流程，可以從中窺見法師和聶承遠如何協作翻譯。

第一例為《超日明經》，出於晉武帝時代。史稱竺法護親自漢譯《超日明經》，可是譯文「頗多繁重」，拖沓冗長，有欠精簡，漢地大眾或感難讀。因此，聶承遠協助「詳正文偈」，刪削繁冗之處，令譯文更見精簡通暢。事載於《出三藏記集》：

的構成翻譯了偈頌部分。在《正法華經》漢譯中所有偈頌皆無一例外是按照這一原則來翻譯的。」見辛嶋靜志：〈試探西晉竺法護譯《正法華經》的原語面貌〉，《佛光學報》，2019 年新 5 卷第 2 期，頁 1-14。

初，護於西域得《超日明經》胡本，譯出頗多繁重。時有信士聶承遠，乃更詳正文偈，刪為二卷，今之所傳經是也。[49]

《高僧傳》亦記：

《超日明經》初譯，頗多煩重，承遠刪正，得今行二卷。[50]

第二例為《持心經》，譯於太康七年，史稱竺法護在長安宣講經本原文，口授聶承遠。〈持心經記〉有言：

《持心經》太康七年三月十日，燉煌開士竺法護在長安說出梵文，授承遠。[51]

第三例為《光讚經》，譯於太康七年。按道安〈合放光光讚略解序〉：

《光讚》，于闐沙門祇多羅以泰康七年齎來，護公以其年十一月二十五日出之。（中略）《光讚》，護公執胡本，聶承遠筆受，言准天竺，事不加飾（中略）考其所出，事事周密耳。[52]

經本原文來自于闐沙門祇多羅，竺法護執胡本，聶承遠筆受，譯文忠實，緊貼原本，「言准天竺，事不加飾」，而且「事事周密」，內容具足完整，能補舊譯般若經的不足。

49　僧祐：《出三藏記集》，第 55 冊，第 2145 經，卷 13，頁 98。

50　慧皎：《高僧傳》，第 50 冊，第 2059 經，卷 1，頁 327。

51　僧祐：《出三藏記集》，第 55 冊，第 2145 經，卷 8，頁 57。

52　同上注，卷 7，頁 48。

第四例為《首楞嚴三昧》，翻於元康元年（291 年），史言竺法護「手執胡經，口出《首楞嚴三昧》」，承遠筆受。參見〈合首楞嚴經記〉：

〈勇伏定記〉曰：「元康元年四月九日，燉煌菩薩支法護手執胡經，口出《首楞嚴三昧》，聶承遠筆受。」[53]

綜觀上述眾例，竺法護和聶承遠的協作方式，基本上是竺法護執本為譯，一人主理，生成初譯，然後由聶承遠修訂全文，確保文句表達切合漢地閱讀習慣，譯本義理不離原典所述。前秦道安嘗評法護及承遠譯經，推重其作能顯經義宗旨，指出「護公所出，若審得此公手目，綱領必正」，加上譯筆「宏達欣暢，特善無生」，文義兼善，通達樸實。法護譯事促進佛法東漸，承遠實為重要推手。原述如下：

安公云：「護公所出，若審得此公手目，綱領必正。凡所譯經，雖不辯妙婉顯，而宏達欣暢，特善無生。依慧不文，朴則近本。」[54]

3.4 竺法護、聶道真小組

《魔逆經》是竺法護、聶道真二人共翻。聶道真是聶承遠之子，通梵學，善文辭，聲望不亞其父，同任筆受之責。[55] 太康十年（289 年），竺法護、聶道真兩人合作翻譯《魔逆經》，地點洛陽城

53　同上註，頁 49。

54　慧皎：《高僧傳》，第 50 冊，第 2059 經，卷 1，頁 327。

55　「承遠有子道真，亦善梵學，此君父子，比辭雅便，無累於古。」同上註。

西白馬寺。竺法護「手執梵書，口宣晉言」，聶道真筆受。事載於〈魔逆經記〉：

> 太康十年十二月二日，月支菩薩法護手執梵書，口宣晉言，聶道真筆受，於洛陽城西白馬寺中始出。折顯元寫，使功德流布，一切蒙福度脱。[56]

按史料所述，《魔逆經》是有梵文寫本，法師亦已取得全本，故可自行執本啟譯，不假他人口授，同時竺法護通曉漢語，所以能夠按照原經漢譯，不必另請度語，只需聶道真協助記錄口譯漢文，潤飾章句，便可定稿，整個譯經流程十分簡潔，頗像東漢安玄、嚴佛調合譯《法鏡經》的小組模式。

3.5 竺法護、聶承遠、聶道真小組

聶承遠、聶道真二人是竺法護常用筆受，協助法護在西晉時代屢出新經。除了上述的案例，他們三人曾共同合作，譯出《如來大哀經》，時為元康元年。

竺法護籌建的翻譯小組，其中一種常見模式是「二步協作」，即法護一人執本口譯，翻為中文，產出初譯，是為第一步，然後交由筆受記錄，訂正全經，是為第二步，《如來大哀經》的翻譯正是採取這種小組譯經模式。詳見〈如來大哀經記〉：

> 元康元年七月七日，燉煌菩薩支法護手執胡經，經名「如來大哀」，口授聶承遠、道真，正書晉言，以其年八月二十三日訖。護親自覆挍。當令大法光顯流布，其有攬者，疾得總

56　僧祐：《出三藏記集》，第 55 冊，第 2145 經，卷 7，頁 50。

持，暢澤妙法。[57]

　　按史料記述，法護「手執胡經，經名『如來大哀』」，採用視譯方式（sight translation）翻譯，一邊閱讀經文原典，一邊口出漢文譯語。接着，法護的口譯「口授聶承遠、道真，正書晉言」，將經文記錄下來，不過一個多月便完成翻譯，最後法護親自覆校寫本，確保聶氏父子筆受無誤，直見譯主對譯本質素的重視。

3.6 竺法護、聶承遠、竺法首小組

　　二十世紀初，日本大谷探險隊在吐魯番發現竺法護譯《諸佛要集經》的殘本，寫經經跋簡述了譯經成員和過程，讓今人可以重構譯文生成過程。原文如下：

　　　　□康二年正月□二日月支菩薩法護手執□
　　　　□□授聶承遠。和上弟子沙門竺法首筆□
　　　　□令此經布流十方，戴佩弘化，速成□□
　　　　元康六年三月十八日寫已
　　　　凡三萬十二章合一萬九千五百九十六字[58]

　　史料指出《諸佛要集經》於西晉元康二年（292）啟譯，竺法護主譯，手執原文經本，譯成漢文，口授得力譯經助手聶承遠，加

57　同上注，卷9，頁63。

58　跋語原文載於香川默識（Kagawa Mokushiki）《西域考古図譜‧下卷》（東京：大日本國華社，1915年），電子本見「国立情報学研究所－ディジタル‧シルクロード‧プロジェクト」，題為「西晋元康六年写諸仏要集経巻下（吐峪溝）」。跋語的注釋和補字推斷見陳國燦：〈吐魯番出土的《諸佛要集經》殘卷與敦煌高僧竺法護的譯經考略〉，《敦煌學輯刊》（1983年），頁6-13。

上法師弟子竺法首一同筆受，記錄全經，最終定本。按照記述，是
次譯事同屬竺法護常用的「二步協作」小組翻經模式。

3.7 竺法護、竺法首小組

竺法護是一多產譯者，志心弘法，譯經不斷，未敢浪費分秒。
西晉元康四年，即西元二九四年，法護籌備新的譯經小組，於酒
泉翻譯《佛說聖法印經》。是次助譯者為竺法首，法護弟子，餘事
未詳。

〈聖法印經記〉記載「元康四年十二月二十五日，月支菩薩沙
門法護，於酒泉演出此經」，[59] 意謂法護再次以上述的「二步協作」
方式翻經，法師據本自行翻譯，口出中文譯文，是為初譯，然後
「弟子竺法首筆受」，[60] 記錄口譯內容，訂定最終本子。

3.8 竺法護、趙文龍小組

竺法護、趙文龍合譯《賢劫經》，屬法師晚期的小組譯經案
例。趙文龍生平不可考，僅見於《賢劫經》的譯事史略，知其協助
法護翻譯。〈出賢劫經記〉有言：

> 《賢劫經》 永康元年七月二十一日，月支菩薩竺法護，從
> 罽賓沙門得是《賢劫三昧》，手執口宣。時竺法友從洛寄來，
> 筆者趙文龍。使其功德，福流十方，普逮蒙恩，離於罪蓋。其
> 是經者，次見千佛，稽受道化，受菩薩決，致無生忍，至一切

59　全文為「元康四年十二月二十五日，月支菩薩沙門曇法護，於酒泉演出此經，
　　弟子竺法首筆受，令此深法普流十方，大乘常住。」見僧祐：《出三藏記集》，
　　第 55 冊，第 2145 經，卷 7，頁 51。

60　同上注。

法，十方亦爾。[61]

　　按經記所述，永康元年（300）七月二十一日，竺法護從罽賓沙門得到經本原文，「手執口宣」，生成初譯，時筆受者為趙文龍。經本既出，對外廣傳，冀令功德「福流十方」，眾生離苦得樂，「普遂蒙恩，離於罪蓋」，說明譯經因緣本末。

3.9 竺法護、康殊、帛法炬小組

　　竺法護主持譯經的最後一個例子，是與康殊、帛法炬合譯《普曜經》。康殊生平不詳，估計為西域道人，而帛法炬別稱「法巨」，史傳甚略，除了協助竺法護譯經，曾與法立共翻新本《法句經》和《福田經》。

　　按經錄記載，《普曜經》是「二步協作」的產物。依〈普曜經記〉所述：

> 《普曜經》永嘉二年，太歲在戊辰，五月，本齋菩薩沙門法護在天水寺，手執胡本，口宣晉言。時筆受者，沙門康殊、帛法巨。[62]

　　永嘉二年，即西元三〇八年，時竺法護在天水寺開譯新經，「手執胡本，口宣晉言」，是為第一步驟，屬法師的典型譯法，然後口譯內容由康殊、帛法炬二人筆受記下，是為第二步驟。

61　同上注，頁48。

62　同上注。

3.10 寂志、竺法護、聶道真小組

竺法護不但主譯佛典，更曾協助其他譯師度語傳譯，例子是寂志、法護、聶道真三人合譯《文殊師利淨律經》。法護、聶道真的生平上已記述，譯主寂志的生平不詳，只知來西國，能記誦《文殊師利淨律經》原文。

考究現存史料，《文殊師利淨律經》譯於太康十年，〈文殊師利淨律經記〉詳述如下：

> 沙門曇法護於京師遇西國寂志，從出此經。經後尚有數品，其人忘失，輒宣現者，轉之為晉，更得其本，補令具足。太康十年四月八日，白馬寺中聶道真對筆受，勸助劉元謀、傅公信、侯彥長等。[63]

時竺法護在長安遇到從西域來華的寂志，得知《文殊師利淨律經》的原典，寂志口授，誦讀原文，法護傳譯，翻為漢言，道真筆受，訂定譯本，翻譯地點在白馬寺，並有劉元謀、傅公信、侯彥長等人資助是次譯事。可是，寂志忘記了經末數品的經文內容，法護仍將所得譯為漢文，「輒宣現者，轉之為晉」，然後尋獲遺缺部分，補續翻譯，完成全經譯業。

3.11 無羅叉、竺叔蘭、祝太玄、周玄明小組

無羅叉、竺叔蘭、祝太玄、周玄明的四人譯經小組，見於《放光般若經》之譯事。四人之中，祝太玄、周玄明的生平未能詳考，

---

63 同上注，頁 51。

無羅叉為于闐國沙門，通梵胡西域語言，[64] 除此更無細載，唯竺叔
蘭記述較詳。竺叔蘭，佛門居士，先祖天竺人，後避難遷居河南，
叔蘭在華出生，史稱之「幼而聰辯」，兼通文史，漢外語言均善，
世譽「學兼胡漢」、「譯義精允」，在經文漢譯過程中擔當重要角
色，《出三藏記集》有專傳詳載生平史事。[65]

　　《放光般若經》的譯事，始於漢地佛子朱士行有感《道行經》
譯本所言未盡，希望覓得更為完備的原典，了解般若實義，遂西
行求經，在于闐國取得內容豐博的般若原文，遣弟子弗如檀將原
經送至洛陽，然後再送至陳留水南寺，士行則終身留居于闐，未
返關中。經本送抵陳留以後，在當地信眾捐助支持下，譯師們開
展漢譯，時為晉惠帝（259-307，290-307 在位）元康元年，即西元
二九一年，是為後世流傳的《放光般若經》。詳見〈放光經記〉：

　　　　惟昔大魏潁川朱士行，以甘露五年出家學道為沙門，出
　　　塞西至于闐國，寫得正品梵書胡本九十章六十萬餘言。以太康
　　　三年，遣弟子弗如檀，晉字法饒，送經胡本至洛陽，住三年，
　　　復至許昌，二年後至陳留界倉垣水南寺。以元康元年五月十五
　　　日，眾賢者皆集議，晉書正寫。[66]

64　「無羅叉比丘，西域道士，稽古多學，乃手執梵本，叔蘭譯為晉文，稱為《放
　　光波若》。」見慧皎：《高僧傳》，第 50 冊，第 2059 經，卷 4，頁 346。

65　「竺叔蘭，本天竺人也。祖父婁陀，篤志好學，清簡有節操。時國王無道，百
　　姓思亂。有賊臣將兵得罪，懼誅，以其國豪，呼與共反。婁陀怒曰：『君出於
　　微賤，而任居要職，不能以德報恩，而反為逆謀乎！我寧守忠而死，不反而生
　　也。』反者懼謀泄，即殺之而作亂。婁陀子達摩尸羅，齊言法首，先在他國，
　　其婦兄二人並為沙門，聞父被害，國內大亂，即與二沙門奔晉，居于河南，生
　　叔蘭。叔蘭幼而聰辯，從二舅諮受經法，一聞而悟，善胡、漢語及書，亦兼諸
　　文史。（中略）以晉元康元年，譯出《放光經》及《異維摩詰》十餘萬言，既
　　學兼胡漢，故譯義精允。」見僧祐：《出三藏記集》，第 55 冊，第 2145 經，卷
　　13，頁 98。

66　同上註，卷 7，頁 47。

此外，綜合〈放光經記〉和〈合放光光讚略解序〉兩份史料記述，《放光般若經》的漢譯共有三個步驟。〈放光經記〉的記載節錄如下：

> 時執胡本者，于闐沙門無叉羅，優婆塞竺叔蘭口傳，祝太玄、周玄明共筆受，正書九十章，凡二十萬七千六百二十一言。時倉垣諸賢者等，大小皆勸助供養。至其年十二月二十四日，寫都訖。[67]

〈合放光光讚略解序〉亦言：

> 《放光》，于闐沙門無叉羅執胡，竺叔蘭為譯。[68]

譯經第一步是由無羅叉手執經本，誦出原文，謂之「執胡」；第二步竺叔蘭聽聞無羅叉所宣原文，口譯成漢，謂之「口傳」；第三步由祝太玄、周玄明記錄潤飾，訂定譯本，謂之「筆受」。道安評論《放光般若經》譯本的特點是簡約精到，譯者翻譯時以「削復重事」為綱領，去除繁瑣之處，經中義理「事顯炳煥」、「易觀」，但內容難免遺缺，未及竺法護的異譯本《光讚般若經》翔實。[69]

3.12 法立、法炬小組

西晉惠帝、懷帝（284-313，307-311 在位）年間，有沙門法立和法炬（或稱「帛法炬」、「法巨」）籌建小組，譯經弘法，二人生

67　同上注。

68　同上注，頁 48。

69　同上注。

平事跡未詳，只知曾合譯《法句經》和《福田經》。

　　《福田經》的翻譯流程，史料未有細述，《法句經》的譯事則《高僧傳》略有記載，原文如下：

> 　　以吳黃武三年，與同伴竺律炎來至武昌，齎《曇鉢經》梵本。《曇鉢》者，即《法句經》也。時吳士共請出經，難既未善國語，乃共其伴律炎譯為漢文。炎亦未善漢言，頗有不盡，志存義本，辭近朴質。至晉惠之末，有沙門法立，更譯為五卷，沙門法巨著筆，其辭小華也。立又別出小經近百許首，值永嘉末亂，多不復存。[70]

　　《高僧傳》提到三國時代早有維祇難、竺將炎、支謙合譯的《法句經》傳世。西晉末年，法立再譯《法句》，「更譯為五卷」，並由「沙門法巨（即法炬）著筆」，意謂將經本翻成漢文的工作，由法立負責，從「更譯為五卷」的「譯」字可知其實，然後法炬潤飾章句，書成寫本，謂之「著筆」，譯經工序二分。

　　關於兩位譯師新出《法句》的翻譯風格，史評與舊譯不同。上文提到維祇難小組所出「辭近朴質」，未有完整翻譯原典，新譯則「其辭小華」，詞藻較為華美，文見修飾，或為法炬筆受之功。

3.13　僧伽提婆、道慈小組

　　以上眾例，均為西晉時代的譯經小組，接着討論東晉的情況。西晉永嘉五年（311），匈奴攻陷洛陽、長安兩京，史稱「永嘉之亂」，司馬氏皇室因此遷國江左，衣冠南渡，定都建康，是為「東晉」，享祚百年，北方則出現多個割據政權，交侵相替，由匈奴、

70　慧皎：《高僧傳》，第 50 冊，第 2059 經，卷 1，頁 326。

羯、鮮卑、氐、羌等邊族執政，崔鴻（478-525）籠統歸為十六國，撰有《十六國春秋》一書，敘述諸國興衰，後世亦以「十六國」一詞代指當時北方的政治情況，與南方的東晉司馬氏政權並立。縱然南北分裂，佛教在中土的傳播不斷，三藏翻譯興盛，小組譯經仍是其中一種常見模式。

先討論東晉的小組譯經史，僧伽提婆、道慈小組是為第一例，主事《阿毘曇心論》的漢譯，成於太元十六年，即西元三九一年。僧伽提婆，本姓瞿曇，罽賓國人，慕道修行，學貫三藏，[71]前秦時期到長安弘法，數年間掌握漢文，然後南下東晉，翻譯新經，[72]史稱其譯作「去華存實，務盡義本」，[73]即翻譯以彰顯經要為重，不尚文辭浮華。此外，助譯者道慈是豫州沙門，[74]除了協助《阿毘曇心論》漢譯，更參與《中阿含》譯事，[75]其餘記述不多。

根據兩份《阿毘曇心論》的序文，文中指出論文的翻譯共有三重步驟。第一篇序文見下：

> 以晉泰元十六年，歲在單閼，貞于重光。其年冬，於尋陽
> 南山精舍，提婆自執胡經，先誦本文，然後乃譯為晉語，比丘
> 道慈筆受。至來年秋，復重與提婆按正，以為定本。時眾僧上
> 座竺僧根、支僧純等八十人，地主江州刺史王凝之、優婆塞西

71　「僧伽提婆，罽賓人也，姓瞿曇氏。入道修學，遠求明師，兼通三藏，多所誦持。尤善《阿毘曇心》，洞其纖旨。常誦《三法度》，晝夜嗟味，以為道之府也。為人俊朗有深鑒，儀止溫恭，務在誨人，恂恂不怠。」見僧祐：《出三藏記集》，第 55 冊，第 2145 經，卷 13，頁 99。

72　「後山東清平，提婆乃與冀州沙門法和俱適洛陽。四、五年間，研講前經，居華歲積，轉明漢語（後略）。」同上注。

73　同上注。

74　慧皎：《高僧傳》，第 50 冊，第 2059 經，卷 7，頁 374。

75　僧祐：《出三藏記集》，第 55 冊，第 2145 經，卷 9，頁 64。

陽太守任固之為檀越，並共勸佐而興立焉。[76]

　　另一篇序文是東晉高僧慧遠（334-416）親撰的，原文節錄如下：

　　　　罽賓沙門僧伽提婆，少翫茲文，味之彌久，兼宗匠本，正關入神，要其人情悟所參，亦已涉其津矣。會遇來遊，因請令譯。提婆乃手執胡本，口宣晉言，臨文誠懼，一章三復，遠亦實而重之，敬慎無違。然方言殊韻，難以曲盡，儻或失當，俟之來賢，幸諸明哲，正其大謬。晉太元十六年出。[77]

　　步驟一是譯主僧伽提婆在尋陽南山精舍「自執胡經，先誦本文，然後乃譯為晉語」，明確點出法師採用視譯的方法，譯出論本初稿。慧遠法師更指出提婆譯論的態度甚為認真，「臨文誠懼，一章三復」，每一部分的翻譯都是經過再三思量，反覆審視，令慧遠敬佩非常，「實而重之，敬慎無違」。步驟一完成後，口譯初稿既出，便由比丘道慈將提婆所翻記錄下來，書成寫本。步驟三是道慈筆受以後，「至來年秋」，與提婆一起重覽所譯，修訂內文，謂之「校正」，方成定本，可見譯師翻譯態度十分嚴謹，每道譯語絕不草率。

　　是次譯事的資助者甚多，除了僧眾上座竺僧根、支僧純等八十人，還有江州刺史王凝之、西陽太守兼居士任固之共襄盛舉，布施所得，推動譯經組織的成立和運作，資助團隊規模龐大，是東漢出現小組譯經以降所未見的。

76　同上注，卷 10，頁 72。

77　同上注，頁 72-73。

3.14 僧伽羅叉、僧伽提婆、道慈、李寶、唐化小組

僧伽羅叉、僧伽提婆等人合譯《中阿含經》，是東晉小組譯經第二例。僧伽提婆和道慈的弘法事跡，上已簡述。另一協作譯師僧伽羅叉是罽賓沙門，生平不詳。[78] 李寶、唐化負責共書譯本，來自吳國，即今蘇州一帶，他事不載。[79] 僧伽羅叉等五人協作翻經，是在東晉隆安元年（397）開始的。法師南下弘法，得晉室王公名士禮遇，紛請說法翻經。時晉官王珣（349-400）信奉佛法，聽聞僧伽提婆到來，立即延請供養，聯合四十多位義學沙門，捐助所得，建造精舍，讓法師們有安身之處，成立翻譯團隊，漢譯佛門要典《中阿含》。

依照道慈所述，翻譯過程共有四大步驟。《中阿含》的翻譯經記有詳細記載：

> 會僧伽提和進遊京師，應運流化，法施江左。于時晉國大長者，尚書令衛將軍、東亭侯優婆塞王元琳，常護持正法以為己任，即檀越也。為出經故，造立精舍，延請有道釋慧持等義學沙門四十餘人，施諸所安，四事無乏，又豫請經師僧伽羅叉，長供數年，然後乃以晉隆安元年丁酉之歲十一月十日，於揚州丹陽郡建康縣界，在其精舍，更出此《中阿含》，請罽賓沙門僧伽羅叉令誦胡本，請僧伽提和轉胡為晉，豫州沙門道慈筆受，吳國李寶、康化共書，至來二年，戊戌之歲六月二十五日草本始訖。此《中阿含》凡有五誦，都十八品，有

78　同上注，卷 13，頁 100。

79　同上注，卷 9，頁 64。

二百二十二經，合五十一萬四千八百二十五字，分為六十卷。[80]

　　第一步是僧伽羅叉「誦胡本」，誦出原文內容。第二步是僧伽提婆聽聞羅叉所誦，然後「轉胡為晉」，是為漢譯初稿。第三步是道慈筆受，記錄提婆口譯，李寶、唐化協助共書。《中阿含》的漢譯並非就此完結，最後一步是校訂全經。東晉十六國部分小組譯經團隊，對檢閱譯本十分重視，將檢校步驟訂為筆受以後的附加程序，力求譯文精確，由此可見中古中國小組譯經模式的演變，漸趨謹慎。道慈指出，訂正《中阿含》譯文的過程可謂一絲不苟，曾多番向「善晉胡方言」的外國賢士求教，請求協助審閱前譯，「訪其得失，刊之從正」，綜合各方意見，「方得正寫」，確認文本無誤，才敢流傳新譯。原述如下：

　　　時，遇國大難，未即正書，乃至五年辛丑之歲，方得正寫，校定流傳。其人傳譯，准之先出，大有不同，於此二百二十二經中，若委靡順從，則懼失聖旨，若從本制，名類多異舊，則逆忤先習，不愜眾情，是以其人不得自專，時有改本，從舊名耳。然五部異同，孰知其正？而道慈愚意怏怏，於違本故諸改名者，皆抄出注下，新舊兩存，別為一卷，與目錄相連，以示於後，將來諸賢令知同異，得更採訪，脫遇高明外國善晉胡方言者，訪其得失，刊之從正。[81]

80　瞿曇僧伽提婆譯：《中阿含經》（1988 年大正新修大藏經刊行會編《大正新修大藏經》本），第 1 冊，第 26 經，卷 60，頁 809。另一經記略本見僧祐：《出三藏記集》，第 55 冊，第 2145 經，卷 9，頁 64。

81　同上注。

3.15 法顯、佛馱跋陀小組

第三例是東晉末年法顯（338-423）、佛馱跋陀（Buddhabhadra，359-429）的譯經小組。法顯在中國佛教史顯赫有名，其西行求法的事跡至今傳頌。法顯，俗姓龔，年幼出家，史稱之「志行明敏，儀軌整肅」，學習佛法時，經常慨嘆經律內容闕漏未詳，所以發願出行西域，求取原典，再於中土弘通。[82] 是故，後秦姚興（366-416，394-416在位）即位初年，法顯與同學組成西行團隊，從長安出發，遠赴域外取經，幾經艱幸，終於抵達天竺。[83] 法顯為求傳抄無誤，留在當地三年，學通「胡書胡語」，方敢筆錄眾經複本，許多佛典均漢土未見，然後海路東歸。[84] 另一譯師佛馱跋陀，又稱「佛馱跋陀羅」、「覺賢」等，迦維羅衛人，甘露飯王後裔，年少深入佛門，道業精進，通達群經，後來東土弘法，剛好鳩摩羅什在長安譯經，一見如故，及後佛馱跋陀南下晉境，先駐慧遠廬山道場，再到京師建康道場寺，遇上法顯取經東歸，小組譯事因此展開。[85]

---

82 「釋法顯，本姓龔，平陽武陽人也。法顯三兄並齠齔而亡，其父懼禍及之，三歲便度為沙彌。（中略）二十受大戒，志行明潔，儀軌整肅，常慨經律舛闕，誓志尋求。」見僧祐：《出三藏記集》，第 55 冊，第 2145 經，卷 15，頁 111。

83 「以晉隆安三年，與同學慧景、道整、慧應、慧嵬等發自長安，西度沙河。」同上注。

84 「後至中天竺，於摩竭提巴連弗邑阿育王塔南天王寺，得《摩訶僧祇律》，又得《薩婆多律抄》、《雜阿毘曇心》、《綖經》、《方等泥洹》等經。顯留三年，學胡書胡語，躬自書寫。於是持經像，寄附商客，到師子國。（中略）既而附商人大舶還東（後略）。」見僧祐：《出三藏記集》，第 55 冊，第 2145 經，卷 15，頁 112。

85 「佛大跋陀，齊言佛賢，北天竺人也。五歲而孤，十七出家，與同學數人誦經，眾皆一月，佛賢一日誦畢。其師歎曰：佛賢一日，敵三十夫也。及受具戒，修業精勤，博學群經，多所通達。（中略）常欲遊方弘化，備觀風俗，會沙門智嚴至西域，遂請俱東。於是杖錫跋涉，經歷三年，路由雪山，備極艱阻。（中略）頃之，至青州東萊郡，聞鳩摩羅什在長安，即往從之。什大欣

法顯、佛馱跋陀二人的譯經流程，史料並無詳細記述，只知兩位譯師在晉都建康道場寺譯出《摩訶僧祇律》、《方等泥洹經》、《雜阿毗曇心》等經典，譯著豐博。

（法顯東歸以後）遂南造京師，就外國禪師佛大跋陀，於道場寺譯出六卷《泥洹》、《摩訶僧祇律》、《方等泥洹經》、《綖經》、《雜阿毗曇心》。未及譯者，垂有百萬言。[86]

按照僅有資料記述，兩位法師合作無間，產量甚多，推測由於法顯與過去的漢地譯師不同，除了通曉漢文，法顯更在西行期間學懂西域語言，能夠親閱原典，翻譯時不必完全仰仗佛馱跋陀一人傳譯，所以兩位譯師或許可以各自將原文不同部分譯成漢言，再將各處合成完整本，參校共議，潤飾章句，生成定本，提高翻經進度。

3.16 支施崙、帛延、趙瀟、馬亦、來恭政小組

上述小組譯經的例子，均見於南方東晉，接下來的是北方十六國的小組譯例。第一例是前涼（320-376）支施崙、帛延、趙瀟、馬亦、來恭政合組的翻譯團隊。這個五人譯經小組是在前涼張天錫（346-406，363-376 在位）治下籌組而成的，翻譯地點是州內正聽堂湛露軒。譯主是月氏居士支施崙，其人聰敏，博覽眾經，特別通達方等、三昧之學，立志弘揚大乘佛法，並曾翻譯《須賴》、《上

悅，共論法相，振發玄緒，多有妙旨。（中略）先是，廬山釋慧遠久服其風，乃遣使入關，致書祈請。後聞其被斥，乃書與姚主，解其擯事，欲迎出禪法。頃之，佛賢至廬山，遠公相見欣然，傾蓋若舊。自夏迄冬，譯出《禪數》諸經。佛賢志在遊化，居無求安，以義熙八年遂適荊州。」同上注，卷 14，頁 103-104。

86　同上注，卷 15，頁 112。

金光首》、《如幻三昧》等經典。[87] 第二成員是帠延，龜茲王世子，出身貴族，通曉漢外語音，見多識廣，史稱「博解群籍，內外兼綜」。[88] 第三、第四和第五位成員是趙瀟、馬亦、來恭政，生平不詳，只知分別擔任常侍、會水令和內侍，皆是有德之士，留心道業修為。[89]

上述五人小組負責翻譯《首楞嚴經》，按照經本後記，翻譯流程三分，屬於典型小組譯經模式。經記原文如下：

> 咸和三年，歲在癸酉，涼州刺史張天錫，在州出此《首楞嚴經》。于時有月支優婆塞支施崙，手執胡本。支博綜眾經，於方等、三昧特善，其志業大乘學也，出《首楞嚴》、《須賴》、《上金光首》、《如幻三昧》。時在涼州，州內正聽堂湛露軒下集。時譯者歸慈王世子帠延，善晉胡音。延博解群籍，內外兼綜。受者常侍西海趙瀟、會水令馬奕、內侍來恭政，此三人皆是俊德，有心道德。時在坐沙門釋慧常、釋進行，涼州自屬辭，辭旨如本，不加文飾。飾近俗，質近道，文質兼，唯聖有之耳。[90]

第一步驟是支施崙「手執胡本」，宣講經本原文；第二步驟是

---

87 「于時有月支優婆塞支施崙，手執胡本。支博綜眾經，於方等、三昧特善，其志業大乘學也，出《首楞嚴》、《須賴》、《上金光首》、《如幻三昧》。」同上注，卷7，頁49。

88 「時譯者歸慈王世子帠延，善晉胡音。延博解群籍，內外兼綜。」同上注。

89 「西海趙瀟、會水令馬奕、內侍來恭政，此三人皆是俊德。」同上注。

90 同上注。按佛教學者蔡耀明分析〈首楞嚴經後記〉，原文中「涼州自屬辭」一節，可解釋為倡導譯事的張天錫（346-406，363-376在位）協助「連綴文辭」，修訂譯文，詳閱〈解讀有關《首楞嚴三昧經》的四篇前序後記 —— 以《首楞嚴三昧經》相關文獻的探討為背景〉，《佛學研究中心學報》，2003年第8期，頁1-42。

帛延聽聞支施崙所述，口譯漢文，後記以「譯者」稱之，即如「傳譯」；第三步驟是趙瀟、馬亦、來恭政三人一同筆受，記錄帛延的漢文口譯，後記以「受者」稱其三人，即如「筆受」。此一譯本特點是靠向原語文本，「辭旨如本，不加文飾」，意謂經文意旨和文辭表述力求與原典契同，不敢妄加修飾刪削，質直為重。

3.17 竺佛念、曇摩持、慧常小組

前秦時代的佛經漢譯活動甚盛，其中不少譯事採用小組翻譯模式，第一例是竺佛念、曇摩持、慧常合譯《比丘尼大戒》。譯主竺佛念，亦稱「佛念」，涼州人，年少出家，深入佛藏，涉獵教外典籍，而且兼通多種語言，史稱「家世西河，洞曉方語，華戎音義，莫不兼釋」。[91] 因佛念的語言能力超群，故在前秦譯界享負盛名，多次獲邀參與譯事，[92] 下文有更多例子說明。第二譯者曇摩持，或作「曇摩侍」，史稱之特善阿毘曇和修持佛門戒律，且通漢文和外國語言，對前秦譯事貢獻良多。[93] 第三譯者慧常，涼州道人，常任筆受，餘事不詳。[94]

按照譯序記載，《比丘尼大戒》在建元十五年（379）十一月十一日翻譯，地點為長安，不過十五日全文譯畢，原文如下：

> 太歲己卯，鶉尾之歲，十一月十一日，在長安出此《比丘

91　「竺佛念，涼州人也。弱年出家，志業堅精，外和內朗，有通敏之鑒。諷習眾經，粗涉外學，其《倉》、《雅》詁訓，尤所明練。少好遊方，備貫風俗。家世西河，洞曉方語，華、戎音義，莫不兼解，故義學之徒雖闕，而洽聞之聲甚著。（中略）」見僧祐：《出三藏記集》，第 55 冊，第 2145 經，卷 15，頁 111。

92　「（竺佛念）於符、姚二代為譯人之宗，自世高、支謙以後，莫踰於念。關中僧眾，咸共嘉焉。後卒於長安，遠近白黑，莫不歎惜。」同上注。

93　「外國道人曇摩侍諷阿毘曇，於律持善。」同上注，卷 11，頁 80。

94　同上注，卷 9，頁 62。

尼大戒》，其月二十六日訖。僧純於龜茲佛陀舌彌許戒本，曇摩侍傳，佛念執胡，慧常筆受。[95]

是次譯事採取典型的三步式小組譯經模式：第一步是竺佛念「執胡」，即手執戒本原文，將之誦出，而原文是僧純從龜茲高僧佛陀舌彌得來的；第二步是曇摩侍傳譯，聽聞佛念所誦原文，然後口譯成漢言；第三步是筆受，記錄曇摩侍所譯，由慧常負責。

3.18 曇摩侍、佛圖卑、慧常小組

前秦初期的小組譯事主要與戒律翻譯有關，除了上述的《比丘尼大戒》，還有《授大比丘尼戒儀》、《二歲戒儀》等戒法於建元十五年在中土翻出，由曇摩侍、佛圖卑、慧常小組協作完成。上文已述曇摩侍、慧常二人生平，佛圖卑的史傳稀缺，只知通曉中外語言，故能在小組譯經團隊擔當傳譯的工作。[96]

兩部戒律的原本均由僧純、曇充向龜茲高僧佛圖舌彌求請得來，曇摩侍、佛圖卑、慧常三人合作漢譯。首先，曇摩侍誦出原典內容，然後史稱「佛圖卑為譯」，即聽聞曇摩侍讀誦，繼而口譯漢文，最後慧常筆受，詳見《出三藏記集》的「關中近出尼二種壇文夏坐雜十二事並雜事共卷前中後三記第十三」，原述如下：

> 秦建元十五年十一月五日，歲在鶉尾，比丘僧純、曇充，從丘慈高德沙門佛圖舌彌許，得此《授大比丘尼戒儀》及《二歲戒儀》，從受坐至囑授諸雜事，令曇摩侍出，佛圖卑為譯，

95　同上注，卷 11，頁 81。

96　同上注。

慧常筆受。[97]

3.19 曇摩持、竺佛念、道賢、慧常小組

　　前秦小組譯經的第三例是曇摩持、竺佛念、道賢、慧常四人合譯《比丘大戒》，與前二例所翻文本的性質相近，跟佛門戒律有關。曇摩持、竺佛念、慧常三人史略，上已明記，道賢則通佛典原語和漢文，故能「為譯」，[98] 其餘事跡未詳。

　　按照前秦高僧道安所撰〈比丘大戒序〉，翻譯流程共有四大步驟，原文如下：

　　　　至歲在鶉火，自襄陽至關右，見外國道人曇摩侍，諷阿毘曇，於律持善。遂令涼州沙門佛念寫其梵文，道賢為譯，慧常筆受。經夏漸冬，其文乃訖。考前常行世戒，其謬多矣。或殊文旨，或粗舉意。昔從武遂法潛得一部戒，其言煩直，意常恨之。而今侍戒規矩與同，猶如合符，出門應徹也。然後乃知淡乎無味，乃直道味也。而慊其丁寧，文多反復，稱即命慧常，令斥重去復。常乃避席，謂：「大不宜爾。戒猶禮也，禮執而不誦，重先制也，慎舉止也。戒乃逕廣長舌相，三達心制，八輩聖士，珍之寶之，師師相付，一言乖本，有逐無赦。外國持律，其事實爾。此土尚書及與河洛，其文樸質，無敢措手，明祇先王之法言而順神命也。何至佛戒，聖賢所貴，而可改之以從方言乎？恐失四依不嚴之教也。與其巧便，寧守雅正。譯胡為秦，東教之士猶或非之，願不刊削以從飾也。」眾咸稱善。

97　同上注。

98　同上注，卷11，頁80。

於是按梵文書，唯有言倒，時從順耳。[99]

第一步是由特善戒律的曇摩持誦出原文；第二步是竺佛念「寫其梵文」，這是前秦小組譯經始見的步驟，後有其他案例補續說明；第三步是「道賢為譯」，將經本翻為漢文；第四步是由曾經協助翻譯比丘尼戒規的慧常筆受，記錄譯文，訂定全文。[100] 戒本夏天啟譯，冬天畢功，時為建元十五年，即西元三七九年。

《比丘大戒》的翻譯策略，道安描述頗為細緻。因戒律是佛門修行的根本，戒規一破，影響深遠，譯文內容務必精準無誤，忠實原語，分毫不差，否則「一言乖本，有逐無赦」。因此，譯者翻譯過程十分謹慎，文辭表述華麗與否，不是首要考慮，最重要的是譯文能夠完整說明戒律內容，就算原文有重疊冗贅的地方，「願不刊削以從飾」，翻譯大方向是案本而傳，極力靠向原典。道安直言譯本是「按梵文書」，而且「唯有言倒時從順耳」，即除了遇上梵文句構與漢文不同的地方，必須重調語序，稍作更改，其餘悉從本典。由此可見，古代經本漢譯策略的訂定，譯本修飾多寡、是詳是略，有時是跟文本的內容性質有關的，佛門戒本便是以極求忠實，因循本旨為核心翻譯原則。

3.20 耶舍、鳩摩羅佛提、竺佛念、曇景小組

前秦小組譯經的第四例是耶舍等人共翻戒律經典《鼻奈耶》。史料並無詳載譯主耶舍的事跡，據道安親撰的《鼻奈耶》序文，

---

99 同上注。

100 按上述序文「慊其丁寧，文多反復，稱即命慧常，令斥重去復」一語，可知慧常所任筆受之職，工作不限於記錄口譯內容，而是兼及潤飾譯本，以成定稿，並可從中略知中古初期「筆受」的職能內涵。

只知耶舍是罽賓律師，與鳩摩羅佛提結伴來華弘法。[101] 第二譯者鳩摩羅佛提是西域三藏法師，生平未詳，只知前秦建元十八年（382）來華弘法譯律。[102] 第三譯者竺佛念的生平前文已見，不再贅述。第四譯者曇景負責筆受，其餘弘法活動未詳，更待考究。

耶舍等人所翻《鼻奈耶》，三月畢功，翻譯步驟有四，與後文討論的僧伽跋澄、曇摩難提、佛圖羅刹、敏智、趙正五人合作翻譯流程近似（見本章 3.23），屬前秦改良版的小組譯經模式，史料原述節選如下：

> 阿難出經，面承聖旨，五百應真更互定察，分為十二部，於四十九年之誨，無片言遺矣。又抄十二部為四阿含、阿毘曇、鼻奈耶，則三藏備也。天竺學士罔弗遵焉，諷之詠之未墜於地也。其大高座沙門則兼該三藏，中下高座則通一通二而已耳。經流秦地，有自來矣。隨天竺沙門所持來經，遇而便出，於十二部，毘曰羅部最多。以斯邦人莊老教行，與方等經兼忘相似，故因風易行也。道安常恨三藏不具，以為闕然。歲在壬午，鳩摩羅佛提齎《阿毘曇抄》、《四阿含抄》來至長安。渴仰情久，即於其夏出《阿毘曇抄》四卷，其冬出《四阿含抄》四卷。又其伴罽賓鼻奈，厥名耶捨，諷《鼻奈經》甚利，即令出之。佛提梵書，佛念為譯，曇景筆受，自正月十二日出，至三月二十五日乃了，凡為四卷。[103]

---

101 「歲在壬午，鳩摩羅佛提齎《阿毘曇抄》、《四阿含抄》來至長安。（中略）又其伴罽賓鼻奈，厥名耶捨，諷鼻奈經甚利，即令出之。」見竺佛念譯：《鼻奈耶》（1988 年大正新修大藏經刊行會編《大正新修大藏經》本），第 1 冊，第 24 經，卷 1，頁 851。

102 同上注。

103 同上注。

步驟一是譯主耶舍讀誦律典原文；步驟二是鳩摩羅佛提將耶舍口誦的梵文原典書成文字，謂之「梵書」，是前秦小組譯經始見的譯經步驟；步驟三是竺佛念依照鳩摩羅佛提所寫的梵文本子，閱覽其文，口譯華言，稱作「為譯」；步驟四是曇景將佛念口譯漢文記下，潤飾定稿，是為「筆受」。

3.21 鳩摩羅佛提、竺佛念、佛圖羅剎、僧導、曇究、僧叡小組

鳩摩羅佛提等五人翻譯團隊，屬於前秦小組譯經的第五例。關於譯者史事，上文已述譯主鳩摩羅佛提和第二譯者竺佛念的生平，今簡介其餘四位譯師的事跡。譯師佛圖羅剎，其傳簡略，或稱「竺佛護」、「佛護」，道業有成，在華弘法既久，故善漢文，史載其所翻譯的梵文佛典，在前秦一代見重。[104] 又譯者僧導（362-457）是京兆人，十歲出家，少習《法華》，後來閱讀更趨廣泛，通曉禪律經論，前秦時代負責筆受工作，後來符氏亡國，姚秦繼立，羅什入關譯經，僧導亦有輔助左右，參議詳定經文。[105] 又譯者曇究事跡不詳，史料沒有記述，只知曾協助鳩摩羅佛提翻譯。[106] 又譯者僧叡（355-439）是十六國時代名僧，「關中四聖」之一，善解經論，文學造詣甚高，前秦時代已出任筆受之職，至後秦羅什來華翻經，僧

---

104 「佛圖羅剎者，不知何國人。德業純白，該覽經典。久遊中土，善閑漢言。其宣譯梵文，見重符世焉。」見僧祐：《出三藏記集》，第 55 冊，第 2145 經，卷 13，頁 99。

105 「釋僧導，京兆人。十歲出家，從師受業，師以《觀世音經》授之。（中略）及什公譯出經論，並參議詳定。導既素有風神，又值關中盛集，於是謀猷眾典，博採真俗，迺著《成實》、三《論》義疏及〈空有二諦論〉等。（中略）後立寺於壽春，即東山寺也。常講說經論，受業千有餘人。」見慧皎：《高僧傳》，第 50 冊，第 2059 經，卷 7，頁 371。

106 僧祐：《出三藏記集》，第 55 冊，第 2145 經，卷 9，頁 64。

叡亦多有參與。[107]

鳩摩羅佛提的五人譯經小組，主責翻譯阿羅漢婆素跋陀所撰《四阿含暮抄解》，時為西元三八二年。按照序文所載，譯事是在前秦鄴寺進行的，三月畢功，翻譯流程共有三大步驟，原述節錄見下：

> 有外國沙門，字因提麗，先齎詣前部國，秘之佩身，不以示人。其王彌第，求得諷之，遂得布此。余以壬午之歲八月，東省先師寺廟於鄴寺，令鳩摩羅佛提執胡，佛念、佛護為譯，僧導、曇究、僧叡筆受，至冬十一月乃訖。[108]

第一步驟是鳩摩羅佛提「執胡」，[109] 讀出經文原本；第二步驟是佛念、佛護二人「為譯」，聽聞鳩摩羅佛提所誦原典，然後口譯成漢言；第三步驟是僧導、曇究、僧叡三人「筆受」，即將佛念、佛護的漢文口譯書寫下來，製成定本。這一譯經小組的翻譯流程，與舊代相較，分別不大，是典型的三步小組協作譯經模式，可是第二和第三步驟的參與人數明顯較多，頗見西晉竺法護小組的遺風，或許是希望集思廣益，提高譯文質素和翻譯速度。

---

107 「釋僧叡，魏郡長樂人也。少樂出家，至年十八，始獲從志，依投僧賢法師為弟子。謙虛內敏，學與時競。至年二十二，博通經論。（中略）至年二十四，遊歷名邦，處處講説，知音之士，負表成群（中略）什所翻經，叡並參正。（中略）著《大智論》、《十二門論》、《中論》等諸序，並著大小《品》、《法華》、《維摩》、《思益》、《自在王禪經》等序，皆傳於世。」見慧皎：《高僧傳》，第 50 冊，第 2059 經，卷 6，頁 364。

108 鳩摩羅佛提等譯：《四阿鋡暮抄解》（1988 年大正新修大藏經刊行會編《大正新修大藏經》本），第 25 冊，第 1505 經，卷 1，頁 1。

109 宮內省圖書寮本（或稱「舊宋本」）序文記鳩摩羅佛提「執胡」，大正藏本則寫為「執梵」，今依舊宋本，同上注。

3.22 曇摩蜱、佛圖羅刹、慧進小組

前秦小組譯事的第六例，是曇摩蜱、佛圖羅刹、慧進三人協作翻譯《摩訶鉢羅若波羅蜜經抄》。譯主曇摩蜱是天竺沙門，[110] 生平未詳，只知曾參與前秦般若經典漢譯。第二譯者佛圖羅刹的事跡前文有述，不再重複。第三譯者慧進擔任筆受，其餘道業記述不詳。[111]

《摩訶鉢羅若波羅蜜經抄》的原文由鳩摩羅跋提帶來中土，時為西元三八二年，與舊譯《放光》、《光讚》同屬大品系般若經，而《經抄》所出有補正舊譯闕漏之用。整個譯經過程共有三個步驟，史載如下：

> 昔在漢陰，十有五載，講《放光經》，歲常再遍。及至京師，漸四年矣，亦恒歲二，未敢墮息。然每至滯句，首尾隱沒，釋卷深思，恨不見護公、叉羅等。會建元十八年，正車師前部王名彌第來朝，其國師字鳩摩羅跋提，獻胡《大品》一部，四百二牒，言二十千失盧。失盧三十二字，胡人數經法也。即審數之，凡十七千二百六十首盧，殘二十七字，都並五十五萬二千四百七十五字。天竺沙門曇摩蜱執本，佛護為譯，對而撿之，慧進筆受。與《放光》、《光讚》同者，無所更出也。其二經譯人所漏者，隨其失處，稱而正焉。其義異不知孰是者，輒併而兩存之，往往為訓其下，凡四卷。[112]

第一步驟是譯主曇摩蜱將鳩摩羅跋提帶來的經本原文誦出，謂

---

110 僧祐：《出三藏記集》，第 55 冊，第 2145 經，卷 2，頁 10 和卷 8，頁 52。

111 同上註，卷 8，頁 52。

112 同上註。

之「執本」；第二步驟是佛護將曇摩蜱所誦原文翻為漢言，謂之「為譯」，同時道安法師明確指出翻譯過程中，法護與曇摩蜱「對而檢之」，審定口譯內容與原文所述是否相對相應，可見法師翻譯的嚴謹態度，並從中可知檢校譯文的工序，不一定筆受以後才出現，傳譯者也有可能負責相關工作；第三步驟是「筆受」，即慧進記下法護所出經文，對外流通。

3.23 僧伽跋澄、曇摩難提、佛圖羅剎、敏智、趙正小組

前秦時代的關中地區佛法興盛，帝主支持弘法，同時秦官趙正傾心釋教，供養各方僧侶，贊助譯事，遂使佛經翻譯在前秦一代大興。前秦小組譯經的第七例，是僧伽跋澄、曇摩難提、佛圖羅剎、敏智、趙正合作翻譯《阿毗曇毗婆沙》。

譯主僧伽跋澄，罽賓人，史稱學通三藏，博覽群典，四處傳播佛法，啟迪人心，後來中土，前秦苻堅（338-385，357-385 在位）建元（365-385）年間抵達關中，漢地學眾「咸稱法匠」。[113] 第二譯師曇摩難提，兜佉勒人，幼年離俗，聰慧過人，精研佛法，遍學三藏，西域名聲甚廣，後於前秦建元來到長安，得到秦主苻堅禮重。[114] 第三譯師佛圖羅剎的簡傳，上文已述。第四譯者敏智是前秦沙門，譯經主理筆受工作，生平不詳。[115] 另支持譯事的趙正親自為

---

113 「僧伽跋澄，罽賓人也。毅然有淵懿之量，歷尋名師，修習精詣，博覽眾典，特善數經。闇誦《阿毗曇毗婆沙》，貫其妙旨。常浪志遊方，觀風弘化。苻堅之末，來入關中。先是大乘之典未廣，禪數之學甚盛。既至長安，咸稱法匠焉。」同上注，卷 13，頁 99。

114 「曇摩難提，兜佉勒人也。齠歲出家，聰慧夙成。研諷經典，以專精致業。遍觀三藏，闇誦《增一》、《中阿含經》。博識洽聞，靡所不練。是以國內遠近，咸共推服。少而觀方，遍涉諸國。常謂弘法之體，宜宣布未聞，故遠冒流沙，懷寶東遊，以苻堅建元二十年至于長安。」同上注。

115 同上注，卷 10，頁 73。

譯文添注，可謂助譯一員，其人崇敬佛法，博學有文才。[116]

上述四人小組翻譯的經典，是僧伽跋澄通達的《阿毗曇毗婆沙》。譯事籌辦於前秦建元十九年（383），發起人是朝臣趙正，一切開支由其負責，四事禮供，無一有缺，然後當朝名僧道安法師協助集僧宣譯，籌備工作較舊代的小組譯經來得嚴謹有序，同時翻譯過程亦與以往的小組不同，出現前所未見的步驟，可謂西晉竺法護以後，小組譯經的另一變革。如〈鞞婆沙序〉所述：

> 有秘書郎趙政文業者，好古索隱之士也。常聞外國尤重此經，思存想見，然乃在崑岳之右，芘野之西，眇爾絕域，末由也已。會建元十九年，罽賓沙門僧伽跋澄諷誦此經，四十二處，是尸陀槃尼所撰者也。來至長安，趙郎飢虛在往，求令出焉。其國沙門曇無難提筆受為梵文，弗圖羅剎譯傳，敏智筆受為此秦言，趙郎正義起盡。自四月出，至八月二十九日乃記。胡本一萬一千七百五十二首盧，長五字也，凡三十七萬六千六十四言也。秦語為十六萬五千九百七十五字。[117]

《出三藏記集》僧傳亦言：

> 堅秘書郎趙政，字文業，博學有才章，即堅之琳、瑀也。崇仰大法，常聞外國宗習《阿毘曇毘婆沙》，而跋澄諷誦，乃四事禮供，請譯梵文，遂共名德法師道安集僧宣譯。跋澄口誦經本，外國沙門曇摩難提筆受為胡文，佛圖羅剎宣譯，秦

---

116 「堅秘書郎趙政，字文業，博學有才章，即堅之琳、瑀也，崇仰大法。」同上注，卷13，頁99。

117 同上注，卷10，頁73。

沙門智敏筆受為漢文。以偽建元十九年譯出，自孟夏至仲秋方訖。[118]

綜合史料所載，《阿毗曇毗婆沙》的翻譯過程共有五個步驟：第一步是口誦經本，即由譯主僧伽跋澄誦讀原典梵文。第二步驟是筆受梵文，即由曇摩難提將僧伽跋澄口誦的梵文原典，記錄成文，書作寫本。這一步驟是早期小組翻譯未曾見聞的，推斷其用意有三：一是保存原本。避免原典在口耳相傳過程中失真失傳；二是確保原文無誤。法師筆錄原典以後，便有清晰的書寫本子，以助譯者檢校原文內容是否有誤，再行翻譯，更見準確；三是慎防傳譯過程中出現脫漏。過去常見小組譯法是譯主誦經，另一譯者即時聽聞，口譯漢文，若口耳不接，前後有一刻間不同步，便有機會出現漏譯，為求原本完整翻出，先將梵本筆錄下來，再以寫本為據，翻成漢文，有助提高譯文準確度。第三步驟是宣譯，即佛圖羅剎閱覽梵文原典寫本，然後將佛典口譯成漢文。第四步驟是筆受，由秦僧敏智記錄佛圖羅剎口譯的漢語譯文，加以潤飾，訂定最終本子。第五步驟是趙正為全文添加注釋，謂之「正義起盡」。

3.24 僧伽提婆、竺佛念、慧力、僧茂小組

前秦小組譯經第八例，是僧伽提婆、竺佛念、慧力、僧茂合作翻譯《阿毘曇八犍度論》。譯主僧伽提婆是罽賓人，史謂之儀表不凡，為人恭順，通曉三藏經典，特別精於《阿毗曇心》，並常誦《三法度論》，前秦苻堅建元年間抵達長安，宣講佛法，然後南下晉境，譯事不斷。[119]另第二譯者竺佛念的事跡上文已述，第三譯者慧

---

118 同上注，卷 13，頁 99。

119 「僧伽提婆，罽賓人也，姓瞿曇氏。入道修學，遠求明師，兼通三藏，多所誦

力和第四譯者僧茂充任筆受，相關史料不多。[120] 這次譯事的一大特點，是初譯本質素太差，最後需要全論重譯，經過大幅修訂，才能定本刊行。

按道安親撰的〈阿毘曇八犍度論序〉，譯事見於建元十九年（383），因僧伽提婆善誦《阿毘曇八犍度論》，沙門法和遂請求翻譯，史述如下：

> 以建元十九年，罽賓沙門僧伽禘婆誦此經甚利，來詣長安，比丘釋法和請令出之。佛念譯傳，慧力、僧茂筆受，和理其指歸。自四月二十日出，至十月二十三日乃訖。其日撿挍譯人，頗雜義辭，龍蛇同淵、金鍮共肆者，救救如也。和撫然恨之，余亦深謂不可，遂令更出。夙夜匪懈，四十六日而得盡定，損可損者四卷焉。至於事須懸解，起盡之處，皆為細其下。梵本十五千七十二首，盧四十八萬二千五百四言。秦語十九萬五千二百五十言。[121]

翻譯步驟有四，一是僧伽提婆誦出論本，二是竺佛念傳譯，口翻華言，三是慧力、僧茂二人筆受，記錄佛念口譯內容，四是請譯僧人法和「理其指歸」，校閱全文，整個譯事歷時近半年。可是，法和校閱過程中，「撫然恨之」，發現譯文章句義理混亂，「譯人頗雜義辭」，必須立時訂正，道安「亦深謂不可，遂令更出」。最後，翻譯團隊重新翻譯，四十六天日夜不停，「夙夜匪懈」，翻譯策略

持。尤善《阿毘曇心》，洞其纖旨。常誦《三法度》，晝夜嗟味，以為道之府也。為人俊朗有深鑒，儀止溫恭，務在誨人，恂恂不怠。符氏建元中入關，宣流法化。」同上注。

120 同上注，卷 10，頁 72。

121 僧伽提婆共竺佛念譯：《阿毘曇八犍度論》（1988 年大正新修大藏經刊行會編《大正新修大藏經》本），第 26 冊，第 1543 經，卷 1，頁 771。

是可略之處則略，力求精簡，該詳之處必詳，力臻翔實，以免再出現初譯「龍蛇同淵，金鍮共肆」的問題，希望文通理盡，最終經過二次翻譯而訂定最終譯本，直見當時譯者們校訂譯本的態度認真，嚴謹仔細，不敢馬虎了事。

3.25 僧伽跋澄、曇摩難提、僧伽提婆、竺佛念、慧嵩、道安、法和、趙正小組

除了以上例子，另一小組譯事是譯經師僧伽跋澄與曇摩難提、僧伽提婆、竺佛念、慧嵩、道安、法和、趙正等人共譯佛典，是為前秦小組翻譯第九例。

第一譯者僧伽跋澄、第二譯者曇摩難提、第三譯者僧伽提婆、第四譯者竺佛念和助譯趙正的生平事跡，上文經已略述。第五譯者慧嵩的生平不詳，主要負責筆受工作。[122] 第六譯者道安是中國譯經史上的重要人物，南北佛子無不敬重，曾編修眾經目錄，總覽多朝譯經，辨明真偽，並點評各個譯本的翻譯策略得失，為後世研究中古佛經漢譯史提供重要材料。[123] 道安雖不懂佛典原語，但因洞達佛理，善漢文，多任筆受之職，同時法師因譽滿佛門，教內教外的受學弟子甚多，人脈廣博，所以每當趙正提倡籌組譯事，常請道安「集僧宣譯」，協助尋找合適譯者，故道安對前秦譯事的興起貢獻

---

122 慧嵩在前秦時代負責《尊婆須蜜菩薩所集論》、《僧伽羅剎經》等譯經的筆受工作。

123 「釋道安，本姓衛，常山扶柳人也。（中略）初，經出已久，而舊譯時謬，致使深義隱沒未通。每至講說，唯敘大意，轉讀而已。安窮覽經典，鉤深致遠。其所注《般若》、《道行》、《密迹》、《安般》諸經，並尋文比句，為起盡之義，及《析疑》、《甄解》，凡二十二卷。序致淵富，妙盡玄旨。條貫既敘，文理會通，經義克明，自安始也。又自漢暨晉，經來稍多，而傳經之人，名字弗記。後人追尋，莫測年代。安乃總集名目，表其時人，銓品新舊，撰為經錄。眾經有據，實由其功。四方學士，競往師之，受業弟子法汰、慧遠等五百餘人。」見僧祐：《出三藏記集》，第 55 冊，第 2145 經，卷 15，頁 108。

良多。第七譯者法和曾與道安一同向佛圖澄學法，後來前往長安弘法，與道安協力校正譯本，然後對外流通。[124]

上述七人譯經小組，與舊代的小組相較，參與人數頗多，其所負責翻譯的佛典為《尊婆須蜜菩薩所集論》。原典由僧伽跋澄帶來長安，趙正請求譯成漢文，遂籌備譯經小組，開展譯事，歷時數月。譯序所載如下：

> 罽賓沙門僧伽跋澄，以秦建元二十年，持此經一部來詣長安。武威太守趙政文業者，學不厭士也，求令出之。佛念譯傳，跋澄、難陀、禘婆三人執胡文，慧嵩筆受。以三月五日出，至七月十三日乃訖。胡本十二千首盧也。余與法和對校修飾，武威少多潤色。[125]

翻譯過程共有四大步驟：第一步驟是由僧伽跋澄、曇摩難提、僧伽提婆三人共執原本，誦出內容；第二步驟是傳譯，即佛念聽聞法師們所誦原典，然後口譯成漢文；第三步驟是筆受，由慧嵩將佛念的漢文口譯記錄成文；第四步驟是校訂潤色，由道安、法和共同負責，請令出經的武威太守趙正亦「少多潤色」，佛法東傳初期的小組譯經鮮有明確將譯本校編訂為獨立的翻譯步驟，可謂小組翻譯體制的一次變革。

---

124 見（一）「法和，冀州人。凝靜有操行，少與安公同師受學，善能標朗論綱，解悟疑滯。安公所得群經，常共校之。後遊洛陽，又請提婆重出《廣說》等經。居陽平寺，年八十餘，為偽晉公姚緒所請，集僧齋講。」及（二）「常與沙門法和銓定音字，詳覈文旨，新出眾經，於是獲正。」同上注，頁109。

125 僧伽跋澄等譯：《尊婆須蜜菩薩所集論》（1988年大正新修大藏經刊行會編《大正新修大藏經》本），第28冊，第1543經，卷1，頁721。

3.26 僧伽跋澄、竺佛念、慧嵩、道安、法和小組

前秦小組譯經另一案例是僧伽跋澄、佛圖羅剎、竺佛念、慧嵩、道安、法和合譯《僧伽羅剎經》。建元二十年，即西元三八四年，罽賓沙門僧伽跋澄將《僧伽羅剎經》傳入中土，前秦官員趙正請求漢譯，流通國中，此為譯事的開端。經本的漢譯是採用前秦常見的小組譯法，即第一步驟是僧伽跋澄誦出經文原本；第二步驟是竺佛念為譯，聞經口譯，翻為漢文；第三步驟是慧嵩筆受，記錄佛念口譯內容；第四步驟是校訂全文，史稱道安和法和「對檢定之」，確保譯文無誤。事載於《僧伽羅剎經》的序文：

> 以建元二十年，罽賓沙門僧伽跋澄齎此經本來詣長安，武威太守趙文業請令出焉。佛念為譯，慧嵩筆受，正值慕容作難於近郊，然譯出不裏，余與法和對檢定之，十一月三十日乃了也。[126]

3.27 曇摩難提、竺佛念、曇嵩、道安、法和、僧䂮、僧茂小組

前秦第十一個小組譯經案例，是曇摩難提、佛念、曇嵩、道安、法和、僧䂮、僧茂七人小組合作漢譯《增一阿含經》翻為漢文，時為建元二十年（384）。曇摩難提、竺佛念、道安、法和、僧茂諸位譯師的事跡上文已有簡論，不再贅述。曇嵩主責筆受，其餘生平道業未詳。[127] 僧䂮是晉河間郎中令傅遐之子，年少出家，在

---

126 僧伽跋澄等譯：《僧伽羅剎所集經》（1988 年大正新修大藏經刊行會編《大正新修大藏經》本），第 4 冊，第 194 經，卷 1，頁 115。

127 僧祐：《出三藏記集》，第 55 冊，第 2145 經，卷 9，頁 64。

長安大寺修行，四處求學，史稱之通曉六經三藏，享負盛名。[128] 前
秦覆亡以後，後秦繼興，僧䂮得後秦國主重用，擔任僧正，重整關
中佛門僧團，兼協助佛典譯事，《高僧傳》有專傳載述其事。[129]

　　曇摩難提等人的合作模式，體現了典型的前秦小組譯經流程，
共涉四大步驟，經序記載如下：

> 　　有外國沙門曇摩難提者，兜佉勒國人也。齠齔出家，孰
> 與廣聞，誦二《阿含》，溫故日新。周行諸國，無土不涉。以
> 秦建元二十年來詣長安，外國鄉人咸皆善之。武威太守趙文業
> 求令出焉，佛念譯傳，曇嵩筆受。歲在甲申夏出，至來年春乃
> 訖。為四十一卷，分為上下部。上部二十六卷，全無遺忘；下
> 部十五卷，失其錄偈也。余與法和共考正之，僧略、僧茂助挍
> 漏失，四十日乃了。[130]

　　第一步是譯主曇摩難提誦出原文；第二步驟是佛念聽聞譯主所
誦，然後口譯成漢言；第三步是慧嵩將佛念的口譯記錄下來，潤
飾成文；第四步是校審全經，史稱道安和法和「共考正之」，並有
僧䂮和僧茂「助校漏失」，力除譯語不當之處，補正內容疏漏的地
方，歷時四十日畢功，再次證明前秦小組譯經團隊對校訂工序的
重視。

---

128 「釋僧䂮，姓傅氏，北地泥陽人，晉河間郎中令遐之元子也。少出家，止長安
　　大寺，為弘覺法師弟子。覺亦一時法匠，䂮初從受業，後遊青、司、樊、沔之
　　間。通六經及三藏，律行清謹，能匡振佛法。姚萇、姚興早挹風名，素所知
　　重，及䂮有關中，深相頂敬。」見慧皎：《高僧傳》，第 50 冊，第 2059 經，卷
　　6，頁 363。

129 同上注。

130 瞿曇僧伽提婆譯：《增壹阿含經》（1988 年大正新修大藏經刊行會編《大正新修
　　大藏經》本），第 2 冊，第 125 經，卷 1，頁 549。

3.28 曇摩跋檀、慧海、林字譯師小組

　　除了以上眾例，四世紀末十六國後涼時代（386-403）有一小組譯事，見於龜茲金華祠，譯者為曇摩跋檀、慧海和林字譯師三人，所翻經本為《稱揚諸佛功德經》。三位譯者的生平記述不多，譯主曇摩跋檀通達阿毘曇之學，深解經義，特別了解大乘佛法，在龜茲享負盛名，世稱「博解第一」；[131] 第二譯者為沙門慧海，兼通龜茲語和漢言；[132] 第三譯者林字譯師，在譯事中擔任筆受，漢言通達。[133]

　　自隋代《歷代三寶紀》徵集眾經，《稱揚諸佛功德經》一直歸作北魏（386-535）吉迦夜所譯。然而，譯本末部有一翻譯後記，早見於《高麗藏》寫本，[134] 文中詳細說明經文翻譯本末和參與人士，未見與北魏吉迦夜有關，日本佛教學者小野玄妙（Ono Genmyo，1883-1939）亦言《稱揚諸佛功德經》當為後涼所出：

　　　　觀現行經本之行文，顯然為羅什以前之本，且有完善之識語，而已知為後涼麟嘉六年（東晉太元一九年 A.D. 394），由曇摩跋檀執梵本，慧海傳譯，林法師筆受者。如斯者豈可作為

---

131 吉迦夜譯：《佛説稱揚諸佛功德經》（1988 年大正新修大藏經刊行會編《大正新修大藏經》本），第 14 冊，第 434 經，卷 3，頁 105。《佛説稱揚諸佛功德經》雖為後涼（386-403）曇摩跋檀翻譯，但《大正藏》按照傳統舊說，標為「吉迦夜譯」，筆者為便讀者尋找原典，引文出處依藏經目錄原述，未有改為「曇摩跋檀譯」。

132 同上注。

133 同上注。又本節考究以《佛説稱揚諸佛功德經》末部的經記為本，經記作者自稱為「林」，同時是譯本的筆受，全名不詳，筆者姑且稱之「林字譯師」。

134 《高麗藏》「371」號經書為《佛説稱揚諸佛功德經》，經本圖版見於京都漢籍資料庫「漢リポ Kanseki Repository」，編號為 TKD 12-0197a 和 TKD 12-0197b。

吉迦夜譯本？ [135]

因此，吉迦夜漢譯一說存疑。筆者按照經記內容，將上述經文漢譯列為後涼小組譯例。

考究現存史料，《稱揚諸佛功德經》的譯事頗為特別，是「轉譯」（relay translation）而成的作品，即經本原文為梵文，譯主先翻梵為龜茲文，再由別的譯者將龜茲文譯成漢文，史載如下：

> 麟嘉六年六月二十日，於龜茲國金華祠演出此經，譯梵音為晉言。曇摩跋檀者，通阿毘曇，暢諸經義，又加究盡摩訶衍事，辯說深法，於龜茲國博解第一。林即請命出此經，檀手自執梵本，衍為龜茲語經。當如是時，道俗歡喜，歎未曾有，競共諷誦，美其功德。沙門慧海者，通龜茲語，善解晉音。林復命使譯龜茲語為晉音，林自筆受，章句鄙拙，為辭不雅，貴存本而已。其聞此經，歡喜信樂，一心恭敬，受持諷誦諸佛名字、興顯讚揚如來功德，廣加宣傳，得不退轉，疾成無上正真之道，無數天魔不能毀壞無上道心。所生之處，嚴淨佛剎，常得值遇諸佛世尊。端正殊妙，顏容光澤，常能解了無量智慧。得無礙辯，常為眾生闡揚大法，於大眾中最為上首。後成佛時。剎土清淨。於諸佛國。最尊第一。願使十方無量眾生普令諷持，解了如來無礙之慧功德巍巍，亦當如此諸佛世尊。[136]

協作過程共涉三大步驟：一者，譯主曇摩跋檀手執《稱揚諸佛功德經》的梵本，翻為龜茲文，向大眾宣講，史稱「道俗歡喜，歎

---

135 小野玄妙（Ono Genmyo，1883-1939）著，楊白衣（1924-1986）譯：《佛教經典總論》（台北：新文豐，1983 年），頁 89。

136 吉迦夜譯：《佛說稱揚諸佛功德經》，第 14 冊，第 434 經，卷 3，頁 105。

未曾有，競共諷誦，美其功德」；二者，沙門慧海受林字譯師所請，
將曇摩跋檀翻譯的龜茲譯本，以口譯方式，翻為「晉音」，轉成漢
言；三者，林字譯師將慧海的漢文口譯記錄下來，潤飾文句，以
成定本，法師自謙「章句鄙陋，為辭不雅」，其訂正策略是「貴存
本」，即是彰顯義理為先，譯語修辭次之，近似前代譯經師案本而
傳、文不加飾的翻譯思想。[137]

3.29 曇摩難提、竺佛念小組

接下來的例子是後秦時代的小組譯經事例。後秦譯經的一大特
點，是開創了大型譯場的先河（下一章詳細論述），同時保有小組
譯經的模式，雖然數量不多，仍然有例可考。

後秦小組譯經的第一例是翻譯《王子法益壞目因緣經》的曇摩
難提、竺佛念小組，成於建初六年（391 年）。按照竺佛念所撰經
序，[138] 經本由後秦皇室成員姚旻請譯，主譯者曇摩難提誦出經本原
文，然後竺佛念聽聞曇摩難提所誦，翻成漢文，整部經典以二人小
組協作方式完成，原述如下：

> 會秦尚書令公、輔國將軍、宗正卿、領城門校尉使者、
> 司隸校尉姚旻者，南安郡人也（中略）故請天竺沙門曇摩難提
> 出斯緣本。秦建初六年，歲在辛卯，於安定城，二月十八日
> 出，至二十五日乃訖。梵本三百四十三首盧，傳為漢文一萬
> 八百八十言。念譯晉音，情義實難，或離文而就義，或正滯而
> 傍通，或取解於誦人，或事略而曲備。冀將來之學士，令鑒罪

---

137 如支婁迦讖所出經本，「審得本旨，了不加飾」；竺佛朔「敬順聖言，了不加
飾」；竺法護「言准天竺，事不加飾」，前文均有詳考說明。

138 僧祐記為「竺佛念造」，見《出三藏記集》，第 55 冊，第 2145 經，卷 7，頁
51。

福之不朽。設有毫釐潤色者,盡銘之於萌兆,故敘之焉。[139]

佛念的序文除了有助重構後秦小組譯史,意義有二:一者,點明經本譯法,佛念為了顯明經義,部分漢文表達難免修飾,並未依循原文,「離文而就義」,或求精髓,以明教理為重,只好提取要旨,刪削繁瑣之處,故「正滯而傍通」、「事略而曲備」,又佛念未握經要,每逢不解之處,只得「取解於誦人」,方下譯筆,過程頗為輾轉,《王子法益壞目因緣經》的小組翻譯策略由此可知。二者,指出譯經組織中誦讀原文者的職稱,謂之「誦人」,有助補充十六國的小組譯經史,是佛念序文的另一大意義。

3.30 曇摩流支、鳩摩羅什、卑摩羅叉小組

後秦小組譯經第二例是曇摩流支(Dharmaruci)、鳩摩羅什、卑摩羅叉(Vimalākṣa,337-413)小組。這一譯經組織負責《十誦律》的漢譯,其特點是譯者們並不是同一時間聚在某一地點開展翻譯,而是由兩個譯經團隊前後協作(第一團隊是由弗若多羅、鳩摩羅什組成的大型譯場,第二團隊是由曇摩流支、鳩摩羅什籌組的譯經小組),最後由卑摩羅叉校審兩個團隊接續翻譯的譯本,生成最終本子。本節將焦點放在曇摩流支、鳩摩羅什、卑摩羅叉三人的協作經過,說明本末。

關於譯師們的生平,曇摩流支來自西域,善於律藏,廬山慧遠知道鳩摩羅什正在長安翻譯《十誦律》,可惜原本不全,遂修書勸請流支北上助譯,終於後秦弘始七年(405)到達關中,秦主禮

---

139 曇摩難提譯:《阿育王息壞目因緣經》(1988 年大正新修大藏經刊行會編《大正新修大藏經》本),第 50 冊,第 2045 經,頁 172。

重，與羅什共翻律典。[140] 另一譯者鳩摩羅什是著名譯經師，龜茲國人，家世國相，少通三藏，名揚西域，後發心東傳大法，初滯後涼（386-403），因國主不奉佛法，無以弘化。及至姚秦興起，攻破後涼，迎請羅什入關，法師幾經艱苦，終抵長安，在姚秦皇室支持下開展大規模譯經事業。羅什對推動大乘佛法在漢土流傳有莫大貢獻，其所翻譯的佛典至今廣為寺僧信徒持誦，《出三藏記集》有專傳詳細記載法師的一生經歷。[141]

　　考究《十誦律》的漢譯歷史，過程並非一帆風順。最初，弗若多羅（Puṇyatāra）來長安弘闡戒律，與鳩摩羅什等大量義學沙門一同翻譯《十誦律》，屬於大型譯場（下一章詳述）。[142] 可是，弗若多羅只是誦出戒本三分之二，便示寂入滅，餘下原文不詳，無以續

---

140 「初，關中譯出《十誦》，所餘一分未竟，而弗若多羅亡，遠常慨其未備。及聞曇摩流支入秦，乃遣書祈請，令於關中更出餘分，故《十誦》一部具足無闕。」見僧祐：《出三藏記集》，第 55 冊，第 2145 經，卷 15，頁 110。又「曇摩流支，此云法樂，西域人也。棄家入道，偏以律藏馳名，以弘始七年秋，達自關中。」見慧皎：《高僧傳》，第 50 冊，第 2059 經，卷 2，頁 333。

141 「西域諸國服什神俊，咸共崇仰。每至講說，諸王長跪高座之側，令什踐其膝以登。什道震西域，聲被東國。符氏建元十三年，歲次丁丑，正月，太史奏有星見外國分野，當有大德智人入輔中國。堅素聞什名，乃悟曰：『朕聞西域有鳩摩羅什，將非此耶？』十九年，即遣驍騎將軍呂光將兵，伐龜茲及焉耆諸國。（中略）光遂破龜茲，殺純獲什。光性疎慢，未測什智量，見其年尚少，乃凡人戲之，強妻以龜茲王女。什拒而不受，辭甚苦到。（中略）停涼積年，呂光父子既不弘道，故韞其經法，無所宣化。符堅已亡，竟不相見。姚萇聞其高名，虛心要請。（中略）會萇崩，子興立，遣使迎什。弘始三年，有樹連理，生于廟庭逍遙園，葱變為薤。到其年十二月二十日，什至長安，待以國師之禮，甚見優寵。自大法東被，始於漢明，歷涉魏、晉，經論漸多，而支、竺所出，多滯文格義。興少崇三寶，銳志講集，什既至止，仍請入西明閣逍遙園，譯出眾經。」出自〈鳩摩羅什傳第一〉，見僧祐：《出三藏記集》，第 55 冊，第 2145 經，卷 14，頁 100-102。

142 「至秦弘始之中，有罽賓沙門弗若多羅，誦此《十誦》胡本，來遊關右。羅什法師於長安逍遙園，三千僧中共譯出之，始得二分，餘未及竟而多羅亡。」同上注，卷 3，頁 20。

譯，是為翻譯第一階段。[143] 後來，盧山慧遠協助聯絡另一知曉《十誦律》原典的曇摩流支北上長安，與鳩摩羅什籌建譯經小組，繼續未竟之譯事，是為第二階段。[144] 翻譯流程大概是曇摩流支續述戒規原文，然後羅什負責譯為漢言，並在翻譯過程中一同「研詳考覈，條制審定」，[145] 終於完成初譯。《出三藏記集》記述如下：

> 曇摩流支得書，方於關中共什出所餘律，遂具一部，凡五十八卷。[146]

《高僧傳》亦有記載：

> 流支既得遠書，及姚興敦請，乃與什共譯《十誦》都畢。研詳考覈，條制審定，而什猶恨文煩未善。既而什化，不獲刪治。[147]

然而，羅什認為初譯的文句過於繁瑣，必須加以潤飾，可惜功

---

143 同上注。

144 慧遠（334-416）予曇摩流支（Dharmaruci）的書信全文如下：「佛教之興，先行上國，自分流以來，近四百年，至於沙門德式，所闕猶多。頃西域道士弗若多羅者，是罽賓持律，其人諷《十誦》胡本。有鳩摩耆婆者，通才博見，為之傳譯。《十誦》之中，始備其二。多羅早喪，中塗而廢，不得究竟大業，慨恨良深。傳聞仁者齎此經自隨，甚欣所遇，冥運之來，豈人事而已耶？想弘道為物，感時而動，叩之有人，必情無所吝。若能為律學之眾，留此經本，開示梵行，洗其耳目，使始涉之流，不失無上之津，參懷勝業者，日月彌朗，此則惠深德厚，人神同感矣。幸望垂懷，不孤往心。一二悉諸道人所具，不復多白。」同上注。

145 慧皎：《高僧傳》，第 50 冊，第 2059 經，卷 2，頁 333。

146 僧祐：《出三藏記集》，第 55 冊，第 2145 經，卷 3，頁 20。

147 慧皎：《高僧傳》，第 50 冊，第 2059 經，卷 2，頁 333。

業未成，羅什去世。[148] 最後，《十誦律》初譯的修訂工作，並非由第一或第二譯經團隊處理，而是由另一位戒師卑摩羅叉負責，將什譯的五十八卷本，訂定為六十一卷，成為最終本，可謂一譯斷續成於眾手的例子。[149]

3.31 曇摩耶舍、曇摩掘多、姚泓小組

後秦小組譯經第三例是曇摩耶舍（Dharmayaśas）、曇摩掘多、姚泓（388-417）三人譯經小組。譯主曇摩耶舍是罽賓人，又稱法明，少時師從弗若多羅，聰慧過人，後來四處宣揚佛理，東來中土，初抵廣州，在漢地弘法，然後北上長安，入後秦國境，得秦主禮遇，開展譯經事業。[150] 第二譯者曇摩掘多是天竺沙門，記述不多，只知其入關弘法以後，與曇摩耶舍一見如故，協作翻經。[151] 第三譯者姚泓是後秦國主文桓帝姚興的兒子，敬信佛法，[152] 時常參與長安譯經工作，從旁協助。

曇摩耶舍、曇摩掘多、姚泓三人所翻典籍為《舍利弗阿毗曇

---

148 同上注。

149 「後有罽賓律師卑摩羅叉來遊長安，羅什先在西域，從其受律。羅叉後自秦適晉，住壽春石澗寺，重校《十誦律》本，名品遂正，分為六十一卷，至今相傳焉。」見僧祐：《出三藏記集》，第 55 冊，第 2145 經，卷 3，頁 20。

150 「曇摩耶舍，此云法明，罽賓人。少而好學，年十四為弗若多羅所知。長而氣幹高爽，雅有神慧，該覽經律，明悟出群。陶思八禪，遊心七覺，時人方之浮頭婆馱。（中略）覺自思惟，欲遊方授道，既而踰歷名邦，履踐郡國。以晉隆安中，初達廣州，住白沙寺。（中略）至義熙中，來入長安。時姚興僭號，甚崇佛法，耶舍既至，深加禮異。」見慧皎：《高僧傳》，第 50 冊，第 2059 經，卷 1，頁 329。

151 「時姚興僭號，甚崇佛法，耶舍既至，深加禮異。會有天竺沙門曇摩掘多，來入關中，同氣相求，宛然若舊（後略）。」同上注。

152 「秦太子泓欲聞賢說法，乃要命群僧，集論東宮。」見慧皎：《高僧傳》，第 50 冊，第 2059 經，卷 2，頁 335。

論》，後秦沙門道標為論本漢譯作序，文中有詳細記述翻譯經過，故可藉之重構譯經流程本末，原文節錄如下：

> 會天竺沙門曇摩耶舍、曇摩掘多等義學來遊秦土，既契宿心，相與辯明經理，起清言於名教之域、散眾微於自無之境，超超然誠韻外之致，悟悟然覆美稱之實，於是詔令傳譯。然承華天哲、道嗣聖躬，玄味遠流、妙度淵極，持體明旨，遂讚其事。經師本雖闇誦，誠宜謹備。以秦弘始九年命書梵文，至十年尋應令出。但以經趣微遠，非徒開言所契。苟彼此不相領悟，直委之譯人者，恐津梁之要未盡於善。停至十六年，經師漸閑秦語，令自宣譯。皇儲親管理味，言意兼了，復所向盡，然後筆受，即復內呈。上討其煩重，領其指歸，故令文之者修飾、義之者綴潤，並挍至十七年訖。[153]

翻譯過程共涉多個程序：一者，將原語文本寫出。譯主雖然熟誦《舍利弗阿毘曇論》，可是「誠宜備謹」，譯事的贊助人姚興為求原文無誤，「命書梵文」，下令要求譯主將原文梵本書寫成文，將文句清楚錄出，再據寫本翻譯。二者，譯主親學漢文。因論著的義理深遠，不易理解，漢地譯者或許未能準確翻出，所以譯主親自翻譯，但漢言未嫻，最後花了多年時間學習中文，達到一定程度再執筆翻譯。三者，後秦皇儲姚泓協作在側。將論本翻譯為漢，雖由曇摩耶舍、曇摩掘多親自主理，按道標記述，姚泓從旁輔助，「親管理味」，確保「言意兼了，復所向盡，然後筆受」。四者，後秦國主姚興審閱。姚興對曇摩耶舍、曇摩掘多的漢文初譯本不甚滿意，認為過於「煩重」，遂令「文之者修飾，義之者綴潤」，潤飾

---

153 曇摩耶舍共曇摩崛多等譯：《舍利弗阿毘曇論》（1988 年大正新修大藏經刊行會編《大正新修大藏經》本），第 28 冊，第 1548 經，卷 1，頁 525。

章句，刪削繁冗，完成以後方可流通外傳。

是次翻譯有異於過往的小組譯經，要點有三：一是譯主不假漢地譯者之手，學懂漢文以後，親自為譯；二是譯主親自翻譯，但漢言未通，故要先學漢語，方可轉梵為華，但學習需時，學成以後，執筆翻譯，已隔數載，所以《舍利弗阿毘曇論》的翻譯工作歷時近八年之久，耗時頗長，過往小組譯經鮮見；三是翻譯過程中加插了君主檢閱指正的步驟，前所未見。

3.32　鳩摩羅什、曇晷、曇影小組

後秦小組譯經第四例是鳩摩羅什、曇晷、曇影合譯《成實論記》，時為弘始十三年，即西元四一一年。譯主鳩摩羅什的事跡已述，不再重複。曇晷、曇影分別負責筆受正寫譯本的工作，曇晷的生平未詳，曇影則是十六國後期十分有名的僧人，《高僧傳》有詳細記錄。曇影為人虛靜，氣度非凡，善於解說大乘經典《正法華經》及《光讚般若》，每次宣講能吸引道俗千人，後入關中，秦主姚興勅住逍遙園，協助鳩摩羅什譯經，羅什對其才學讚譽有加。[154]

《成實論記》的漢譯是由三人協作而成，經歷三重處理步驟，其中第三步驟是新訂的，東漢三國時代未見。〈成實論記〉有言：

> 大秦弘始十三年，歲次豕韋，九月八日，尚書令姚顯請出此論，至來年九月十五日訖。外國法師拘摩羅耆婆手執胡本，

154　「釋曇影，或云北人，不知何許郡縣。性虛靖，不甚交遊，而安貧志學，舉止詳審，過似淹遲，而神氣駿捷，志與形反。能講《正法華經》及《光讚波若》，每法輪一轉，輒道俗千數。後入關中，姚興大加禮接。及什至長安，影往從之。什謂興曰：『昨見影公，亦是此國風流標望之僧也。』興勅住逍遙園，助什譯經。」見慧皎：《高僧傳》，第 50 冊，第 2059 經，卷 6，頁 364。

> 口自傳譯，曇晷筆受。[155]

〈略成實論記〉亦有記述：

> 《成實論》十六卷，羅什法師於長安出之，曇晷筆受，曇
> 影正寫。[156]

按照史料所載，是次譯事由後秦尚書令姚顯發起，第一步是鳩摩羅什法師手執原典，透過視譯方式，再口誦漢語譯文，謂之「手執胡本，口自傳譯」，因羅什精通漢外多語，不假度語之手，便能自行翻譯。接着，第二步驟是筆受，由曇晷負責，將羅什口譯內容記錄下來，是為初譯。最後，第三步驟是正寫，校正譯文初稿，由曇影寫出定本。

東漢時代的小組譯經運作方式，一般至筆受而止，校正、定稿等工序混在一起，並無明確劃分。然而，晉代以後，小組翻譯流程逐步改良變革，特別是前秦一代，開始出現梵書、參校等獨立步驟，令譯經的分工更為仔細，盡力減少譯本錯漏。是次後秦譯事中出現的「正寫」步驟，兩晉時期的經序漸見，與筆受二分，至羅什小組翻譯《成實論記》，「正寫」明訂為獨立工序，可說是十六國小組譯經模式又一次革新。

4. 南北朝的小組譯經

南北朝（420-589）的小組譯經模式，基本上是繼襲舊代發展，

155　僧祐：《出三藏記集》，第 55 冊，第 2145 經，卷 11，頁 78。

156　同上注。

或採用自東漢三國出現的「二步協作」（即譯主執本自譯、旁人筆受兩大步驟）或「三步協作」方式（即執本、傳譯、筆受三大步驟），或採用兩晉十六國出現的改良本協助方式（即加入書梵、檢校等小組譯經步驟），步入穩定期，整體運作變化其實不大。至南北朝中後期，部分譯經組織出現轉變，包括：（一）增添監護譯事的制度、（二）能力修為俱善者方能獲選為譯者和（三）出現調解譯師糾紛的政策，為後來的精英譯經模式奠定基礎。

接下來的討論，先論述南朝（420-589）宋（420-479）、齊（479-502）、梁（502-557）、陳（557-589）的小組譯事，再論北朝（439-581）的情況，各個譯經組織按序鋪排，逐一分析，讓讀者掌握翻譯組織的演化脈絡。

4.1 佛陀什、智勝、竺道生、慧嚴小組

南朝宋小組譯經的第一例是佛陀什（Buddhajīva）、智勝、竺道生（355-434）、慧嚴（363-443）合譯佛門戒本。譯主佛陀什是罽賓國人，自少學佛，專研律部，深入禪法，宋少帝（406-424，422-424 在位）景平元年（423）抵達楊都弘法，諸僧請求翻譯舊日法顯西取未譯的經典，遂於龍光寺籌組團隊開展譯事。[157] 第二譯師智勝，于闐沙門，協助佛陀什翻經，餘事不詳。[158] 第三譯師竺道生是十六國末期、南朝宋著名僧人，家世仕族，顯赫有名，道生自幼聰敏，出家學佛，先後師從竺法汰（320-387）、慧遠、羅什，後在南朝弘法翻經，得國主禮重，曾對佛家思想提出新見而被門人擯

---

157 「佛馱什，此云覺壽，罽賓人。少受業於彌沙塞部僧，專精律品，兼達禪要，以宋景平元年七月屆于揚州。先沙門法顯，於師子國得《彌沙塞律》梵本，未被翻譯，而法顯遷化，京邑諸僧聞什既善此學，於是請令出焉。」見慧皎：《高僧傳》，第 50 冊，第 2059 經，卷 3，頁 339。

158 同上註。

斥，最終平息歸隱，《高僧傳》有專傳記載。[159] 第四譯師慧嚴是豫州人士，俗姓范，年幼出家，師從鳩摩羅什，後在南朝宋駐居東安寺，得宋主敬重，著述頗多，兼輔譯事，有專傳記述生平。[160]

佛陀什小組初譯的佛典為《五分律》，是以法顯所取的梵文《彌沙塞律》為據，合作方式有明確記載，屬「三步協作」模式，《高僧傳》記述如下：

> 以其年（景平元年，即西元四二三年）即冬十一月集于龍光寺，譯為三十四卷，稱為《五分律》。什執梵文，于闐沙門智勝為譯，龍光道生、東安慧嚴共執筆參正，宋侍中瑯琊王練為檀越，至明年四月方竟。仍於大部抄出《戒心》及《羯磨文》等，並行於世。什後不知所終。[161]

翻譯第一步驟是佛陀什「執梵文」，宣講原文；第二步驟是「傳語」，由智勝負責，翻梵為漢；第三步驟是「執筆參正」，「執筆」即記錄智勝口譯的內容，「參正」即校驗所翻文句是否正確，由竺道生和慧嚴共同處理。整個譯事歷時近一年，侍中王練贊助譯經小組所需。譯畢《五分律》後，佛陀什繼續翻譯其他戒本，流傳於世。

---

159 「竺道生，本姓魏，鉅鹿人，寓居彭城。家世仕族，父為廣戚令，鄉里稱為善人。生幼而穎悟，聰哲若神。其父知非凡器，愛而異之，後值沙門竺法汰，遂改俗歸依，伏膺受業。（中略）初入廬山，幽棲七年，以求其志。（中略）後與慧叡、慧嚴同遊長安，從什公受業。關中僧眾，咸謂神悟。後還都，止青園寺。（中略）生既當時法匠，請以居焉。宋太祖文皇深加歎重。（中略）於是舊學以為邪說，譏憤滋甚，遂顯大眾，擯而遣之。（中略）言竟拂衣而遊。」同上注，卷7，頁366。

160 「釋慧嚴，姓范，豫州人。年十二為諸生，博曉詩書，十六出家，又精鍊佛理。迄甫立年，學洞群籍，風聲四遠，化洽殊邦。聞什公在關，復從受學，訪正音義，多所異聞。後還京師，止東安寺。宋高祖素所知重。（中略）及文帝在位，情好尤密，每見弘讚問佛法。」同上注，卷7，頁367。

161 同上注，卷3，頁339。

4.2 畺良耶舍、僧含小組

第二例是畺良耶舍（Kālayaśas，383-442）、僧含二人合譯《觀無量壽經》和《觀藥王藥上二菩薩經》。譯主畺良耶舍是西域法師，性格剛直寡慾，善阿毘曇，博通律典，修禪可以七日不起，後於元嘉元年（424）抵達宋境，廣弘禪學，文帝（407-453，424-453在位）禮遇甚殷，令駐鍾山道林精舍，並得會稽太守孟顗（?-450）供養。[162] 另一譯師僧含協助畺良耶舍筆受經文，多聞有才，精通世俗學問和佛門義理，撰著甚多，與官吏交往頻繁，有專傳記載其生平事跡。[163]

畺良耶舍、僧含的協作方式簡明，屬於二步譯經模式，《高僧傳》記載如下：

> 沙門僧含請譯《藥王藥上觀》及《無量壽觀》，含即筆受。以此二經是轉障之秘術，淨土之洪因，故沉吟嗟味，流通宋國。[164]

意謂畺良耶舍依據原典，口自宣譯，翻為漢文，是為第一步

---

162 「畺良耶舍，此云時稱，西域人。性剛直，寡嗜欲，善誦《阿毘曇》，博涉律部，其餘諸經，多所該綜，雖三藏兼明，而以禪門專業。每一遊觀，或七日不起，常以三昧正受，傳化諸國。以元嘉之初，遠冒沙河，萃于京邑，太祖文皇深加歎異。初止鍾山道林精舍，沙門寶誌崇其禪法。（中略）平昌孟顗，承風欽敬，資給豐厚（後略）。」同上注，頁343。

163 「釋僧含，不知何許人。幼而好學，篤志經史，及天文、算術。長通佛義，數論兼明，尤善《大涅槃》，常講説不輟。元嘉七年，新興太守陶仲祖，立靈味寺。欽含風軌，請以居之。（中略）又著《聖智圓鑒論》、《無生論》、《法身論》、《業報論》及《法華宗論》等，皆傳於世。頃之，南遊九江，大闡經法。瑯琊顏峻時為南中郎記室參軍，隨鎮潯陽，與含深相器重，造必終日。」同上注，卷7，頁370。

164 同上注，卷3，頁343。

驟,然後僧含聽聞耶舍口譯內容,記錄成篇,成為譯文定本,是為第二步驟。關於耶舍選取上述兩部佛典翻譯的原因,史料有載,始於法師認為二典是「淨土之洪因,轉障之祕術」,有助學眾掌握淨土法門的要旨和消除業障的方略,對發願往生淨土、離苦發智的人士甚有大用,所以專譯兩部經籍。

4.3 伊葉波羅、求那跋摩、王仲德小組

　　南朝宋的第三個小組譯經例子與《雜阿毘曇心》漢譯有關,該譯作是斷續翻譯而成,與《十誦律》的翻譯情況頗為相似。《雜阿毘曇心》的漢譯是由王仲德(?-438)發起的,伊葉波羅(Īśvara)先譯十卷,再由求那跋摩(Gunabharman)續譯,終成十三卷本。

　　關於譯者的生平事跡,負責初譯的伊葉波羅是外國沙門,於元嘉三年(426)抵達宋境彭城,受徐州刺史王仲德禮請,啟譯《雜阿毘曇心》。[165] 又續譯伊葉波羅所出的沙門求那跋摩,本剎帝利種,家世為王,在罽賓甚有勢力,但跋摩一心向佛,厭離物慾,二十歲出家受戒,誦經精勤,遍學群典,世稱「三藏法師」,後來宋文帝請入宋地弘法,跋摩於元嘉八年(431)抵達建康,講經說法,王公英彥無不欽重。[166] 最後譯者為王仲德,又稱「王懿」,東晉、劉宋名臣,任鎮北大將軍、徐州刺史,信奉佛法,《宋書》和《南史》有專傳記載其事。[167]

165　僧祐:《出三藏記集》,第 55 冊,第 2145 經,卷 14,頁 104。

166　「求那跋摩,齊言功德鎧,罽賓王之支胤也。跋摩年十五,捨家為沙彌。師僧見其俊悟,咸敬異之。其性仁慈謙恭,率而至。既受具戒,誦經百餘萬言,深明律品。既總學三藏,故因以為號焉。(中略)宋文帝遠聞其風,勑交州使稱旨迎致。(中略)以元嘉八年正月至都,即住祇洹寺。文帝引見勞問,屢設供施。頃之,於祇洹寺譯出眾經《菩薩地》、《曇無德羯磨》、《優婆塞五戒》、《略論三歸》及《優婆塞二十二戒》。」同上注。

167　詳見沈約(441-513)撰,楊家駱(1912-1991)主編:《宋書》(台北:鼎文書

　　按照現存僅有的史料分析推斷，《雜阿毘曇心》的漢譯方式，基本上二人協作而成，《出三藏記集》之〈雜阿毘曇心序第十七〉記載如下：

　　　　於宋元嘉三年，徐州刺史太原王仲德，請外國沙門伊葉波羅，於彭城出之。〈擇品〉之半及〈論品〉一品，有緣事起，不得出竟。元嘉八年，復有天竺法師，名求那跋摩，得斯陀含道，善練茲經，來遊楊都，更從校定，諮詳大義。[168]

《開元釋教錄》補充說明：

　　　　沙門伊葉波羅，宋云自在，西域人。妙通三藏，明解四含。以元嘉三年景寅，遊於彭城，為北徐州刺史太原王仲德譯《雜阿毘曇心》。譯至〈擇品〉，緣礙未竟，遂輟，但成十卷，刺史親自筆受。至八年辛未，更請求那跋摩續譯，都訖，成十三卷。[169]

　　綜合以上記述，初譯的部分先由伊葉波羅主譯，法師據本翻譯，誦出漢譯，一人身兼「執本」、「傳譯」兩重工作，然後刺史王仲德親自筆受，記錄譯文。然而，伊葉波羅的譯事未成，翻出十

　　局，1980 年），〈列傳第六・王懿〉，卷 46，頁 1390-1393 和李延壽撰，楊家駱主編：《南史》（台北：鼎文書局，1981 年），〈列傳第十五・王懿〉，卷 25，頁 671-673。正史資料的電子本可見於中央研究院歷史語言研究所（Institute of History and Philology, Academia Sinica）「漢籍電子文獻資料庫」（Scripta Sinica）。

168　僧祐：《出三藏記集》，第 55 冊，第 2145 經，卷 10，頁 74。

169　智昇：《開元釋教錄》（1988 年大正新修大藏經刊行會編《大正新修大藏經》本），第 55 冊，第 2154 經，卷 5，頁 526。另本書引用《開元釋教錄》的原文時，以《大正藏》本子為主，同時參考中華書局出版的富世平點校本。

卷後中斷，元嘉八年由求那跋摩繼續翻譯尚未完成的部分，估計是跋摩為譯，仲德筆受，繼續以二人小組翻譯方式合作，最終完成十三卷漢譯本，一典先後成於三人之手，可惜後來譯本失傳，今不可聞。

4.4 智嚴、寶雲小組

　　智嚴（350-427）、寶雲（376-449）協作翻譯多部佛典，是為南朝宋小組譯經的第四例。譯師智嚴是西涼人，自幼出家學佛，遊歷西國問道，在摩天陀羅精舍向佛馱先比丘學習禪法，歷經多年，道俗讚嘆，然後與佛陀跋陀羅一同東行中土，傳授心法，初居長安，後入山東精舍，然後隨劉宋將軍王恢南下，駐居王恢特建的枳園寺，並翻譯舊日法顯西請而未及譯寫的佛典。[170] 另一譯師寶雲，涼州人，少出家，曾與法顯、智嚴西行取經，史稱之「遍學胡書」，通解天竺諸國的音字訓詁，後返長安，師從佛陀跋陀羅，然後南下，居道場寺，譯出多部佛門經典，因寶雲「華戎兼通，音訓允正」，凡其所出，咸皆信服。[171]

---

170 「釋智嚴，不知何許人。弱冠出家，便以精勤著名，納衣宴坐，蔬食永藏。志欲廣求經法，遂周流西域。進到罽賓，遇禪師佛馱跋陀，志欲傳法中國，乃竭誠要請。跋陀嘉其懇至，遂共東行。於是踰涉雪山，寒苦嶮絕，飲氷茹木，頻於危殆，綿歷數載，方達關中。常依隨跋陀，止於長安大寺。頃者，跋陀橫為秦僧所擯，嚴與西來徒眾並分散出關，仍憩山東精舍，坐禪誦經，力精修學。晉義熙十二年，宋武帝西伐長安，剋捷旋旆，塗出山東。時始興公王恢從駕遊觀山川，至嚴精舍，見其同志二僧各坐繩床，禪思湛然。（中略）恢即啟宋武，延請還都，莫肯行者。屢請既至，二人推嚴隨行。恢道懷素篤，禮事甚備，還都即住始興寺。嚴性虛靜，志避囂塵。恢乃於東郊之際，更起精舍，即枳園寺也。嚴前還於西域，得胡本眾經，未及譯寫。到宋元嘉四年，乃共沙門寶雲，譯出《普耀》、《廣博嚴淨》及《四天王》，凡三部經。在寺不受別請，遠近道俗，敬而服之。」見僧祐：《出三藏記集》，第 55 冊，第 2145 經，卷 15，頁 112。

171 「釋寶雲，未詳其氏族，傳云涼州人也。弱年出家，精勤有學行，志韻剛潔，不偶於世，故少以直方純素為名。而求法懇惻，忘身徇道，誓欲躬覿靈跡，廣

　　智嚴、寶雲的具體合作模式，史料未有細載，只知元嘉四年
（427）開始，兩位譯師一同翻出《無盡意菩薩經》等多部經典，記
述早見於《歷代三寶記》，史載合作出經「一十四部合三十六卷」，
記述如下：

　　　　文帝元嘉四年，涼州沙門釋智嚴，弱冠出家，遊方博學，
　　遂於西域，遇得前經，梵本齎來，達到楊都，於枳園寺共寶雲
　　出。嚴之神德，備《高僧傳》，不復委載。[172]

　　從譯師的生平故事推斷，因他們均曾西行求法，通曉中外語
言，所以無勞度語，也能自行執本翻譯（如《出三藏記集》言寶雲
能「手執梵本，口自宣譯」）。[173] 按照中古二人合作翻經的常見模
式，估計智嚴、寶雲採取二步小組譯經模式，智嚴、寶雲分別執
本、筆受，翻出經文，也有可能是分節自譯，然後合組成篇，或是
自選佛典翻譯，若遇問題，共商對策，其實待考。

4.5　僧伽跋摩、寶雲、慧觀、國中學士小組

　　僧伽跋摩（Saṃghavarman）、寶雲、慧觀和一眾學士以協作模
式，譯出佛典偈文五種，是為南朝宋小組譯經的第五例。寶雲的生

尋群經。遂以晉隆安之初，遠適西域，與法顯、智嚴先後相隨。（中略）雲在
外域，遍學胡書，天竺諸國音字詁訓，悉皆貫練。後還長安，隨禪師佛馱跋陀
受業，修道禪諷，孜孜不怠。俄而禪師橫為秦僧所擯，徒眾悉同其咎，雲亦奔
散。會廬山釋慧遠解其擯事，共歸京師，安止道場寺。僧眾以雲志力堅猛，弘
道絕域，莫不披衿諮問，敬而愛焉。雲譯出新《無量壽》，晚出諸經，多雲所
譯。常手執胡本，口宣晉語，華戎兼通，音訓允正。雲之所定，眾咸信服。」
同上注，頁113。

172　費長房：《歷代三寶紀》，第 49 冊，第 2034 經，卷 10，頁 89。

173　同上注。

平事跡前文已述，負責助譯的國中學士沒有史料詳述其身份，故僅敘僧伽跋摩和慧觀二人的道業故事。主譯沙門僧伽跋摩是天竺人，自少棄俗出家修行，志行高潔，持戒精進，元嘉十年（433）抵達建康，先居平陸令許桑修建的平陸寺，並與道場寺僧慧觀一同於寺中建塔三層，諷誦經卷不絕，後來受名僧大德所請，於長干寺翻譯佛典。[174] 另一譯師慧觀，出身清河崔氏，年少出家，四出求法，先後師從慧遠和鳩摩羅什，頗得時人稱譽，羅什入滅以後，南下宋境，止居道場寺，繼續弘法，撰述不少，《高僧傳》有專傳。[175]

關於譯事緣起，慧觀得知僧伽跋摩經通《雜阿毘曇心論》，先前雖有三藏法師漢譯該論，但未及繕寫定本，所以請求重翻。僧伽跋摩的團隊應是較為大型的小組翻譯組織，史料明確指出在長干寺「招集學士」，籌組翻譯團隊，「更請出焉」，規模必較過往的譯經小組為大，但因未明參與人數，所以判為譯經小組而非大型譯場。詳見《出三藏記集》之〈僧伽跋摩傳第六〉：

> 頃之，名德大僧慧觀等，以跋摩妙解《雜心》，諷誦通達，即以其年九月，乃於長干寺招集學士，寶雲譯語，觀公筆受，研校精悉，周年方訖。續出《摩得勒伽》、《分別業報略》、《勸

---

174 「僧伽跋摩，齊言僧鎧，天竺人也。少而棄俗，清峻有戒德，明解律藏，尤精《雜心》。以宋元嘉十年，步自流沙，至于京都。風宇宏肅，道俗敬異，咸宗而事之，號曰三藏法師。初，景平元年，平陸令許桑捨宅建剎，因名平陸寺。後道場慧觀以跋摩道行純備，請住此寺，崇其供養，以表厥德。跋摩共觀加塔三層，行道諷誦，日夜不輟，僧眾歸集，道化流布。」見僧祐：《出三藏記集》，第 55 冊，第 2145 經，卷 14，頁 104。

175 「釋慧觀，姓崔，清河人。十歲便以博見馳名，弱年出家，遊方受業，晚適廬山，又諮稟慧遠。聞什公入關，乃自南徂北，訪覈異同，詳辯新舊。（中略）什亡後，迺南適荊州。州將司馬休之甚相敬重，於彼立高悝寺，使夫荊楚之民迴邪歸正者，十有其半。宋武南伐休之，至江陵與觀相遇，傾心待接，依然若舊。因勑與西中郎遊，即文帝也。俄而還京，止道場寺。」見慧皎：《高僧傳》，第 50 冊，第 2059 經，卷 7，頁 368。

發諸王要偈》及《請聖僧浴文》，凡四部。跋摩遊化為志，不滯一方，既傳經事畢，將還本國，眾咸祈止，莫之能留。以元嘉中，隨西域賈人舶還外國，莫詳其終。[176]

依照史載，僧伽跋摩主事的翻譯運作流程涉及四重步驟：第一步驟是法師按本口誦，宣說原典；第二步驟是寶雲譯語，聽聞法師所誦，口譯漢文；第三步驟是慧觀筆受寶雲的口譯內容，書出譯本初稿；第四步驟是「研校精悉」，估計譯師們與四方召集的學士一同參校原文譯本，討論文義，分析得失，進一步修訂慧觀的筆受初稿，最後生成定本，整個過程「周年方就」，意謂一眾譯人的校勘時間甚長，直見劉宋譯者對譯事的嚴謹用心，更勝前代。《雜阿毘曇心論》翻譯完成後，僧伽跋摩繼續翻譯多種佛文偈句，及後離國，不知所終。

4.6 僧伽跋摩、跋摩弟子、張道、孫敬信小組

僧伽跋摩除與寶雲、慧觀、國中學士籌建小組，翻譯多種佛教文本，按《出三藏記集》的經序文獻，法師更曾與門下弟子、張道、孫敬信合譯佛門律典《摩得勒伽》。僧伽跋摩的生平上有描述，跋摩弟子的身份未有明述，張道、孫敬信二人為佛教居士，相關資料甚少，只見《峨眉山志》記載劉宋時代有一白衣名張道，元嘉五年（428）參與齋供，將成之日，見有兩位沙門前來禮佛，後沙門飛天不見蹤影，志中的白衣張道不排除正是跋摩的助譯。[177]

---

176 僧祐：《出三藏記集》，第 55 冊，第 2145 經，卷 14，頁 104。

177 「劉宋沙門釋道冏，扶風好畤人，姓馬。學業淳粹，弱齡有聲。元嘉二年九月，在洛陽為人作普賢齋，道俗四十許人。已經七日，正就中食，忽有一人，袴褶乘馬，入至堂前，下馬禮佛。冏謂常人，不加禮異。此人登馬揮鞭，忽失所在。便見赤光赫然竟天，良久而滅。後三年十二月在白衣家，復作普賢齋。

關於《摩得勒伽》的協作翻譯方式，序文記載簡略，指出戒本於元嘉十二年（435）正月啟譯，譯主僧伽跋摩與「弟子共出此律」，詳述如下：

> 宋元嘉十二年，歲在乙亥，楊州聚落丹陽郡秣陵縣平樂寺三藏與弟子共出此律。從正月起，至九月二十二日草成，二十五日寫畢。白衣優婆塞張道、孫敬信執寫。[178]

文中雖無說明師徒合作的流程，但按前述僧伽跋摩與寶雲、慧觀的合作情況推斷（見本章 4.5），估計跋摩宣出原典，然後其門人負責傳譯、筆受。戒本經過九個月翻譯，終於同年「九月二十二日草成」，然後交予張道、孫敬信兩位居士「執寫」，「二十五日寫畢」，是為最後步驟，與前文論及後秦鳩摩羅什、曇晷、曇影小組的「正寫」工序頗有相通之處，更待詳考。

4.7 求那跋陀羅、法勇小組

南朝宋最後一個小組譯經的例子，是求那跋陀羅（Guṇabhadra，394-468）、法勇的二人協作組織。求那跋陀羅來華之初所出經典，是透過逾百人的大型譯場合譯而成，後章有論，另有小組翻譯的作品，依靠法勇傳譯定本。

關於譯師的生平事跡，譯主求那跋陀羅是中印度人，本婆羅門種，不但博通三藏，大、小二乘兼善，更通達五明之學，善於咒

將竟之日，有二沙門，容服如凡，直來禮佛。眾謂庸僧，不甚尊仰，聊問：『何居？』答曰：『住在前村。』時有白衣張道，覺其有異，至心禮拜。沙門出門，行數十步，忽有飛塵直上衝天。追目此僧，不復知所。（後略）」詳見蔣超：《峨眉山志》（民國二十三年（1934）排印本），卷 2，頁 26。

178 僧祐：《出三藏記集》，第 55 冊，第 2145 經，卷 11，頁 82。

術，靈驗非常，後經海路入華弘法，元嘉十二年（435）抵達廣州，文帝下詔入京，道俗訪問不絕，並受丞相南譙王劉義宣（415-454）供養，初在祇洹寺籌組大型譯場翻經，後隨南譙王出鎮荊州，在辛寺開展第二輪翻經，便是與法勇合作的小組譯事。[179]另法勇本姓李氏，幼為沙彌，苦行修道，誦經持戒十分用功，後來仿效法顯求法的事跡，與僧猛、曇朗等一行二十五人西行學佛，在罽賓學通梵文，後經海路返國。[180]

史載求那跋陀羅隨南譙王出鎮荊州，獲安排止居幸寺，修行翻經，譯作頗豐，「常令弟子法勇傳譯度語」，詳見《高僧傳》：

> 後譙王鎮荊州，請與俱行，安止辛寺，更創房殿。即於辛寺出《無憂王》、《過去現在因果經》一卷、《無量壽》一卷、《泥洹》、《央掘魔羅》、《相續解脫波羅蜜了義》、《現在佛名經》

---

179 「求那跋陀羅，齊言功德賢，中天竺人也。以大乘學，故世號摩訶衍。本婆羅門種，幼學五明諸論，天文、書算、醫方、呪術，靡不博貫。後遇見《阿毘曇雜心》，尋讀驚悟，乃深崇佛法焉。其家世外道，禁絕沙門，乃捨家潛遁，遠求師匠，即落髮改服，專志學業。及受具戒，博通三藏。為人慈和恭順，事師盡勤。頃之，辭小乘師，進學大乘。（中略）元嘉十二年至廣州。時刺史車朗表聞，宋文帝遣使迎接。既至京都，勅名僧慧嚴、慧觀於新亭郊勞，見其神情朗徹，莫不虔敬，雖因譯交言，而欣若傾蓋。初住祇洹寺，俄而文帝延請，深加崇敬。琅瑘顏延之通才碩學，束帶造門。於是京師遠近，冠蓋相望。宋彭城王義康、譙王義宣並師事焉。頃之，眾僧共請出經，於祇洹寺集義學諸僧，譯出《雜阿含經》，東安寺出《法鼓經》，後於丹陽郡譯出《勝鬘》、《楞伽經》。徒眾七百餘人，寶雲傳譯，慧觀執筆，往復諮析，妙得本旨。後譙王鎮荊州，請與俱行，安止新寺，更創殿房。即於新寺出《無憂王》、《過去現在因果》及一卷《無量壽》、一卷《泥洹》、《央掘魔》、《相續解脫》、《波羅蜜了義》、《第一義五相略》、《八吉祥等諸經》，凡一百餘卷。」同上注，卷14，頁105。

180 「釋法勇者，胡言曇無竭，本姓李氏，幽州黃龍國人也。幼為沙彌，便修苦行，持戒諷經，為師僧所敬異。常聞沙門法顯、寶雲諸僧躬踐佛國，慨然有亡身之誓。遂以宋永初之年，招集同志沙門僧猛、曇朗之徒二十有五人，共齎幡蓋供養之具，發跡北土，遠適西方。（中略）進至罽賓國，禮拜佛鉢。停歲餘，學胡書竟，便解胡語，求得《觀世音受記經》梵文一部。（中略）後於南天竺隨舶汎海達廣州，所歷事跡，別有記傳。」同上注，卷15，頁113-114。

三卷、《第一義五相略》、《八吉祥》等諸經，並前所出凡百餘卷，常令弟子法勇傳譯度語。[181]

　　史料記述雖簡，但依文推斷，仍能知道跋陀羅移居辛寺後的協作翻經概貌，即是法師據本誦出原典，然後由通達漢文和梵文西國語的法勇「傳譯度語」，翻作漢文，成為譯本。法師來華初期，漢言不通，「未善宋言，有懷愧嘆」，[182] 所以未能自行執本譯為漢文，只得依靠中外語言俱佳的華僧協助譯經，講道亦然。後來，法師發心禮懺，祈求速成漢文，終有所成，一夜「備領宋言」，[183]《高僧傳》有詳細記載。以上為求那跋陀羅、法勇小組合作方式。

　　以下討論南朝齊的小組翻譯史例。

4.8　僧伽跋陀羅、僧猗小組

　　僧伽跋陀羅（Saṃghabhadra）與僧猗合譯巴利律藏注釋書《善見律毘婆沙》，是南齊小組翻譯的史例。譯主僧伽跋陀羅是西域沙門，與其師三藏法師遠行，希望將原始佛教的律藏傳到中土，遂乘航東渡廣州弘法，後來三藏欲歸本國，登船前夕，將律藏付與僧伽跋陀羅，然後僧伽跋陀羅與僧猗共譯，翻為漢文。[184] 另一譯師僧猗，或云「僧禕（或褘）」，齊武帝（440-493，482-493 在位）時期僧人，其餘記述不詳。

181　慧皎：《高僧傳》，第 50 冊，第 2059 經，卷 3，頁 344。

182　同上注。

183　同上注。

184　「武帝世，外國沙門僧伽跋陀羅，齊言僧賢。（中略）三藏法師將律藏至廣州，臨上舶反還去，以律藏付弟子僧伽跋陀羅。羅以永明六年，共沙門僧猗，於廣州竹林寺，譯出此《善見毘婆沙》。」見費長房：《歷代三寶紀》，第 49 冊，第 2034 經，卷 11，頁 95。

關於是次譯事本末，《出三藏記集》收錄的〈善見律毘婆沙記〉記述如下：

> 齊永明十年，歲次實沈，三月十日，禪林比丘尼淨秀，聞僧伽跋陀羅法師於廣州共僧禕法師譯出梵本《善見毘婆沙律》一部十八卷，京師未有，渴仰欲見。僧伽跋陀其年五月還南，憑上寫來。以十一年，歲次大梁，四月十日，得律還都，頂禮執讀，敬寫流布。仰惟世尊泥洹已來年載，至七月十五日受歲竟，於眾前謹下一點，年年如此，感慕心悲，不覺流淚。[185]

另隋代費長房《歷代三寶紀》記載如下：

> 羅（指僧伽跋陀羅）以永明六年，共沙門僧猗，於廣州竹林寺，譯出此《善見毘婆沙》。因共安居，以永明七年庚午歲七月半夜，受自恣竟。[186]

綜合上述史料，南朝齊永明六年（488），僧伽跋陀羅受沙門僧猗所請，一同在廣州竹林寺譯出上述律本，由巴利文翻為漢文，[187] 共十八卷。至永明末，比丘尼淨秀得知律本於廣州翻出，但京師尚未流通，遂南下取之，還都以後，史稱淨秀「頂禮、執讀、

185　僧祐：《出三藏記集》，第 55 冊，第 2145 經，卷 11，頁 82。

186　費長房：《歷代三寶紀》，第 49 冊，第 2034 經，卷 11，頁 95。

187　根據高楠順次郎（Takakusu Junjirō，1866-1945）等日本佛教學者考察，《善見律毘婆沙》的原文當為巴利文。水野弘元（Mizuno Kōgen，1901-2006）指古人將梵語、巴利語和古印度土語（Prākrit）的經本籠統稱為「梵本」。因此，〈善見律毘婆沙記〉中所謂的「梵本《善見毘婆沙律》」，不一定是梵文。詳參水野弘元著，許洋主譯：《佛教文獻研究：水野弘元著作選集（一）》（台北：法鼓文化，2003 年），頁 103-169。

敬寫、流布」，令新律傳揚開去。

文中雖未明言何人執本譯經、何人筆受潤飾，但按照當時小組翻經的案例，多是西僧執本，華僧筆錄，或兼度語，所以推斷僧伽跋陀羅主譯，負責宣講原典，而僧猗擔當筆受的工作。如果僧伽跋陀華言未善，僧猗便兼責度語，聽聞僧伽跋陀羅所誦經文，翻成漢言。上述史料除了說明《善見毗婆沙律》的譯事本末，淨秀取律的故事補充說明南朝新譯佛典的流通方式，有助理解中古中國的佛教譯本的接受史。

4.9 達摩摩提、法獻小組

南朝齊另一小組譯經例子，是達摩摩提、法獻合作翻譯《觀世音懺悔除罪咒經》和《妙法蓮華經提婆達多品第十二》。譯主達摩摩提，漢文意譯「法意」，西域沙門，四處弘法講道，武帝永明（483-493）年間在楊都演教，與法獻合譯《法華經》的〈提婆達多品〉。[188] 此外，助譯法獻是南朝齊的僧正，管理國中僧團，《高僧傳》有簡述其修行事跡。[189]

關於達摩摩提、法獻的小組譯經流程，按《出三藏記集》的最早記載，先是法獻西行求法，在高昌郡取得《妙法蓮華經提婆達多品》原典，然後東歸。又依照唐代智昇《開元釋教錄》的綜合分析，至南朝齊永明八年（490），達摩摩提與法獻一同在楊都瓦官寺翻譯經本。《出三藏記集》記載如下：

---

188 費長房：《歷代三寶紀》，第 49 冊，第 2034 經，卷 11，頁 95。

189 「釋法獻，姓徐，西海延水人。先隨舅至梁州，乃出家。至元嘉十六年，方下京師，止定林上寺。博通經律，志業強捍，善能匡拯，眾計修葺寺宇。先聞猛公西遊，備矚靈異，乃誓欲忘身，往觀聖跡。（中略）獻以永明之中，被勅與長干玄暢同為僧主，分任南北兩岸。」見慧皎：《高僧傳》，第 50 冊，第 2059 經，卷 13，頁 411。

　　齊武皇帝時，先師獻正遊西域，於于闐國得《觀世音懺悔呪》胡本，還京都，請瓦官禪房三藏法師法意共譯出。自流沙以西，《妙法蓮華經》並有〈提婆達多品〉，而中夏所傳闕此一品。先師至高昌郡，於彼獲本，仍寫還京都，今別為一卷。[190]

《開元釋教錄》的綜合考究如下：

　　《妙法蓮華經提婆達多品第十二》一卷（今編入《妙法華》，在第五卷。初，沙門法獻於于闐國得梵本來，見道慧《宋齊錄》。《僧祐錄》云於高昌郡獲梵本，未詳孰正）。《觀世音懺悔除罪呪經》一卷（永明八年十二月十五日譯出，見《僧祐錄》及《寶唱錄》。右二部，二卷（《提婆達多品》見在，《觀世音呪經》闕本）。沙門達摩摩提，齊言法意，西域人。悟物情深，隨方啟喻。以武帝永明八年庚午，為沙門法獻於楊都瓦官寺譯《提婆達多品》等二部，獻時為僧正。初，獻以宋元徽三年遊歷西域，於于闐國得經梵本，並及佛牙，有迦毘羅神衛護還宋，經至齊永明中，共沙門法意譯出。[191]

　　史料沒有說明兩人分工，估計執本翻譯的是達摩摩提，法獻聽聞法師漢文口譯，筆受潤飾，書成定本，因為如果法獻若能閱讀原典，掌握其要，應能執本自翻，至少能夠譯出初本，無待達摩摩提啟譯，所以得出以上推斷。無論分工如何，史載法獻「共沙門法意譯出」佛典，體現二人小組譯經的模式。

　　南朝齊覆亡以後，蕭梁繼興，因梁武帝（464-549，502-549 在

190　僧祐：《出三藏記集》，第 55 冊，第 2145 經，卷 2，頁 13。

191　智昇：《開元釋教錄》，第 55 冊，第 2154 經，卷 6，頁 536。

位）篤信佛法，譯經事業發展蓬勃，小組譯經的例子甚多，分述如下。

4.10 曼陀羅仙、僧伽婆羅小組

曼陀羅仙（Mandra）、僧伽婆羅（Saṃghapāla，460-524）於南朝梁武帝期間合作翻譯《文殊師利所說摩訶般若波羅蜜經》、《法界體性無分別經》和《寶雲經》。曼陀羅仙是扶南國沙門，聰明超群，為法忘身，「大齎梵經」，遠行中土弘揚佛法，天監二年（503）抵達梁都，受武帝詔令與僧伽婆羅同譯佛典。[192] 助譯法師僧伽婆羅是南朝名僧，自幼學佛，學通經論，深入佛藏，享譽海南佛門，受具足戒以後，研習律藏，廣宣佛理，南朝齊抵達正觀寺，師從求那跋陀學習大乘，博通多國語言，後來蕭梁代國，僧伽婆羅受命在京師皇家宮館寺閣翻譯佛典。[193] 兩位譯師的生平事跡，均見於僧傳。

曼陀羅仙、僧伽婆羅二人協作漢譯佛典三部，《歷代三寶紀》有載：

> 天監年初，扶南國沙門曼陀羅，梁言弱聲，大齎梵本經來

---

192 「梁初，又有扶南沙門曼陀羅者，梁言弘弱，大齎梵本，遠來貢獻。勅與婆羅共譯《寶雲》、《法界體性》、《文殊般若經》三部，合一十一卷。」見道宣：《續高僧傳》（1988 年大正新修大藏經刊行會編《大正新修大藏經》本），第 50 冊，第 2060 經，卷 1，頁 426。又曼陀羅仙天監二年抵華之說，出自《開元釋教錄》載：「沙門曼陀羅仙，梁言弱聲，亦云弘弱，扶南國人。神解超悟，幽明畢觀，無憚夷險，志存開化，大齎梵經，遠來貢獻。以武帝天監二年癸未，屆于梁都，勅僧伽婆羅令共翻譯，遂出《文殊般若》等經三部。」見智昇：《開元釋教錄》，第 55 冊，第 2154 經，卷 6，頁 537。

193 「梁初有僧伽婆羅者，亦外國學僧，儀貌謹潔，善於談對。至京師，亦止正觀寺，今上甚加禮遇，勅於正觀寺及壽光殿占雲館中，譯出《大育王經》、《解脫道論》等，釋寶唱、袁曇允等筆受。」見慧皎：《高僧傳》，第 50 冊，第 2059 經，卷 3，頁 345。另參道宣：《續高僧傳》，第 50 冊，第 2060 經，卷 1，頁 426。

貢獻。雖事翻譯，未善梁言。其所出經，文多隱質。共僧加婆
羅於揚都譯。[194]

又《續高僧傳》記述如下：

> 梁初，又有扶南沙門曼陀羅者，梁言弘弱，大齎梵本，遠
> 來貢獻。勅與婆羅共譯《寶雲》、《法界體性》、《文殊般若經》
> 三部，合一十一卷。雖事傳譯，未善梁言，故所出經，文多隱
> 質。[195]

史料未有說明他們的合作方式，但直言曼陀羅仙為「傳譯」，
而且「未善梁言」，譯本「文多隱質」，由此可以肯定將經本由原
語轉為譯言的工序，是由曼陀羅仙負責的，可是曼陀羅仙的漢言並
未通達，所以文句略嫌過於質直，平白生硬，而僧伽婆羅的具體職
責為何，有待發現新的歷史材料考論。

4.11 僧伽婆羅、梁武帝、寶唱、慧超、僧智、法雲、袁
　　曇允小組

僧伽婆羅、梁武帝、寶唱、慧超、僧智、法雲（467-529）、袁
曇允小組是南朝規模相對宏大的小組譯經團隊，而且得到國君直接
參與支持，共譯佛典十部三十餘卷。譯主僧伽婆羅得梁武帝禮重，
下令在京師壽光殿、華林園、正觀寺、占雲館、扶南館五處，籌
組團隊，翻譯多部佛典，時為天監五年（506），其餘史事上已簡

---

194 費長房：《歷代三寶紀》，第 49 冊，第 2034 經，卷 11，頁 98。

195 道宣：《續高僧傳》，第 50 冊，第 2060 經，卷 1，頁 426。

述。[196] 另助譯梁武帝是中國歷史上有名的奉佛君主，曾多次捨身出家同泰寺，並親自參與佛典翻譯的工作，《梁書》有專傳詳細記述其生平。[197] 此外，寶唱俗姓岑，吳郡人，後出家修佛，止居梁都莊嚴寺，僧祐律師（445-518）的高徒，寶唱的學識十分淵博，武帝甚為賞識，撰有《經律異相》和《比丘尼傳》傳世。[198] 另慧超八歲出家，師事慧通，並「外聽諸講，勤精學業」，兼通教內教外的學問，後居南澗寺，受詔擔任僧正，規範僧團行止，天監年間（502-519）為武帝授戒，深得君主信任。[199] 又僧智的記述不多，曾與當世才學之士劉勰（?-520）等三十人，集抄一切經，文學了得。[200] 另一譯師法雲，南梁名僧，幼年出家，學佛精進，每次講經吸引大批信徒，京中權貴均喜與法師交往，後受武帝詔令講道、撰述、翻經，並創僧制，影響深遠。[201] 最後譯者袁曇允的相關史料不多，按《歷

---

196 同上注。

197 梁武帝捨身同泰寺等奉佛事跡，見姚察（533-606）、謝炅、魏徵（580-643）、姚思廉（557-637）合撰，楊家駱主編：《梁書》（台北：鼎文書局，1980 年），〈本紀第三·武帝·蕭衍·下〉。

198 「釋寶唱，姓岑氏，吳郡人，即有吳建國之舊壤也。少懷恢敏，清貞自蓍。顧惟隻立，勤田為業。資養所費，終於十畝。至於傍求，僆書取濟。寓目流略，便能強識。文采鋪贍，義理有聞。年十八，投僧祐律師而出家焉。（中略）天監四年，便還都下，乃勅為新安寺主。」道宣：《續高僧傳》，第 50 冊，第 2060 經，卷 1，頁 426。

199 「釋慧超，姓廉氏，趙郡陽平人。（中略）八歲出家，從臨番縣建安寺沙門慧通。通素無業術，立行專樸。超直心祇順，奉敬無怠，而外聽諸講，勤精學業。（中略）齊曆告終，梁祚伊始。超現疾新林，情存拯溺。信次之間，聲馳日下。尋有別勅，乃授僧正。戒德內修，威儀外潔。凡在緇侶，咸稟成訓。」同上注，卷 6，頁 468。

200 「選才學道俗釋僧智、僧晃、臨川王記室東莞劉勰等三十人，同集上定林寺，抄一切經論，以類相從，凡八十卷（後略）。」同上注，卷 5，頁 462。

201 「釋法雲，姓周氏，宜興陽羨人，晉平西將軍處之七世也。七歲出家，更名法雲。從師住莊嚴寺為僧，成玄趣、寶亮弟子，而俊朗英秀，卓絕時世。（中略）及年登三十，建武四年夏初，於妙音寺開《法華》、《淨名》二經，序正條源，群分名類，學徒海湊，四眾盈堂，僉謂理因言盡，紙卷空存。（中略）講經之

代三寶紀》，只知為優婆塞，天監年間主責筆受，並撰《成實論類抄》。[202]

僧伽婆羅的譯經小組程序有三，而且參與人數不少，梁武帝更是多次親自負責經文筆受的工作。先是《歷代三寶紀》的記述：

> （經目略去）正觀寺扶南沙門僧伽婆羅，梁言僧養，亦云僧鎧。幼而穎悟，十五出家，偏學阿毘曇心。具足以後，廣尋律藏。聞齊國弘法，隨舶至都，住正觀寺，為求那跋陀弟子。復從跋陀研精方等，博涉多通，乃解數國書語。值齊氏季末，道教陵夷，婆羅潔靜身心，外絕交故。大梁御寓，搜訪術能，以天監五年被勅徵召，於揚都壽光殿及正觀寺、占雲館三處譯上件經。其本並是曼陀羅從扶南國齎來獻上，陀終沒後，羅專事翻譯，勅令沙門寶唱、慧超、僧智、法雲及袁曇允等筆受。[203]

然後《續高僧傳》增補記載如下：

> 大梁御寓，搜訪術能，以天監五年被勅徵召（指僧伽婆羅），於揚都壽光殿、華林園、正觀寺、占雲館、扶南館等五處傳譯，訖十七年，都合一十一部四十八卷，即《大育王經》、

妙，獨步當時。齊中書周顒、瑯琊王融、彭城劉繪、東莞徐孝嗣等，一代名貴，並投莫逆之交。（中略）及梁氏高臨，甚相欽禮。天監二年，勅使長召，出入諸殿，影響弘通之端，嚻揚利益之漸。皇高亟延義集，未曾不勅令雲先入，後下詔令。」同上注，卷5，頁463-464。

202 「《成實論類抄》二十卷。右天監年，優婆塞袁曇允撰，與齊文宣抄經相似，亦見《唱錄》。」見費長房：《歷代三寶紀》，第49冊，第2034經，卷11，頁100。

203 同上注，頁98。

《解脫道論》等是也。初翻經日，於壽光殿，武帝躬臨法座，
筆受其文，然後乃付譯人，盡其經本，勅沙門寶唱、慧超、僧
智、法雲及袁曇允等相對疏出，華質有序，不墜譯宗。[204]

綜合現存史料，譯經第一步驟是僧伽婆羅據本而翻。先是曼陀
羅仙來華，遺下多種佛典原文，而僧伽婆羅「解數國書語」，精通
漢外多種語言，故不用度語譯人，自能將之翻成漢文；第二步驟是
筆受。史稱武帝親臨譯場助譯，「躬臨法座」，在壽光殿「筆受其
文」，將僧伽婆羅的口譯記錄下來。除了武帝，還有寶唱、慧超、
僧智、法雲、袁曇允等多位譯者協助筆受。《續高僧傳》有略述箇
中協作流程，謂武帝筆受初本，隨後交予其他「譯人盡其經本」、
「相對疏出」，成為完整譯本；第三步驟是詳定。按經錄史料，僧
伽婆羅所出兩卷本《文殊師利問經》，由光宅寺沙門法雲詳定，校
勘全典，確保文義無誤，進而對外流通。[205]

僧伽婆羅團隊所譯佛典，史謂「華質有序，不墜譯宗」，文辭
不會過分浮華，亦不會落於鄙俗，暢達明瞭，不違佛典翻譯的基本
宗旨。此外，這一譯經組織的運作規模，頗有十六國時代小組譯經
的影子，參與人士較漢魏多，而且有帝室大臣參與其中。再者，
「詳定」這一步驟更是繼承前秦的小組翻譯模式而來。秦世部分小
組翻經，筆受以後、流通之前，譯本需要經過譯者「共考正之」、
「助校漏失」，確定譯文與原典無差，方可定本。此一流程在唐代
精英譯經模式下成為定制，正是取法自十六國、南北朝的小組翻
譯，後文有進一步討論。

204　道宣：《續高僧傳》，第 50 冊，第 2060 經，卷 1，頁 426。

205　「《文殊師利問經》二卷。（天監十七年，勅僧伽婆羅於占雲館譯，袁曇允筆
　　受，光宅寺沙門法雲詳定。）」見費長房：《歷代三寶紀》，第 49 冊，第 2034
　　經，卷 11，頁 98。

4.12 真諦、二十餘位助譯小組

　　真諦（Paramārtha，499-569）是中國佛經翻譯史上著名譯師，法師通曉中外語言，能夠執本自譯，但非全部獨力完成。考究真諦的譯經舊事，法師來華之初，曾受供組織團隊翻譯佛典，屬南朝梁小組譯經的例子。真諦，又名「波羅末陀」，西印度人，婆羅門種，自少志行高潔，聰明過人，量度非凡，才藝出眾，對佛說圓融通達，後聞中土武帝敬崇佛法，遂遠航東行，大同十二年（546）抵南海，太清二年（548）到達建康，武帝禮重有加，遂開展翻經弘法的事業。[206] 另真諦來華之初，曾接受贊助組織兩次小組譯經，各有二十餘位助譯，其名不詳，只知第一譯事的二十餘人皆為英秀沙門，其中一人是沙門寶瓊。寶瓊，南朝名僧，幼年出家，師事沙門法通（443-512），後從法雲，並曾與武帝殿內論佛，《高僧傳》有專傳載述其事。[207] 第二次小組譯事又有助譯二十餘人，名不可考，其中一人為願禪師，他事不詳。[208]

　　真諦來華以後，接受武帝供養，「欲傳翻經教，不羨秦時」，

---

206 「西天竺優禪尼國三藏法師波羅末陀，梁言真諦，並齎經論，恭膺帝旨。法師遊歷諸國，故在扶南，風神爽悟，悠然自遠，群藏淵部，罔不研究。太清元年，始至京邑，引見殿內。」同上注，卷 12，頁 106。又《續高僧傳》有真諦專傳，內容節錄如下：「拘那羅陀，陳言親依，或云波羅末陀，譯云真諦，並梵文之名字也。本西天竺優禪尼國人焉。景行澄明，器宇清肅，風神爽拔，悠然自遠。群藏廣部，罔不厝懷，藝術異能，偏素諳練。（中略）以大同十二年八月十五日達于南海。沿路所經，乃停兩載，以太清二年閏八月，始屆京邑。武皇面申頂禮於寶雲殿，竭誠供養。」詳參道宣：《續高僧傳》，第 50 冊，第 2060 經，卷 1，頁 429-431。

207 「釋寶瓊，姓徐氏。（中略）綺年出俗，師事沙門法通。通初見而嗟重，深為道器也。不使服勤。年過志學，欲稟光宅寺雲法師義。（中略）梁高祖三教妙旨，罔不疎通。選揚名德，分寄弘道。瓊之高義，簡在帝心。爰降綸紱，入壽光殿。」見《續高僧傳》，第 50 冊，第 2060 經，卷 7，頁 478。

208 「于斯時也，兵饑相接，法幾頹焉。會元帝啟祚，承聖清夷，乃止于金陵正觀寺，與願禪師等二十餘人翻《金光明經》。」同上注，卷 1，頁 429。

希望翻出較十六國二秦時代更好的佛門譯本,「更出信文」,是為法師漢譯佛典的初因助緣。《續高僧傳》有完整記載:

> 梁武皇帝德加四域,盛唱三寶。大同中,勅直後張汜等送扶南獻使返國,仍請名德三藏、大乘諸論、雜華經等。真諦遠聞行化,儀軌聖賢,搜選名匠,惠益民品。彼國乃屈真諦,並齎經論,恭膺帝旨。既素蓄在心,渙然聞命,以大同十二年八月十五日達于南海。沿路所經,乃停兩載,以太清二年閏八月,始屆京邑。武皇面申頂禮,於寶雲殿竭誠供養。諦欲傳翻經教,不羨秦時,更出新文,有逾齊日。屬道銷梁季,寇羯憑陵,法為時崩,不果宣述。乃步入東土,又往富春,令陸元哲創奉問津,將事傳譯,招延英秀沙門寶瓊等二十餘人,翻《十七地論》,適得五卷,而國難未靜,側附通傳。[209]

真諦立志在華翻經弘法,可是梁都不久發生侯景之亂,江南陷入戰火之中,法師遂轉往富春,時縣令陸元哲信奉佛法,支持真諦譯事,「招延英秀」二十餘人助譯《十七地論》,包括沙門寶瓊,但因國亂未平,五卷而終,是為第一次小組譯事的流程。後來,侯景亂平,梁元帝(508-555,552-555 在位)登位,局勢稍定,真諦在正觀寺與願禪師等二十餘人,翻譯《金光明經》,是為第二次小組譯事。史述如下:

> 于斯時也,兵纔相接,法幾頹焉。會元帝啟祚,承聖清夷,乃止于金陵正觀寺,與願禪師等二十餘人翻《金光

---

209 同上注。

明經》。[210]

　　真諦兩次小組譯事的記載甚為簡略，各種分工並無描述，但從譯員人數可知其本質為小組協作譯經。縱然戰火連天，奉佛者力求譯本無誤，盡力徵召才德沙門籌組團隊，協助翻譯，而且規模不小，直見當時佛門中人的堅毅不屈，忘身弘法。同時，支持第一次譯事的富春縣令陸元哲，召集助譯人員時強調須為「英秀」，雖不知確實挑選過程，但可見南朝梁的道眾逐步看重譯人背景才學，譯師不得胡亂充任，與東漢三國萌芽時期的情況對照相較，明顯存在一定要求，更可謂唐代精英翻譯的先聲。

　　最後討論南朝陳的小組翻譯史例，詳見下文。

4.13　真諦、慧愷小組

　　真諦是歷經梁、陳二代的譯者，蕭梁傾亡之時，法師四出弘法，隨方翻譯，至陳武帝陳霸先（503-559，557-559在位）立國，真諦在廣州一地與慧愷（518-568）合譯佛典，成為南朝陳小組譯經一例。真諦的學佛背景和東來本末，上節已有略述，今補充法師於梁、陳迭代期間的譯事。法師在梁末遊歷南中國各處，居無定所，四方說法，並自行翻經，南朝陳立國之初到達南越地區，伺機西返，與南梁舊朝遺臣一同校訂舊時自譯的佛典，「重覆所翻」，而且「有文旨乖競者，皆鎔冶成範」，方敢流通，後於廣州受供翻譯，開展新一次小組譯事。[211] 另一譯者慧愷是南朝名僧，蕭梁時代

210　同上注。

211　真諦（Paramārtha，499-569）譯出《金光明經》後，「還返豫章，又往新吳、始興。後隨蕭太保度嶺至于南康，並隨方翻譯，栖遑靡託。逮陳武永定二年七月，還返豫章，又止臨川、晉安諸郡。真諦雖傳經論，道缺情離，本意不申，更觀機壤，遂欲汎舶往楞伽修國。道俗虔請，結誓留之，不免物議，遂停南

早有威望，後來協助真諦在廣州翻譯，生平事跡散見於《續高僧傳》不同傳記。[212]

按照史料記載，真諦在南朝陳天嘉（560-566）、光大（567-568）年間，止居廣州制旨寺，接受刺史歐陽頠及其子歐陽紇護持供養，與慧愷共譯三部佛典，均屬於小組翻譯的作品。首兩部佛典為《攝大乘論》和《攝大乘論釋》，翻譯時間為天嘉四年，即西元五六三年。詳參慧愷所撰論序，節錄如下：

> 法師遊方既久，欲旋返舊國，經塗所亙，遂達番禺。儀同三司廣州刺史陽山郡公歐陽頠，（中略）欽法師之高行、慕大士之勝規，奉請為菩薩戒師，恭承盡弟子之禮。愷昔嘗受業，已少滌沈蔽，伏膺未久，便致睽違，今重奉值，倍懷蹈舞。復欲飡和稟德，訪道陳疑。雖懇懃三請，而不蒙允遂，恍然失圖，心魂靡託。衡州刺史陽山公世子歐陽紇，（中略）欽賢味道，篤信愛奇，躬為請主，兼申禮事。法師乃欣然受請，許為翻譯。（中略）黑白二賢為經始檀越，辰次昭陽，歲維協洽，月旅姑洗，神紀句芒，於廣州制旨寺便就翻譯。法師既妙解聲論，善識方言，詞有以而必彰、義無微而不暢，席間函丈，終朝靡息。愷謹筆受，隨出隨書，一章一句，備盡研竅，釋義若竟，方乃著文。然翻譯事殊難，不可存於華綺，若一字參差則理趣胡越，乃可令質而得義，不可使文而失旨，故今所翻，文質相半。與僧忍等同共稟學，夙夜匪懈，無棄寸陰。即以某年樹檀之月，文義俱竟，本論三卷，釋論十二卷，義疏八卷，合

越。便與前梁舊齒，重覆所翻。其有文旨乖競者，皆鎔冶成範，始末倫通。」同上注，頁 429-430。

212 慧愷的道業記述，散見於《續高僧傳》中拘那羅陀、釋法泰（？-582）、釋慧曠（534-613）、釋道岳（568-636）等諸師傳記。

二十三卷。[213]

另一部譯典為《律二十二明了論》，共一卷，翻於光大二年，即西元五六八年。記述見下：

> 陳光大二年，歲次戊子，正月二十日，都下定林寺律師法泰，於廣州南海郡內，請三藏法師俱那羅陀翻出此論。都下阿育王寺慧愷，謹為筆受。翻論本得一卷，註記解釋得五卷。[214]

綜合史載，三典的小組翻譯模式是以「二步協作」為主，即是譯主真諦據本而傳，口譯漢文，是為第一步驟，然後慧愷聽聞法師口譯，親承真諦口傳，筆受成篇，反覆校訂，方成定本，以免「一字參差」而「理趣胡越」，令譯本偏離原文所說，力求「文質相半」，若然不得，寧可「令質而得義，不可使文而失旨」，顯明經典教義為要，文辭華美則次之，是為譯經根本原則，屬於第二翻譯步驟。

4.14 月婆首那、智昕、慧恭小組

南朝的小組譯經基本是繼承東漢至十六國時代的做法，鮮有新法，上已明之，但月婆首那（Upaśūnya）於陳朝籌組的《勝天王般若波羅蜜經》小組翻譯組織，與前例不盡相同，增添了名為「監掌」

---

213 見無著菩薩（Asaṅga）造，真諦譯：《攝大乘論》（1988 年大正新修大藏經刊行會編《大正新修大藏經》本），第 31 冊，第 1593 經，頁 112-113；世親菩薩（Vasubandhu）釋，真諦譯：《攝大乘論釋》（1988 年大正新修大藏經刊行會編《大正新修大藏經》本），第 31 冊，第 1595 經，頁 152-153。

214 弗陀多羅多造，真諦譯：《律二十二明了論》（1988 年大正新修大藏經刊行會編《大正新修大藏經》本），第 24 冊，第 1461 經，頁 672。

的譯場新位。

　　先說明譯者的背景，譯主月婆首那是中印度優禪尼國王子，初在北朝弘法，後來南下蕭梁，譯經不斷，在梁期間于闐國沙門求那跋陀帶來《勝天王般若波羅蜜經》梵本，首那讚嘆不已，恭敬受學，準備傳翻之時，遇上侯景之亂，及至陳朝代興，方有因緣啟譯。[215] 第二譯者智昕，是楊州阿育王寺寺僧，遊歷之時遇上首那開譯《勝天王般若》，遂「伏膺至教」，擔任筆受，協助翻譯。[216] 最後的是慧恭，擔任僧正，史稱「博通三學」，負責「始末監掌」，管理佛經翻譯活動，回應譯者所需，從旁協助，確保翻經過程順暢無誤，是過去南朝譯事未見的譯員位置。[217]

　　月婆首那主譯的《勝天王般若》是在陳文帝（522-566，559-566 在位）天嘉六年（565）七月下旬開展的。詳見經序記述：

　　　　以天嘉六年，歲次乙酉，七月辛巳朔二十三日癸卯，勸請首那於洲聽事，略開題序，說無遮大會，四眾雲集五千餘人。匡山釋僧果法師及遠邇名德，並學冠百家，博通五部，各有碩

215　「時有中天竺優禪尼國王子月婆首那，陳言高空，遊化東魏。生知俊朗，體悟幽微，專學佛經，尤精義理，洞曉音韻，兼善方言，譯《僧伽吒經》等三部七卷。以魏元象年中，於鄴城司徒公孫騰第出，沙門僧昉筆受。屬齊受魏禪，蕃客任情，那請還鄉，事流博觀。承金陵弘法，道聲遠肅，以梁武大同年辭齊南度。（中略）至太清二年，忽遇于闐僧求那跋陀，陳言德賢，齎《勝天王般若》梵本。那因期請，乞願弘通，嘉其雅操，豁然授與，那得保持，用為希遇。屬侯景作亂，未暇翻傳，携負東西，諷持供養。至陳天嘉乙酉之歲，始於江州興業寺譯之。」詳參道宣：《續高僧傳》，第 50 冊，第 2060 經，卷 1，頁 430。

216　「楊洲阿育王寺釋智昕，暫遊鼓滙，伏應至教。耳聽筆疏，一言敢失。再三脩環，撰為七卷。」詳參月婆首那（Upaśūnya）譯：《勝天王般若波羅蜜經》（1988 年大正新修大藏經刊行會編《大正新修大藏經》本），第 8 冊，第 231 經，卷 7，頁 726。

217　「江州僧正釋慧恭，博通三學，始末監掌。」詳參智昇：《開元釋教錄》，第 55 冊，第 2154 經，卷 7，頁 547。

難紛綸，靡不渙然氷釋。到其月二十九日，還興業伽藍。捷槌
既響，僧徒咸萃，首那躬執梵文，譯為陳語，揚洲阿育王寺釋
智昕，暫遊鼓澗，伏應至教，耳聽筆疏，一言敢失，再三脩
環，撰為七卷，訖其年九月十八日，文句乃盡。江洲僧正釋慧
恭法師，戒香芬郁，定水澄明，揩則具瞻，陳梁是寄。別駕豫
章萬駰，洲之股胡，材之杞梓，信慧並脩，文武兼用。教委二
人，經始功德，輒附卷餘，略述時事。庶將來君子或精焉。[218]

《歷代三寶紀》亦有記載，節錄如下：

> 太清二年，忽遇于闐婆羅門僧求那跋陀，陳言德賢，有
> 《勝天王般若》梵本。那因祈請，乞願弘宣。求那跋陀嘉其雅
> 操，豁然授與。那得保持，以為希遇。屬侯景亂，未暇及翻，
> 携負西東，諷持供養。到陳天嘉乙酉之歲，始於江州興業伽藍
> 方果譯出，沙門智昕筆受陳文。凡六十日，江州刺史儀同黃法
> 氍為檀越。[219]

按史料所言，譯事得到江州刺史儀同黃法氍贊助，僧正監掌翻
譯運作始末。開譯之前，月婆首那先設無遮大會，略述經本開譯因
緣，吸引四方僧俗大眾五千餘人，互相討論交流。大會結束以後，
首那開始譯經，採用「二步協作」模式：第一步是法師「躬執梵文，
譯為陳語」，即是手持梵文原本，以視譯方式，將經文翻為漢文。
第二步是智昕聽聞首那口譯，筆受成文，史載過程甚為嚴謹，如有
片言錯漏，反覆檢校，力求完善，最終漢譯本共有七卷，天嘉六年

---

218 月婆首那譯：《勝天王般若波羅蜜經》，第 8 冊，第 231 經，卷 7，頁 726。
219 費長房：《歷代三寶紀》，第 49 冊，第 2034 經，卷 9，頁 88。

九月中旬完成。

月婆首那的翻譯組織看似簡單，但其實具備兩大特點：其一，延續北朝譯經和講經兼合的模式。自兩晉十六國時代開始的北中國地區，特別是後秦鳩摩羅什年代，[220] 譯者為了得知大眾對新來經本的看法和疑問，以便調整翻譯策略，經常將譯事和法會二合為一，集思廣益，務求譯本內容與漢地讀者的思維相契，順應其閱讀習慣，並使譯文得到大眾讀者接受，推動經本的流通。首那啟譯之前，在刺史黃法氍的支持下興辦無遮大會，「略開題序」，並讓坐眾「各有碩難紛論」，提問共議，法師便可從中了解僧俗對新經的常見疑問為何，翻譯相關內容時便特加注意，務求讀者理解經旨，所以《勝天王般若》的法會不是單純的宗教活動，而是譯主翻譯新經的前期準備工作，而此等工序是延續昔日北方的譯經做法。其二，出現「監掌」一職。唐代的精英翻譯模式有「監護」一職，由朝臣負責管理譯場運作，此職人士雖然未必親自參與經本翻譯的工作，但是屬於協作翻譯的核心人物，居中協調譯者事務，滿足眾人所需，是維繫翻譯團隊的重要人物，自古論者已將之視作佛經翻譯組織的一員。[221] 追本溯源，譯場監護一職便是源自南北朝時代，月婆首那的《勝天王般若》譯事，便是南朝初次出現相關職稱，可見中古譯經團隊的逐步系統化，並開始重視翻譯管理（translation management）的問題。

上述為南朝的小組翻譯情況，接下來討論北朝。北朝時代，

---

220 後秦鳩摩羅什（Kumārajīva，344-413）譯場的譯經和講經兼合模式，見於《大品般若經》翻譯活動，後章有詳細討論。

221 北宋（960-1127）沙門贊寧（919-1001）嘗考「監護」由來，亦言早見於南北朝：「次則『監護大使』，後周平高公侯壽為總監檢校，唐則房梁公為奘師監護，相次許觀、楊慎交、杜行顗等充之。或用僧員，則隋以明穆、曇遷等十人監掌翻譯事，詮定宗旨。」詳見贊寧：《宋高僧傳》（1988年大正新修大藏經刊行會編《大正新修大藏經》本），第 50 冊，第 2061 經，卷 3，頁 724。

雖有北魏太武帝（408-452，423-452 在位）和北周（557-581）武帝
（543-578，560-578 在位）滅佛，佛法流通甚廣，譯事蓬勃，先後
出現了多個譯經小組，將西域傳來的經典翻為漢文，弘揚中土，分
述如下。

　　北魏至東魏（534-550）時期的佛法興隆，小組譯經例子甚多，
詳見下文。

4.15　慧覺、威德等八僧小組

　　慧覺、威德等沙門共出的《賢愚經》，是小組協作的作品，但
其合作模式是前所未見的，不是傳統的「二步協作」或「三步協
作」，宣本、度語、筆受分工處理，而是八位沙門先各自聽聞原
文，獨立翻譯，然後共聚一處，整合文本。

　　關於譯者生平，八僧之中，只知慧覺、威德二人，二人之中，
唯慧覺的事跡可考。慧覺，河西涼州沙門，又名「曇覺」，史稱之
「風神爽悟」、「慧鑒通微」，而且持戒精進，後來與威德八位僧人，
結伴西行，訪尋佛典，在于闐國參加般遮于瑟法會，《賢愚經》所
載內容即源自法會所述，八僧譯事亦由此而起。[222]

　　《賢愚經》的翻譯本末，《出三藏記集》中的〈賢愚經記〉有詳
細記載，節錄如下：

> 　　十二部典，蓋區別法門。曠劫因緣，既事照於本生；智者
> 得解，亦理資於譬喻。《賢愚經》者，可謂兼此二義矣。河西

---

222 「沙門釋曇覺，一云慧覺，涼州人。牆仞連霄，風神爽悟，戒地清拔，慧鑒通
　　微。於于闐國得《賢愚經》梵本，以魏太武帝太平真君六年，歲次乙酉，於高
　　昌郡天安寺譯。一部（十五卷）。」詳參靖邁：《古今譯經圖紀》（1988 年大正
　　新修大藏經刊行會編《大正新修大藏經》本），第 55 冊，第 2151 經，卷 3，
　　頁 360。

沙門釋曇學、威德等，凡有八僧，結志遊方，遠尋經典。於于
闐大寺，遇般遮于瑟之會。般遮于瑟者，漢言五年一切大眾集
也。三藏諸學，各弘法寶，說經講律，依業而教。學等八僧，
隨緣分聽。於是競習胡音，析以漢義，精思通譯，各書所聞。
還至高昌，乃集為一部。既而踰越流沙，齎到涼州。于時沙門
釋慧朗，河西宗匠，道業淵博，總持方等。以為此經所記，源
在譬喻；譬喻所明，兼載善惡；善惡相翻，則賢愚之分也。
前代傳經，已多譬喻，故因事改名，號曰賢愚焉。元嘉二十二
年，歲在乙酉，始集此經。[223]

　　慧覺、威德等人在于闐參加的般遮于瑟法會，是五年一次的大
型佛會，來自各地的三藏法師在會中宣講己學，闡述經律。八位西
行僧人在當地「競習胡音，析以漢義」，增進外文的理解能力，各
自參加會中不同講座，「精思通譯，各書所聞」，將聽聞的種種法
語開示翻成漢言，生成不同的漢文譯本，是為協作第一步驟。接
著，因為八僧的譯本是「隨緣分聽」而來，所譯文本的內容並不統
一，所以法會結束以後，諸僧前往高昌，整理所出，訂定主題，凡
講述賢德與愚人的譬喻故事，結集一經，是為協作的第二步驟。最
後，經整合的經本傳回涼州，河西宗匠慧朗以經本內容定題，以
「賢愚」稱經，流通後世。

　　慧覺、威德八人協作翻譯的個案，為大眾補充了北朝時代河西
地區的特殊合作模式，先自譯而後整合，與傳統常見的譯者專責某
一翻譯工序的做法不同，讓我們明白中古翻譯組織的多元特點。此
外，上述例子有助我們進一步了解古代漢傳佛典原文的其中一種來
源，認識古代譯師取得原典的具體經過因緣。

---

223 僧祐：《出三藏記集》，第 55 冊，第 2145 經，卷 9，頁 67。

4.16 曇曜、天竺沙門小組

另一小組譯經例子，是曇曜與一眾天竺沙門譯出眾經。曇曜自少出家修佛，行道堅忍，風儀非凡，北魏年間曾駐居北臺，開鑿石窟，《續高僧傳》有略傳。[224] 又天竺沙門是曇曜的翻譯團隊的成員，身份背景不詳。

曇曜與天竺沙門的譯事，於北魏文成帝（440-465，452-465 在位）執政時開展。北魏太武帝滅佛之後，文成帝即位，銳意重振佛教，興建塔寺，蒐求佛典，再次興辦譯事。詳見《續高僧傳》記載：

> 先是太武皇帝太平真君七年，司徒崔皓邪佞諛詞，令帝崇重道士寇謙之，拜為天師，彌敬老氏，虔劉釋種，焚毀寺塔。至庚寅年，大武感致癘疾，方始開悟。兼有白足禪師，來相啟發，帝既心悔，誅夷崔氏，事列諸傳。至壬辰年，太武云崩，子文成立，即起塔寺，搜訪經典，毀法七載，三寶還興。曜慨前凌廢，欣今重復，故於北臺石窟集諸德僧，對天竺沙門譯《付法藏傳》並《淨土經》，流通後賢，意存無絕。[225]

在朝廷重振佛教的大環境下，曇曜於北臺石窟「集諸德僧」，並「對天竺沙門」翻譯佛典。史料雖無說明譯師們的分工流程，但因明載曇曜是與天竺沙門及諸位德僧相對共譯，故可判為小組譯經。

---

224 「釋曇曜，未詳何許人也。少出家，攝行堅貞，風鑒閑約。以元魏和平年住北臺昭玄統，綏緝僧眾，妙得其心。住恒安石窟通樂寺，即魏帝之所造也。去恒安西北三十里，武周山谷，北面石崖，就而鐫之，建立佛寺，名曰靈巖。」詳參道宣：《續高僧傳》，第 50 冊，第 2060 經，卷 1，頁 427-428。

225 同上注。

4.17 吉迦夜、曇曜、劉孝標小組

第三例是吉迦夜、曇曜、劉孝標（462-521）合譯佛典。曇曜生平上文已述，譯主吉迦夜是西域沙門，發心弘法，普渡十方眾生。[226] 助譯劉孝標是南北朝著名文學家，平原人，曾與母親在北魏出家，後來還俗，前往南朝，以《世說新語》注解名世。[227]

按《出三藏記集》所載，吉迦夜的譯事始於北魏孝文帝（467-499，471-499 在位）延興二年（472），屬二步翻譯模式，即吉迦夜和曇曜據本翻譯，口譯漢文，是為第一步驟，然後劉孝標擔任筆受，聽聞譯主所譯，記錄成篇，共出佛典三部，原述如下：

> 《雜寶藏經》十三卷（闕）。《付法藏因緣經》六卷（闕）。
> 《方便心論》二卷（闕）。右三部，凡二十一卷。宋明帝時，西
> 域三藏吉迦夜於北國，以偽延興二年共僧正釋曇曜譯出，劉孝
> 標筆受。此三經並未至京都。[228]

4.18 曇摩流支、道寶小組

第四例是曇摩流支、道寶小組，運作模式與吉迦夜、曇曜、劉孝標小組類同。曇摩流支，南印度人，一心弘法，特善律藏，北魏

---

226 「沙門吉迦夜，魏云何事，西域人也。遊化在慮，導物為心。」詳參智昇：《開元釋教錄》，第 55 冊，第 2154 經，卷 6，頁 540。

227 「宋泰始初，魏剋青州，峻時年八歲，為人所略為奴至中山。（中略）居貧不自立，與母並出家為尼僧，既而還俗。」詳參李延壽撰，楊家駱主編：《南史》，〈列傳第三十九 劉懷珍 從父弟峻〉，卷 49，頁 1218-1220。《梁書》亦有劉孝標專傳，見〈列傳第四十四 文學下 劉峻〉。

228 僧祐：《出三藏記集》，第 55 冊，第 2145 經，卷 2，頁 13。

宣武帝（483-515，499-515 在位）在位期間到達洛陽傳教。[229] 又沙門道寶是曇摩流支的助譯，擔任筆受，道業不詳。

曇摩流支與道寶的合作方式，屬「二步協作」模式，即曇摩流支按照原典口譯漢文，然後道寶筆受記錄，以成定本。史稱譯事於宣武帝景明二年（501）至正始四年（507）興辦，翻出佛典多部，史載出自《歷代三寶紀》：

> 《信力入印法門經》五卷（正始元年出）。《如來入一切佛境界經》二卷（景明二年，於白馬寺出，一名《如來莊嚴智慧光明入一切諸佛境界經》）。《金色王經》一卷（正始四年出，出《法上錄》，云菩提流支後更重勘）。右三部，合八卷。齊梁間，南天竺國三藏法師曇摩流支，魏云法希，於洛陽為宣武帝譯，沙門道寶筆受。[230]

4.19 菩提留支、勒那摩提、佛陀扇多、慧光、宣武帝、僧辯、義學緇儒等多人小組

北魏菩提留支（Bodhiruci）主持的《十地經論》譯事是為第五例，採用小組翻譯模式，團隊陣容鼎盛，除了帝主宣武帝親臨道場輔助譯經，並有北魏譯經師勒那摩提（Ratnamati）和佛陀扇多（Buddhaśānta）一同參與。關於譯者的生平事跡，菩提留支是北印度人，或書以「菩提流支」，博通三藏，善持神咒，永平年間（508-512）到達北魏弘法，受宣武帝禮重，在華近三十年，共翻經論多

---

229 「沙門曇摩流支，此云法希，亦曰法樂，南印度人。棄家入道，偏以律藏傳名，弘道為務，感物而動。」詳參靖邁：《古今譯經圖紀》，第 55 冊，第 2151 經，卷 4，頁 363。

230 費長房：《歷代三寶紀》，第 49 冊，第 2034 經，卷 9，頁 85。

種，史稱其所出經論的筆受稿本「滿一間屋」，直見法師譯經數量之多。[231] 又勒那摩提是中印度人，學識淵博，達解禪觀，於宣武帝正始五年（508）抵達洛陽，開展譯事。[232] 又佛陀扇多是北印度人，聰敏過人，通曉各種方言，特別精於藝術，曾在洛陽、鄴都翻經弘法。[233] 另助譯慧光「素習方言」，善於佛說章句，協助調解留支、摩提解讀原文經義的分歧，[234] 僧辯和義學緇儒的事跡不詳，助譯宣武帝是北魏奉佛君主，統治初期國勢頗盛，致力恢復太武帝滅法前的佛門盛況，《魏書》、《北史》有專傳。[235]

綜合《十地經論》的序文和僧傳所述，《十地經論》在京師洛陽內殿翻譯。《十地經論》序文記載最為詳細，節錄如下：

> 大魏皇帝，俊神天凝，玄情漢遠，揚治風於宇縣之外，敷道化於千載之下。每以佛經為遊心之場，釋典為栖照之圃，搜

---

231 「梁武帝世，北天竺國三藏法師菩提流支，魏云道希，從魏永平二年至天平年，其間凡歷二十餘載。在洛及鄴都。《李廓錄》稱三藏法師房內婆羅門經論本，可有萬甲，所翻經論筆受草本，滿一間屋。然其慧解與勒那相亞而神聰敏，洞善方言，兼工雜術。」同上注，頁 86。又《續高僧傳》有專傳。

232 「梁武帝世，中天竺國三藏法師勒那摩提，或云婆提，魏言寶意，正始五年來在洛陽殿內譯。」詳參費長房：《歷代三寶紀》，第 49 冊，第 2034 經，卷 9，頁 86。又《續高僧傳》言：「于時，又有中天竺僧勒那摩提，魏云寶意。博贍之富，理事兼通。誦一億偈，偈有三十二字。尤明禪法，意存遊化。以正始五年初屆洛邑，譯《十地》、《寶積論》等大部二十四卷。」詳參道宣：《續高僧傳》，第 50 冊，第 2060 經，卷 1，頁 429。

233 「（所譯佛典名目略去）右一十部，合十一卷。梁武帝世，北天竺國三藏法師佛陀扇多，魏言覺定。從正光六年至元象二年，於洛陽白馬寺及鄴都金華寺譯。」詳參費長房：《歷代三寶紀》，第 49 冊，第 2034 經，卷 9，頁 86。又《開元釋教錄》補說：「神悟聰敏，內外博通。特善方言，尤工藝術。」詳參智昇：《開元釋教錄》，第 55 冊，第 2154 經，卷 6，頁 542。

234 「光時預霑其席，以素習方言，通其兩譯，取捨由悟，綱領存焉。」見道宣：《續高僧傳》，第 50 冊，第 2060 經，卷 21，頁 607。

235 詳參《魏書》之〈世宗紀第八〉和《北史》之〈魏本紀第四〉。

隱訪缺，務乎炤揚，有教必申，無籍不備。以永平元年，歲次
玄枵，四月上日，命三藏法師北天竺菩提流支，魏云道希、中
天竺勒那摩提，魏云寶意，及傳譯沙門北天竺伏陀扇多，並義
學緇儒一十餘人，在太極紫庭，譯出斯論，十有餘卷。斯二三
藏，並以邁俗之量，高步道門，群藏淵部，罔不研攬，善會地
情，妙盡論旨，皆手執梵文，口自敷唱，片辭隻說，辯詣蕆
遺。于時皇上親紆玄藻，飛翰輪首，臣僚僧徒，毗贊下風。四
年首夏，翻譯周訖，洋洋亹亹，莫得其門，義富趣玄，孰云窺
測，剛藏妙說，更興於像世，天親玄旨，再光於季運。忝廁末
筵，敢竊祇記。[236]

《續高僧傳》的菩提留支傳記補充如下：

> 先時流支奉勅創翻《十地》，宣武皇帝命章一日，親對筆
> 受，然後方付沙門僧辯等，訖盡論文。佛法隆盛，英俊蔚然，
> 相從傳授，孜孜如也。[237]

《續高僧傳》慧光傳亦有記述：

> 勒那初譯《十地》，至後合翻，事在別傳。光時預霑其席，
> 以素習方言，通其兩諍，取捨由悟，網領存焉。[238]

翻譯首兩個步驟是宣本傳譯，菩提留支、勒那摩提和佛陀扇多

---

236 天親菩薩造，菩提留支（Bodhiruci）等譯：《十地經論》（1988 年大正新修大藏
　　經刊行會編《大正新修大藏經》本），第 26 冊，第 1522 經，卷 1，頁 123。

237 道宣：《續高僧傳》，第 50 冊，第 2060 經，卷 1，頁 428。

238 同上注，卷 21，頁 607。

三人主事，史載譯者手執原典，「口自敷唱」，而且力求準確無誤，「片辭隻說，辯詣蔑遺」，但因譯師們對《十地》部分經教持不同理解，翻譯過程中有慧光法師協助「通其兩諍」。[239] 第三步驟是宣武帝在殿內親自筆受譯師所翻內容。第四步驟是僧辯和一眾義學緇儒進一步編輯修訂武帝筆受的本子，謄寫定本，「訖盡論文」。

4.20 菩提留支、勒那摩提、佛陀扇多、僧朗、覺意、崔光

菩提留支、勒那摩提、佛陀扇多、僧朗、覺意、崔光（449-522）合譯佛論三種，是當時小組譯經的第六例，與《十地經論》譯事同期。[240] 菩提留支、勒那摩提、佛陀扇多三人生平，上文已述。又僧朗、覺意、崔光三人協助筆受，僧朗、覺意的事跡甚略，崔光則是北魏朝臣，歷事三朝，鴻博古今，《魏書》有專傳。[241]

考究小組翻譯的本末經過，譯事得到宣武帝的支持，在洛陽內殿籌辦。《開元釋教錄》說明佛論翻譯本末如下：

---

239 譯師們的爭論，以菩提留支、勒那摩提二師最為激烈，詳見注 244 的進一步考究。

240 早期翻譯史料籠統指出菩提留支、勒那摩提、佛陀扇多三位譯師初期合作翻譯，後來因為歧見，分在各處自行執本傳譯，如隋代《歷代三寶紀》所言：「（所譯佛典名目略去）右六部，合二十四卷。梁武帝世，中天竺國三藏法師勒那摩提，或云婆提，魏言寶意，正始五年來在洛陽殿內譯。初菩提流支助傳，後以相爭因各別譯。」（見費長房：《歷代三寶紀》，第 49 冊，第 2034 經，卷 9，頁 86。）諸師論爭早見於《十地經論》譯事，故沙門慧光居中「通其兩諍」，見道宣：《續高僧傳》，第 50 冊，第 2060 經，卷 21，頁 607。及至盛唐，智昇撰《開元釋教錄》，重考譯史，指出三人爭論是在翻譯《法華》、《寶積》、《寶性》諸論時至盛，最終宣武帝親自調停，「勒三處各翻，訖乃參校」。本書參照智昇考究，並統合各項史料，以述其事，於本章「4.19」和「4.20」兩節分論。

241 魏收（507-572）撰，楊家駱主編：《魏書》（台北：鼎文書局，1980 年），〈列傳第五十五 崔光〉，卷 67，頁 1487-1500。

　　沙門勒那摩提，或云婆提，魏言寶意，中印度人。（中略）
以宣武帝正始五年戊子，初屆洛邑，遂譯《法華論》等三部。
沙門僧朗、覺意、侍中崔光等筆受。當翻經日，於洛陽內殿，
菩提留支傳本，勒那、扇多參助。其後三德乃徇流言，各傳師
習，不相訪問。帝以弘法之盛，略敘曲煩，勅三處各翻，訖乃
參校。其間隱沒，互有不同，致有文旨，時兼異綴。後人合
之，共成通部。見寶唱等錄（所以《法華》、《寶積》、《寶性》
等論，各有兩本耳）。[242]

　　歷史記載菩提留支負責「傳本」，勒那摩提和佛陀扇多「參
助」，意謂三位西僧合力將原典口譯成漢文，然後僧朗、覺意、崔
光三位譯者聽聞法師們的口譯，記錄譯本，是為筆受。然而，三位
西國沙門協力宣本度語的翻譯模式其後中斷。按《開元釋教錄》考
究，菩提留支、勒那摩提、佛陀扇多「三德乃徇流言」，因為教門
的是非風波，再無共聚一處翻經，「各傳師習，不相訪問」。宣武
帝為了調解糾紛，不希望三位譯師的爭論影響譯經活動，特許他們
分處三地翻譯，然後將三人所譯統合起來，再行參校，形成了一種
且分且合的特殊協作模式，是中古中國譯經史上的特別小組翻譯
個案。

　　綜合以上所述，北魏菩提留支、勒那摩提、佛陀扇多等諸師
協作的小組翻譯活動，揭示了三大歷史意義：一者，指出教內流
言蜚語可導致古代翻譯團隊解散。早於後秦時代已見相關例子，[243]

242　智昇：《開元釋教錄》，第 55 冊，第 2154 經，卷 6，頁 540。

243　後秦關中佛門良莠不齊，譯場亦受影響。譯師佛馱跋陀因流言蜚語攻擊而遭擯
　　斥，最後只得離開秦地，南下晉境，史載如下：「又賢在長安，大弘禪業，四
　　方樂靖者，並聞風而至。但染學有淺深，得法有濃淡，澆偽之徒，因而詭滑。
　　有一弟子因少觀行，自言得阿那含果，賢未即檢問，遂致流言，大被謗讀，將
　　有不測之禍。於是徒眾或藏名潛去，或踰牆夜走，半日之中，眾散殆盡，賢乃

北魏時代再添一例，皆因流言生變。因此，唐代的精英翻譯強調譯者德學俱備，嚴限參與人數，便是希望杜絕好事之徒在道場內生起事端，挑起矛盾，確保譯場運作順暢，不被世俗是非干擾。二者，說明古代協作譯經出現紛爭時的解決辦法。宣武帝的解決方法便是特許譯者各自處理需要翻譯的部分，然後統合成篇。此法雖可緩一時爭端，勉強延續譯事，但因譯人之間欠缺交流，容易導致譯文內容和術語不連貫、不統一，前人亦言此等模式「致有文旨，時兼異綴」，只靠「後人合之，共成同部」。[244] 三者，點出北朝時代的一次小組譯經變革。承上所言，南北朝的小組譯經模式基本上是繼襲兩晉十六國而來，鮮有新法，步入穩定期，宣武帝頒令三位譯師分處三地各自翻經，再行統合，創建且分且合的協作方式，可說是當時少見的小組翻譯改良新法。

4.21 佛陀扇多、曇林小組

第七例是佛陀扇多、曇林的譯經小組。佛陀扇多的生平事跡，上已略述，而曇林是禪宗初祖菩提達摩（Bodhidharma）的弟子，先後為多位北朝譯師擔任筆受之職。[245]

夷然，不以介意。」見慧皎：《高僧傳》，第 50 冊，第 2059 經，卷 2，頁 335。

244 評論最早見於《寶唱錄》，隋代《歷代三寶紀》轉引：「二德爭名，不相詢訪，其間隱沒，互有不同，致綴文言，亦有異處，後人始合。見《寶唱錄》載。」（費長房：《歷代三寶紀》，第 49 冊，第 2034 經，卷 9，頁 86。）初唐《續高僧傳》繼承其說：「當翻經日，於洛陽內殿，流支傳本，餘僧參助。其後三德乃徇流言，各傳師習，不相詢訪。帝以弘法之盛，略敘曲煩，勅三處各翻，訖乃參校。其間隱沒，互有不同，致有文旨，時兼異綴。後人合之，共成通部。見寶唱等錄。」（道宣：《續高僧傳》，第 50 冊，第 2060 經，卷 1，頁 429。）盛唐智昇《開元釋教錄》統合上述所言。

245 「曇林是達摩弟子，但不是專心禪慧的禪師。依『經錄』所說，從北魏正光六年（五二五）起，到東魏武定元年（五四三）止，曇林一直在參預佛陀扇多，菩提流支，瞿曇般若流支的譯場，擔任『筆受』的工作。」見印順：《印順法師佛學著作集：中國禪宗史》（台北：正聞出版社，1994 年），頁 10-11。

佛陀扇多在北魏孝明帝（510-528，515-528 在位）正光六年（525）至東魏孝靜帝（524-552，534-550 在位）元象二年（539）期間，在洛陽、鄴都金華寺，先後翻譯佛教經論多部，[246] 其中《無畏德女經》明確記述由曇林筆受，[247] 依此推論，意謂佛陀扇多、曇林的協作方式，是典型的「二步協作」，即佛陀扇多執本，口自宣譯，翻為漢文，然後曇林記錄法師口譯，成為定本。

4.22 瞿曇般若流支、僧昉、曇林、李希義小組

瞿曇般若流支（Prajñāruci）、僧昉、曇林、李希義小組是為第八例，譯作頗豐。瞿曇般若流支，又稱「瞿曇流支」，中印度婆羅門種，自少學佛，精通方言，掌握經旨義理，內容理解透徹，孝明帝（510-528，515-528 在位）熙平元年（516）到達洛陽弘法。[248] 僧昉的道業記載不多，曾兼助月婆首那翻譯佛典。[249] 又李希義的生平不詳，只知為佛門居士。[250] 曇林史略見上，不再重述。

瞿曇般若流支自孝靜帝元象元年（538），翻譯經論十餘部，主要在鄴城金華寺、昌定寺和高公府邸執筆。詳見《歷代三寶紀》：

---

246 「（所譯佛典名目略去）右一十部，合十一卷。梁武帝世，北天竺國三藏法師佛陀扇多，魏言覺定。從正光六年至元象二年，於洛陽白馬寺及鄴都金華寺譯。」見費長房：《歷代三寶紀》，第 49 冊，第 2034 經，卷 9，頁 86。

247 「《無畏德女經》一卷。（與《阿術達菩薩經》同本異出，曇琳筆受。）」同上注。

248 「又熙平元年，有南天竺波羅㮈城婆羅門，姓瞿曇氏，名般若流支，魏言智希。從元年至興和末，於鄴城譯《正法》、《念聖》、《善住》、《迴諍》、《唯識》等經論（後略）。」見道宣：《續高僧傳》，第 50 冊，第 2060 經，卷 1，頁 429。

249 「右三部，合八卷。梁武帝世，東魏中天竺優禪尼國王子月婆首那，魏言高空，於鄴城譯，僧昉筆受。」見費長房：《歷代三寶紀》，第 49 冊，第 2034 經，卷 9，頁 87。

250 智昇：《開元釋教錄》，第 55 冊，第 2154 經，卷 6，頁 543。

（所譯佛典名目略去）右一十四部，合八十五卷。梁武帝世，東魏南天竺國波羅㮈城婆羅門瞿曇般若流支，魏言智希，從元象初至興和末，在鄴都譯。[251]

《開元釋教錄》則補說如下：

婆羅門瞿曇般若流支，魏云智希，中印度波羅㮈城淨志之種。少學佛法，妙閑經旨，神理標異，領悟方言。以孝明帝熙平元年遊寓洛陽，後京師遷鄴，亦與時徙。以孝靖帝元象元年戊午至武定元年癸亥，於鄴城內，在金華、昌定二寺及尚書令、儀同高公第內，譯《得無垢女》等經一十八部，沙門僧昉、曇林、居士李希義等筆受。[252]

綜合以上記載，翻譯模式大概二分，一者瞿曇般若流支執本宣譯，翻為漢文，二者僧昉、曇林、李希義充任筆受，記錄定本，與北魏大部分小組譯經的流程相同。

4.23 月婆首那、僧昉小組

月婆首那和僧昉的生平略傳見於前文，不再贅述。兩位譯師的協作翻譯活動活躍於孝靜帝元象元年（538）至興和三年（541），譯主月婆首那前往南朝之前，曾在鄴都和王官府邸譯經三部，翻譯模式是典型的「二步協作」，即月婆首那據本翻譯，口譯漢言，再由僧昉聽聞筆受，記錄譯文。史載於《歷代三寶紀》：

---

251 費長房：《歷代三寶紀》，第 49 冊，第 2034 經，卷 9，頁 87。

252 智昇：《開元釋教錄》，第 55 冊，第 2154 經，卷 6，頁 542-543。

《僧伽吒經》四卷（元象元年，於司徒公孫騰第出）。[253]《大
迦葉經》三卷。《頻婆娑羅王問佛供養經》一卷（上二經，並
興和三年出）。右三部，合八卷。梁武帝世，東魏中天竺優禪
尼國王子月婆首那，魏言高空，於鄴城譯，僧昉筆受。[254]

4.24　毘目智仙、瞿曇流支、曇林小組

最後一例是毘目智仙、瞿曇流支、曇林的小組譯經活動。瞿曇
流支、曇林的略傳見上，譯主毘目智仙是北印度人，剎帝利種，釋
迦族後裔，史稱通曉三藏，特善論藏，與瞿曇流支同遊漢地弘法，
在孝靜帝興和三年（541）開始翻經事業。[255]

三位譯師的翻譯地點為鄴城金華寺，得朝臣高仲密供養支持，
譯經五部五卷，舊代經錄不載，幸唐代智昇重考譯史，研究譯序，
將相關翻譯事跡載入《開元釋教錄》，故後人可以略窺本末，詳參
如下：

以孝靖帝興和三年辛酉，於鄴城內，在金華寺，共瞿曇流
支譯《寶髻論》等五部，沙門曇林筆受，驃騎大將軍、開府儀
同三司、御史中尉勃海高仲密為檀越，啟請供養，並見經前序
記。而智仙法師遊方弘化，踰越沙險，志在利生，既啟梵文，
應多部卷，但余見淺狹，尋覽未周，所覯五經，件述如右。後

---

253 《大正藏》本《歷代三寶紀》書為「公孫勝第出」，多種古本寫作「公孫騰第
譯」，今依古本。

254 費長房：《歷代三寶紀》，第 49 冊，第 2034 經，卷 9，頁 87。

255 「沙門毘目智仙，北印度烏萇國人，剎利王種，釋迦之苗裔。（中略）妙閑三
藏，最善毘曇。與瞿曇流支同遊魏境，而瞿曇流支尊事為師。」同上注，頁
543。

進償遇，幸希續補，使法門無謬，豈不善歟。自魏及唐，傳錄
非一，智仙法師未蒙編載，弘法之名莫著，高行之迹靡彰，傷
哉悲哉，深可嗟矣。[256]

翻譯模式是毘目智仙、瞿曇流支一同將經本翻為漢文，過程中
何人執本宣梵、何人聞經口譯，史料並無記述，只知二人合作出
經，最後沙門曇林筆受譯文，訂定全經，屬於中古久傳的小組譯經
方式。

另北齊的小組譯例如下。

4.25 那連提黎耶舍、達摩闍那、萬天懿、法上等二十餘人小組

南北朝的小組翻譯模式與前代近似，若論創新之處，便是翻譯
組織中出現監掌譯事的崗位，負責譯者供給，在旁提供支援，並確
保譯經團隊的運作無礙。相關職位見於南朝陳的月婆首那小組，
上文已有考論，北朝則早見於北齊那連提黎耶舍（Narendrayaśas，
490-589）小組。

譯主那連提黎耶舍是北印度人，十七歲發心出家，二十一歲受
具足戒，自是出遊四方參學，識見廣博，北齊天保七年（556）抵
達鄴都弘法，時年四十，受文宣帝（526-559，550-559在位）重
用，受命將皇殿中千餘梵本翻成漢文，由此開展在華譯業。[257] 耶舍

---

256 同上注。

257 「高齊沙門統北天竺烏場國三藏法師那連提耶舍，齊言尊稱。」見費長房：
《歷代三寶紀》，第49冊，第2034經，卷9，頁87。又《續高僧傳》有更詳
細記載：「那連提黎耶舍，隋言尊稱，北天竺烏場國人，正音應云鄔荼，荼音
持耶反。其王與佛同氏，亦姓釋迦，剎帝利種，隋云土田主也。（中略）舍年
十七，發意出家，尋值名師，備聞正教。二十有一，得受具篇，聞諸宿老，歎
佛景迹，或言某國有鉢，某國有衣，頂骨牙齒，神變非一，遂即起心，願得瞻

團隊另有多名輔助成員，一為達摩闍那，瞿曇般若流支長子，又名「法智」；[258] 二為萬天懿，鮮卑人，史稱「聰慧有志力」，少曾出家，師從婆羅門，善梵文咒術；[259] 三為法上的二十餘人監掌翻譯團隊，團隊中人無法通考，但知沙門法上德學兼備，受文宣帝任命為昭玄十統之首，統理國中僧眾行業，[260] 那連提黎耶舍的譯事便是法上的團隊監護。

監掌翻譯是當時小組譯經體制的新添元素，但從翻譯流程觀之，耶舍小組的翻經模式基本上與舊代無異。文宣帝「重法殊異，躬禮梵文」，國中原典藏本甚豐，盡供耶舍參閱，譯主受命執本，宣講原典內容，然後達摩闍那、萬天懿一同「傳語」，即聽聞耶舍所誦，然後譯成漢文，轉梵為漢的任務由其二人主責，天保八年（557）至天統四年（568），共翻經論七部。[261]《續高僧傳》記述詳細，節錄如下：

奉。以戒初受，須知律相，既滿五夏，發足遊方。（中略）天保七年，屆於京鄴。文宣皇帝極見殊禮，偏異恒倫。耶舍時年四十，骨梗雄雅，物議憚之。緣是文宣禮遇隆重，安置天平寺中，請為翻譯三藏。殿內梵本千有餘夾，勅送於寺，處以上房，為建道場，供窮珍妙，別立廚庫，以表尊崇。」見道宣：《續高僧傳》，第 50 冊，第 2060 經，卷 2，頁 432。

258 「昭玄沙門都瞿曇般若流支長子達摩闍那，齊言法智。」見費長房：《歷代三寶紀》，第 49 冊，第 2034 經，卷 9，頁 87。

259 「懿元是鮮卑，姓萬俟氏，少而出家，師事婆羅門，甚聰哲，善梵書語，工呪術醫方，故預翻譯焉。」同上注。

260 「（沙門法上）年階四十，遊化懷衛，為魏大將軍高澄，奏入在鄴。微言一鼓，眾侶雲屯。但上戒山峻峙，慧海澄深，德可軌人，威能肅物。故魏齊二代，歷為統師；昭玄一曹，純掌僧錄。令史員置五十許人，所部僧尼二百餘萬。而上綱領將四十年，道俗歡愉，朝庭脊悅。所以四方諸寺，咸稟成風；崇護之基，罕有繼采。」見道宣：《續高僧傳》，第 50 冊，第 2060 經，卷 8，頁 485。

261 見（一）費長房：《歷代三寶紀》，第 49 冊，第 2034 經，卷 9，頁 87 和（二）道宣：《大唐內典錄》（1988 年大正新修大藏經刊行會編《大正新修大藏經》本），第 55 冊，第 2149 經，卷 4，頁 270。

緣是文宣禮遇隆重，安置天平寺中，請為翻經三藏。殿內梵本千有餘夾，勅送於寺，處以上房，為建道場，供窮珍妙，別立廚庫，以表尊崇。又勅昭玄大統沙門法上等二十餘人，監掌翻譯。沙門法智、居士萬天懿傳語。（中略）初翻眾經五十餘卷，大興正法，弘暢眾心。宣帝重法殊異，躬禮梵本，顧群臣曰：「此乃三寶洪基，故我偏敬。」其奉信推誠，為如此也。[262]

除了魏、齊，北周在武帝滅佛前的佛經翻譯活動頻繁，小組譯例如下。

4.26 攘那跋陀羅、闍那耶舍、耶舍崛多、闍那崛多、智僊小組

攘那跋陀羅（Jñānabhadra）的五人小組屬北周小組譯經的第一例。譯主攘那跋陀羅是波頭摩國人，遍解三藏，尤精律部，北周時代在華開展譯事。[263] 闍那耶舍是印度人，耶舍崛多、闍那崛多（Jñānagupta）均為其弟子。[264] 又耶舍崛多與闍那崛多一同師事闍那耶舍。[265] 闍那崛多是北印度揵達國人，與師父闍那耶舍和同門耶舍崛多來華弘法。[266] 另智僊推斷為毘目智仙，早於東魏時代與瞿曇流支、曇林一同翻譯佛經，上文已有論及。

---

262 道宣：《續高僧傳》，第 50 冊，第 2060 經，卷 2，頁 432。

263 「名曰闍若那跋達囉，此云智賢，遍通三學，偏明律藏。」見道宣：《續高僧傳》，第 50 冊，第 2060 經，卷 2，頁 433。

264 費長房：《歷代三寶紀》，第 49 冊，第 2034 經，卷 11，頁 100。

265 「北天竺揵達國三藏法師闍那崛多，隋言至德，譯又云佛德。周明帝世，武成年初，共同學耶舍崛多，隨厥師主摩伽陀國三藏禪師闍那耶舍，齎經入國。」同上注，卷 12，頁 104。

266 同上注，《續高僧傳》有專傳。

攘那跋陀羅的翻譯小組籌建於北周國都長安城，翻出《五明論》一卷，《歷代三寶紀》記載如下：

> 《五明論》合一卷（一聲論、二醫方論、三工巧論、四呪術論、五符印論，周二年出）。右一卷。明帝世，波頭摩國三藏律師攘那跋陀羅，周言智賢，共闍那耶舍於長安舊城婆伽寺譯，耶舍崛多、闍那崛多等傳語，沙門智僊筆受。[267]

譯師們採用「三步協作」模式翻譯佛典：第一步驟是攘那跋陀羅執本宣說原文。第二步驟是耶舍崛多、闍那崛多一同傳譯，聽聞譯主所宣，口譯漢文。第三步驟是智僊筆受，記錄耶舍崛多、闍那崛多的口譯內容，終成定本。

4.27 闍那耶舍、蕭吉、圓明、道辯、鮑永、桂國平高公侯伏壽小組

闍那耶舍來華弘法，先後與不同譯者合作，籌建小組譯經。一者蕭吉，梁武帝兄長沙宣武王蕭懿（?-500）之孫，博學多才，精通陰陽術數，《隋書》有傳；[268] 二者圓明，在北周長安四天王寺協助闍那耶舍師徒譯經，他事未詳；[269] 三者道辯，協助闍那耶舍翻譯《寶積經》，其餘事跡未明；[270] 四者鮑永，北周學士，專事筆受。[271] 此外，耶舍的翻譯小組中有「總監檢校」一職，由桂國平高公侯伏

---

267 同上注，卷 11，頁 100。

268 魏徵等撰，楊家駱主編：《隋書》（台北：鼎文書局，1980 年），〈列傳第四十三・蕭吉〉，卷 78，頁 1774-1777。

269 費長房：《歷代三寶紀》，第 49 冊，第 2034 經，卷 11，頁 100。

270 同上注。

271 同上注。

壽擔任。[272]

闍那耶舍的運作模式簡單，基本上是耶舍據本翻譯，口出華言，然後請其他譯者筆受，記錄成篇，屬典型的「二步協作」，例子有（一）闍那耶舍與朝臣蕭吉二人，於北周天和五年（570）合譯《大乘同性經》，蕭吉筆受，屬於僧、官協作的譯本；[273]（二）闍那耶舍與圓明合作翻譯兩部佛典，一是天和五年譯《大雲請雨經》，[274] 二是天和六年（571）譯《定意天子所問經》，[275] 均由圓明筆受而成；（三）天和六年，闍那耶舍與道辯籌組翻譯小組，將《寶積經》翻為漢文，共三卷，道辯筆受；[276]（四）闍那耶舍於保定四年（564）翻譯《佛頂呪經並功能》一卷，北周學士鮑永筆受。[277]

闍那耶舍的協作方式似無新意，但其突破之處是增添了「總監檢校」一職，歷史意義有二：一者，看重翻譯組織的管理和譯文校訂。從「總監檢校」的名目觀之，其職能與北齊法上的「監掌翻譯」和南朝陳慧恭的「始末監掌」類同，「總監」一名進一步說明南北朝佛教譯經人士對譯事管理的重視，「檢校」一語表示時人有意將檢校經本設為獨立工序，將前秦以降的參校譯文工作系統化，與筆受二分，分工更見明確，審定步驟更趨嚴謹，啟導後代精英譯場的

---

272 同上注。

273 「《大乘同性經》四卷（亦云『佛十地經』，亦云『一切佛行入智毘盧遮那藏經』，天和五年譯，上儀同城陽公蕭吉筆受）。」同上注。

274 「《大雲輪經請雨品第一百》一卷（天和五年譯，沙門圓明筆受，初出）。」同上注。又《開元釋教錄》考證：「《大雲請雨經》一卷（內題云「大雲請雨品第六十四」，房云「品第一百」者，非也。天和五年譯，沙門圓明筆受，初出，與《大雲輪請雨》及《大方等大雲請雨》二經並同本）。」見智昇：《開元釋教錄》，第 55 冊，第 2154 經，卷 7，頁 545。

275 「《定意天子所問經》五卷（出《大集》，天和六年譯，沙門圓明筆受）。」見費長房：《歷代三寶紀》，第 49 冊，第 2034 經，卷 11，頁 100。

276 「《寶積經》三卷（天和六年譯，沙門道辯筆受）。」同上注。

277 「《佛頂呪經並功能》一卷（保定四年譯，學士鮑永筆受）。」同上注。

「監護」、「參譯」等職位。二者，開始以朝廷官紳代出家人監掌譯業。北齊、南朝陳的譯事監護，均由僧官沙門兼任，北周「總監檢校」一職，由桂國平高公侯伏壽執掌，從其名銜可知為北周朝中權貴，以朝中俗家人士管理譯業，是為一變，唐代以後由朝臣房玄齡（579-648）等人擔任譯場監護的做法，北周可謂濫觴。

4.28　耶舍崛多、智僊、蕭吉、圓明小組

　　耶舍崛多曾與智僊、蕭吉、圓明分別籌組三個翻譯小組，為北周宇文護（513-572）翻譯佛典三部。四位譯者的生平事跡前文有論，不再贅述。

　　按《歷代三寶紀》，耶舍崛多的譯經模式屬於「二步協作」，即耶舍崛多按本口譯，再由其他譯者筆受譯文，北周武帝時代共出佛典三部：（一）崛多、智僊合作翻譯《金光明經更廣壽量大辯陀羅尼品》，地點為歸聖寺，智僊筆受；[278]（二）崛多、蕭吉於四天王寺，將《十一面觀世音呪經並功能》翻為漢文，蕭吉筆受；[279]（三）崛多、圓明二人於四天王寺翻譯《須跋陀羅因緣優波提舍經》，圓明筆受。[280]

---

278 「《金光明經更廣壽量大辯陀羅尼品》五卷（第二出，在北胡坊歸聖寺譯，沙門智僊筆受）。」同上注。又《開元釋教錄》補說：「《金光明經更廣壽量大辯陀羅尼經》五卷（於歸聖寺譯，智僊筆受。此五卷《金光明經》，非是今譯，但於曇無讖四卷經中續〈壽量〉、〈大辯〉二品，今在刪繁錄）。」見智昇：《開元釋教錄》，第 55 冊，第 2154 經，卷 7，頁 545。

279 「《十一面觀世音呪經並功能》一卷（於四天王寺譯，上儀同城陽公蕭吉筆受）。」見費長房：《歷代三寶紀》，第 49 冊，第 2034 經，卷 11，頁 100。

280 「《須跋陀羅因緣優波提舍經》二卷（於四天王寺譯，沙門圓明筆受）。」同上注。

4.29 闍那崛多、蕭吉、圓明小組

闍那崛多曾與蕭吉在四天王寺合作翻譯《金色仙人問經》，崛多宣譯，蕭吉筆受，屬於典型的二人協作。[281] 後來，崛多隨宇文儉入益州，在龍淵寺出經咒偈句三種。[282] 史稱除了蕭吉，沙門圓明曾協助崛多筆受，但助譯佛典為何，未有具體說明。[283]

5. 隋代的小組譯經

佛教自東漢傳入中國，大部分時間是在南北分裂的政局下流傳，中古譯經師為法忘身，縱然四方動盪，仍然致力譯經，與同道籌建小組，協力翻經為漢，隨方弘道，成果斐然，實非易事。經過數百年的四分五裂時期，楊堅篡周自立，改國號為隋，是為文帝（541-604，581-604 在位），並揮軍渡江，攻滅南陳，最終統一中國，令中土佛法可在較為安穩局勢下傳播，進入新的階段。

隋文帝信奉佛教，大力支持譯經事業，加上天下粗安，各方僧俗弘教無礙，所以隋代國祚雖然僅得三十八年，譯作甚豐。隋代的京師譯經小組，大多得到朝廷贊助支持，部分小組的運作架構，更是將南北朝中後期出現、糅合譯經監護和參校制度的新式小組譯經模式加以推展，參與人數可以多達二十餘人，分工更為仔細明確，

---

281 「《金色仙人問經》二卷（於長安四天王寺譯，上儀同蕭吉筆受）。」同上注。

282 「《妙法蓮華經普門品重說偈》一卷。《種種雜呪》一卷。《佛語經》一卷。（上三經並在益州龍淵寺譯）」同上注。又《續高僧傳》有記：「會讌王宇文儉鎮蜀，復請同行。於彼三年，恒任益州僧主，住龍淵寺。又翻《觀音偈》、《佛語經》。」見道宣：《續高僧傳》，第 50 冊，第 2060 經，卷 2，頁 433。

283 「武帝世，北天竺揵達國三藏法師闍那崛多，周言志德，於益州為總管上柱國讌王宇文儉譯，沙門圓明筆受。」同上注。

此等規模是舊代小組譯經鮮見的，並逐步形成唐代精英譯場的雛型，此為隋代翻譯小組的特點，例子詳見下文。

5.1 瞿曇法智、智鉉小組

　　隋代小組翻譯的第一例是瞿曇法智、智鉉小組。譯主瞿曇法智是瞿曇般若流支的長子，婆羅門種，上文已有略述其生平事跡。法智師承其父，學習佛經傳譯之法，北齊時代曾任僧官，至隋文帝代周，大興佛法，受詔興辦譯事。[284] 法智的助譯是智鉉，成都沙門，駐居大興善寺。[285]

　　法智小組所譯作品，唯《業報差別經》一卷，翻於開皇二年（582），以「二步協作」模式完成。《歷代三寶紀》最早記載如下：

> 　　元魏世，婆羅門優婆塞瞿曇般若流支長子達摩般若，隋言法智，門世已來，相傳翻譯。高齊之季，為昭玄都。齊國既平，佛法同毀，智因僧職，轉作俗官，冊授洋川郡守。大隋受禪，梵牒即來，顯佛日之重興，彰國化之冥應。降勅召智，還使譯經，即於大興善寺翻出。智既妙善，隋、梵二言，執本自翻，無勞傳譯。大興善寺沙門成都釋智鉉筆受文辭，詮序義理。日嚴寺沙門趙郡釋彥琮製序。[286]

---

284 費長房：《歷代三寶紀》，第 49 冊，第 2034 經，卷 12，頁 102。又《續高僧傳》補充記述：「時又有優婆塞，姓瞿曇氏，名達磨般若，隋言法智，父名般若流支，備詳餘傳。智本中天國人，流滯東川，遂嚮華俗，而門世相傳，祖習傳譯。高齊之季，為昭玄都。齊國既平，佛法同毀，智因僧職，轉任俗官，再授洋州洋川郡守。隋氏受禪，梵牒即來，有勅召還，使掌翻譯。」見道宣：《續高僧傳》，第 50 冊，第 2060 經，卷 2，頁 434。

285 「大興善寺沙門成都釋智鉉筆受文辭，詮序義理。」見費長房：《歷代三寶紀》，第 49 冊，第 2034 經，卷 12，頁 102。

286 同上注。

法智妙善方言，掌握「隋、梵二言」，通達佛典原語和漢文，所以能夠「執本自翻，無勞傳譯」，意謂能夠自執原典，即時口譯漢言，毋需傳譯人士協助。法智口宣譯文，智鉉在旁記錄，史料記載其工作為「筆受文詞，銓序義體」，明確指出智鉉筆受的職責，不限於書出法智的口譯內容，同時評核文理得失，確保譯文與原經所述契合無違。

5.2 毘尼多流支、李道寶、曇皮、法纂小組

第二例是毘尼多流支（Vinītaruci）、李道寶、曇皮、法纂的譯經小組。譯主毘尼多流支是北印度烏萇國沙門，遠行東土弘法，正值隋文帝大興佛事，開皇二年（582）領詔籌建小組翻經。[287] 毘尼多流支的助譯有三，一是隋代給事李道寶，[288] 二是瞿曇般若流支次子曇皮，[289] 三是長安沙門法纂，隋代十大德之一。[290]

毘尼多流支小組於開皇二年開始譯經，出《象頭精舍經》和《大乘方廣總持經》兩部，翻譯模式是傳統的「三步協作」，見《歷代三寶紀》記述：

> 《象頭精舍經》一卷（開皇二年二月譯，第二出，與《伽耶山頂經》體同名異）。《大乘方廣總持經》一卷（開皇二年七月譯）。右二部，二卷。北天竺烏場國三藏法師毘尼多流支，

---

287 「北天竺烏場國三藏法師毘尼多流支，隋言滅喜。既聞我皇，興復三寶，故能不遠五百由延，振錫巡方，來觀盛化。至止便召，入令翻經，即於大興善寺譯出。」同上注。

288 《歷代三寶紀》稱李道寶為「給事」，同上注。

289 《歷代三寶紀》稱曇皮為「般若流支次子」，同上注。

290 《歷代三寶紀》記載：（一）「大興善寺沙門長安釋法纂」同上注，頁102；（二）「又僧置十大德，沙門僧休、法粲、法經、慧藏、洪遵、慧遠、法纂、僧暉、明穆、曇遷等，監掌始末，詮定旨歸。」同上注，頁104。

隋言減喜。既聞我皇，興復三寶，故能不遠五百由延，振錫巡
方，來觀盛化。至止便召，入令翻經，即於大興善寺譯出。給
事李道寶、般若流支次子曇皮二人傳譯。大興善寺沙門長安釋
法篡筆受為隋言，並整比文義。沙門彥琮並皆製序。[291]

　　毘尼多流支據本誦出經典原文，是為第一步驟。然後，李道
寶、曇皮二人聽聞譯主所誦，口譯漢言，是為第二步。最後，法
篡記錄李道寶、曇皮的口譯內容，「筆受為隋言」，同時「整比文
義」，檢定譯本。

　　考察瞿曇法智和毘尼多流支的譯經史料，可見隋代初年的小組
譯事，仍以舊代的「二步協作」或「三步協作」模式為主，但筆受
一職已強調不是單純記錄傳譯的內容，必須兼及檢校工作。接着第
三和第四案例將講述隋代如何將南北朝中後期出現的譯經小組模式
加以推行，將僧官與譯經監護、參校的職務融合。

5.3　那連提黎耶舍、僧琛、明芬、李道寶、曇皮、智鉉、道邃、慧獻、僧琨、庾質、費長房、曇延、靈藏、一眾監護大德小組

　　隋代小組譯經的第三例是那連提黎耶舍主持的譯經團隊。譯主
耶舍早年在北齊譯經弘法的事跡，上文已述，後來北周代齊，武帝
下令滅佛，耶舍只得佯裝俗家人，避走各地，但仍然盡心尋找機會
傳教，至隋文帝代周而立，振興佛法，耶舍雖是高齡，受詔翻經傳
道，遂開展新一輪在華譯事。[292] 又耶舍的助譯甚多，李道寶、曇皮

291　費長房：《歷代三寶紀》，第 49 冊，第 2034 經，卷 12，頁 102。

292　「健德之季，周武克齊，佛教與國，一時平殄。耶舍外假俗服，內襲三衣，避
　　地東西，不遑寧息。（中略）有隋御寓，重隆三寶。開皇之始，梵經遙應，爰
　　降璽書，請來弘譯。二年七月，弟子道密等侍送入京，住大興善寺。其年季

和智鉉的生平上已略述，其餘譯者如下：一者明芬，相州人，史稱「通解方俗，妙識梵言」，傳譯佛理甚為了得，隋代多次受詔翻經；[293] 二者道邃，曾與闍那崛多、寶暹、僧曇諸僧在西域取經，開皇元年（581）抵京助譯；[294] 三者僧琨，僧人亡名弟子，善於音韻，隋代蒐集諸論，綜合成書，「一閱俱覽百家」；[295] 四者庾質，隋初領「奉朝請」的名銜，屬文散職官，以示優待；[296] 五者費長房，翻經學士，隋代受命助譯，兼修著名經錄《歷代三寶紀》；[297] 六者曇延（516-588），俗姓王，蒲州桑泉人，出身世家大族，能言善思，氣度不凡，深受文帝禮敬，著述甚多，僧傳有詳述其生平；[298] 七者靈藏（519-586），雍州新豐人，妙解經論，史言「為太祖隋公所重」，開皇初年多次興辦弘法大會。[299] 另有僧琛、慧獻和多位監護大德協助翻譯，但史料有限，生平未詳。

　　耶舍團隊的特徵，是以南北朝中後期出現、增添了譯事監護的

冬，草創翻譯，勅昭玄統沙門曇延等三十餘人，令對翻傳。主上禮問殷繁，供奉隆渥。年雖朽邁，行轉精勤。」見道宣：《續高僧傳》，第 50 冊，第 2060 經，卷 2，頁 432-433。

293　同上注，卷 26，頁 669。

294　「有齊僧寶暹、道邃、僧曇等十人，以武平六年，相結同行，採經西域，往返七載，將事東歸，凡獲梵本二百六十部。（中略）大隋受禪，佛法即興，暹等齎經，先來應運。開皇元年季冬，屆止京邑，勅付所司，訪人令譯。二年仲春，便就傳述。」同上注，卷 2，頁 433-434。

295　同上注，卷 7，頁 482。

296　《歷代三寶紀》記載庾質為「奉朝請」，見卷 12，頁 102。

297　「時有翻經學士成都費長房，本預細衣，周朝從廢。因俗傳通，妙精玄理。開皇之譯，即預搜揚。勅召入京，從例修輯。以列代經錄，散落難收，佛法肇興，年載蕪沒，乃撰《三寶錄》一十五卷。」同上注，卷 2，頁 436。

298　「釋曇延，俗緣王氏，蒲州桑泉人也。世家豪族，官歷齊、周，而性協書籍，鄉邦稱敘。年十六，因遊寺聽妙法師講《涅槃》，探悟其旨，遂捨俗服膺，幽討深致。出言清越，灑然不群。時在弱冠，便就講說。詞辯優贍，弘裕方雅。」見道宣：《續高僧傳》，第 50 冊，第 2060 經，卷 8，頁 488-489。

299　同上注，卷 21，頁 610。

小組譯經模式為基礎，並在朝廷的支持下，大力擴充參與人數，徵
召學德俱善的譯者參與，兼及僧官，令對翻譯，遂出現三十餘人籌
建的隋代新式譯經小組，規模宏大，史無前例，漸見唐代精英翻譯
的雛形。最早記述見於《歷代三寶紀》，節錄如下：

> 齊被周滅，仍憩漳濱。開皇元年，新經至止，勑便追召。
> 二年七月，傳送到京，見勞懇懃，即勑安處大興善寺，給以上
> 供，為法重人。其年季冬，就手翻譯，沙門僧琛、明芬、給事
> 李道寶、學士曇皮等僧俗四人，更遞度語。京城大德昭玄統沙
> 門曇延、昭玄都大興善寺主沙門靈藏等二十餘德，監掌始末。
> 至五年十月，勘校訖了，舍九十餘矣。至九年而卒，有別傳。
> 所譯之經，並沙門彥琮製序。[300]

又《開元釋教錄》補充如下：

> 凡於隋代，譯經八部，即《大集日藏》、《大雲輪》、《大
> 莊嚴法門》等經是也。並沙門僧琛、明芬、給事李道寶、學士
> 曇皮等僧俗四人，更遞度語。沙門智鉉、道邃、慧獻、僧琨、
> 奉朝請庚質、學士費長房等筆受。昭玄統沙門曇延、昭玄都大
> 興善寺主靈藏等二十餘德，監護始末。至五年冬，勘練俱了，
> 並沙門彥琮製序。[301]

耶舍團隊在隋代譯經八部，譯經流程是譯主耶舍執本，誦出原
文，是為步驟一。然後，僧琛、明芬、李道寶、曇皮相互協助，

---

300 費長房：《歷代三寶紀》，第 49 冊，第 2034 經，卷 12，頁 103。
301 智昇：《開元釋教錄》，第 55 冊，第 2154 經，卷 7，頁 548。

「僧俗四人，更遞度語」，聽聞譯主所誦內容，口譯漢文，是為步驟二。最後，智鉉、道邃、慧獻、僧琨、庾質、費長房眾人筆受譯文，是為步驟三。同時，曇延、靈藏等多位僧官大德受命監掌譯事始末，協調小組內的大小事務，適時助譯，確保譯經組織的整體運作暢順無阻。

5.4 闍那崛多、達摩笈多、高天奴、高和仁、十大德、明穆、彥琮小組

闍那崛多的團隊是隋代新式譯經小組的第二例。譯主闍那崛多早於北周明帝武成年間（559-560），與師父闍那耶舍和同門耶舍崛多來華弘法翻經，上文已有略述，後來北周武帝滅佛，法師拒不還俗，遂遠走突厥傳道，至文帝代周，崛多受詔返回京師大興，籌辦譯業。[302] 此外，崛多團隊有多位助譯：一者達摩笈多（Dharmagupta，? -619），隋代著名譯師，譯作豐富，事跡下文詳述；二、三者分別為高天奴和高和仁，兄弟二人皆為佛門居士，與達摩笈多一同協力傳譯梵語；[303] 四者十大德，隋代僧官，由朝廷挑選才德兼備的沙門充任，包括：僧休、法粲、法經、慧藏、洪遵（530-608）、慧遠（523-592）、法纂、僧暉、明穆、曇遷（543-608），翻譯小組中主責審閱譯本文理；[304] 五者明穆，隋代十大德

---

302 「建德三年，逢毀二教。夏之七眾，俱俗一衣。崛多師徒，亦被誘逼。既無結契，捐命遊方。弗憚苦辛，弘化為務。（中略）還向北天，路逕突厥，遇值中面他鉢可汗，慇重請留。（中略）大隋受禪，佛法即興。暹等齎經，先來應運。開皇元年，季冬屆止。」見費長房：《歷代三寶紀》，第 49 冊，第 2034 經，卷 12，頁 104。

303 參《歷代三寶紀》，同上注。又《續高僧傳》有言：「於大興善，更召婆羅門僧達摩笈多，並勒居士高天奴、和仁兄弟等，同傳梵語。」見道宣：《續高僧傳》，第 50 冊，第 2060 經，卷 2，頁 434。

304 費長房：《歷代三寶紀》，第 49 冊，第 2034 經，卷 12，頁 104。

之一，曾與彥琮一同比勘梵漢經本，確保譯文無誤，監掌譯事運
作；[305] 六者彥琮，隋代著名譯經師，才學超群，佛著甚多，而且精
通華梵，多次參與京師譯事，並有「八備」、「十條」等佛經翻譯
論說傳世，成為中國翻譯史的重要研究材料，今有專傳詳述其道業
生平。[306]

　　史稱闍那崛多早在北周時代，因在華日久，逐步學懂漢言，而
且崛多博學，「言識異方，字曉殊俗」，通達外國語言和異域文化，
所以「不勞傳度」，不用傳譯人員的協助，也能自行執本翻經，其
所出經「理會義門，句圓詞體」，譯文質素上乘，略加修飾便可定
本。《續高僧傳》記述如下：

> 諸有翻傳，必以崛多為主。僉以崛多言識異方，字曉殊
> 俗，故得宣辯自運，不勞傳度。理會義門，句圓詞體，文意
> 粗定，銓本便成。筆受之徒，不費其力，試比先達，抑亦繼
> 之。[307]

　　縱然如此，崛多在隋所出經本，因為朝廷下令，有部分是以小
組方式於大興善寺生成，其運作流程是崛多與達摩笈多、高天奴、
高和仁「同傳梵語」，將佛典原文翻為漢言，是為初稿。然後，朝
廷委任的十大德，即僧休、法粲、法經、慧藏、洪遵、慧遠、法
纂、僧暉、明穆、曇遷諸位法師，一同「監掌始末，詮定旨歸」，
檢視譯本所述義理正真無誤，是為第一重參校。完成以後，再由沙

---

305 「沙門明穆、沙門彥琮重對梵本，再更覆勘，整理文義。」同上注。

306 「琮俗緣李氏，趙郡柏仁人也。世號衣冠，門稱甲族。少以通敏，才藻內融。
　　識洞幽微，情同水鏡。遇物便曉，事無再詳。」同上注，卷 12，頁 106。又
　　《續高僧傳》有彥琮專傳，見〈隋東都上林園翻經館沙門釋彥琮傳四〉。「八備
　　十條」的內容，今見於宋代《釋氏要覽》和《翻譯名義集》。

307 道宣：《續高僧傳》，第 50 冊，第 2060 經，卷 2，頁 434。

門明穆、彥琮「重對梵本,再更覆勘,整理文義」,即將譯本與佛典原文比對,重新審閱文辭內容,進一步嚴謹修訂,是為第二重參校,方成定本。相關記載最早見於《歷代三寶紀》:

> 爾時,耶舍先已歿亡,仍勅崛多專主翻譯,移法席就大興善寺,更召婆羅門沙門達摩笈多,並遣高天奴、高和仁兄弟等同翻。又僧置十大德,沙門僧休、法粲、法經、慧藏、洪遵、慧遠、法纂、僧暉、明穆、曇遷等,監掌始末,詮定旨歸。其十四部《本行集經》七十六卷,並是餘處,十一年前崛多自翻,沙門彥琮制序皆是。其十七部《法炬經》等八十九卷,十二年來在大興善寺禪堂內出,沙門笈多、高天奴兄弟等助,沙門明穆、沙門彥琮重對梵本,再更覆勘,整理文義。[308]

《續高僧傳》亦有記載,總述譯者分工:

> 爾時耶舍已亡,專當元匠,於大興善,更召婆羅門僧達摩笈多,並勅居士高天奴、高和仁兄弟等,同傳梵語。又置十大德沙門僧休、法粲、法經、慧藏、洪遵、慧遠、法纂、僧暉、明穆、曇遷等,監掌翻事,銓定宗旨。沙門明穆、彥琮,重對梵本,再審覆勘,整理文義。[309]

透過崛多團隊的翻譯個案,可以得知隋代新式譯經小組不但繼承舊代的協作方式,詔定多位僧官共同監護譯事,並擴充譯員人數,協助譯主翻經,同時不斷革新檢閱譯本的程序,變得更為細

---

308 費長房:《歷代三寶紀》,第 49 冊,第 2034 經,卷 12,頁 104。
309 道宣:《續高僧傳》,第 50 冊,第 2060 經,卷 2,頁 434。

緻，建立二分參校的模式，下開唐代以後精英譯場的「參譯」、「刊定」、「潤文」等多個修訂譯文工序，是為隋代小組譯經的貢獻。

5.5 達摩笈多、彥琮、明則、行矩小組

達摩笈多主持的翻譯團隊是隋代小組譯經的第五例。達摩笈多，南印度人，自少好佛，年二十五受具足戒，周遊西域諸國學習佛理，後來發心來華弘法，幾經艱辛，終於開皇十年（590）抵達隋都大興，初期「華言略悉」，受詔「執本對譯」，與闍那崛多一同協作譯經，至煬帝（569-618，604-618 在位）即位，笈多更受重用，開始主持小組譯事。[310] 其餘助譯為彥琮、明則、行矩三人，彥琮生平上文已明，明則「有才慧」、「納言敏行」，文學造詣甚高，專事精簡譯文的工作，[311] 而行矩是彥琮兄長之子，少從彥琮學習，博通經籍，善於文辭，活躍於隋代的譯經活動，唐代貞觀（627-649）初年得房玄齡推薦，請入京師助譯，不久疾終。[312]

達摩笈多的譯經團隊是在煬帝下令籌建的翻經館工作，《續高

---

310 「達摩笈多，隋言法密，本南賢豆羅囉力加反國人也。剎帝利種，姓弊耶伽囉，此云虎氏。有弟四人，身居長子，父母留戀，不聽出家。然以篤愛法門，深願離俗。（中略）年二十五，方受具戒。笈多係心東夏，無志潛停（中略）。尋蒙帝旨，延入京城，處之名寺，供給豐渥，即開皇十年冬十月也。至止未淹，華言略悉。又奉別勅，令就翻經，移住興善，執本對譯，允正寔繁。（中略）煬帝定鼎東都，敬重隆厚，至於佛法，彌增崇樹，乃下勅於洛水南濱上林園內置翻經館，搜舉翹秀，永鎮傳法。登即下徵笈多並諸學士，並預集焉。」同上注，頁 434-436。

311 「則本冀人，通玄儒，有才慧，納言敏行，尤所承統，文藻雖馳，時未之賞。乃製《覺觀寺碑》，物亦不悟。僕射楊素見而奇之，由斯一顧，方高聲問。奏住仁壽宮三善寺，東都譯經，又召入館，專知綴緝。隋末，卒於所住。有集行世。」同上注，卷 10，頁 502。

312 「門人行矩者，即琮兄之子，為立行記，流之于世。矩少隨琮學，諮訓葉經，東西兩館，並參翻譯。為性頗屬文翰，通覽墳素，夙為左僕射房玄齡所知，深見禮厚。貞觀初，奏勅追入，既達京室，將事翻傳，遂疾而終，不果開演，鄉族流慟，接柩趙州。所譯眾經，具在餘錄。」同上注，卷 2，頁 439。

僧傳》的記載頗為詳細，節錄如下：

> 煬帝定鼎東都，敬重隆厚，至於佛法，彌增崇樹。乃下
> 勅於洛水南濱上林園內置翻經館，搜舉翹秀，永鎮傳法。登即
> 下徵笈多並諸學士，並預集焉。四事供承，復恒常度，致使譯
> 人不墜其緒，成簡無替於時。及隋綱云頹，郊壘煙構，梵本新
> 經，一時斯斷。笈多蘊其深解，遂闕陳弘。始於開皇中歲，終
> 於大業末年，二十八載，所翻經論七部，合三十二卷，即《起
> 世》、《緣生》、《藥師本願》、《攝大乘》、《菩提資糧》等是也。
> 並文義澄潔，華質顯暢，具唐貞觀《內典錄》。[313]

《開元釋教錄》補充史料如下：

> 仁壽之末，崛多以緣他事，流擯東越。笈多乘機，專主傳
> 譯。從大業初年，終大業末歲，譯《大方等》、《善住意》等
> 經九部，並文義澄潔，華質顯暢，沙門彥琮、明則、行矩等筆
> 受。[314]

綜合以上記載，譯場地處洛水南濱的皇家上林園，同時獲批入
館的譯者必須為佛門英傑，經由朝廷「搜舉翹秀，永鎮傳法」，而
且譯師的「四事供承」全由朝廷負責，讓所有成員可以專注譯事，
煬帝的翻經館可謂進一步確立後來唐代的精英譯經基礎運作架構。
笈多在煬帝大業年間出經多部，譯文質素上乘，「文義澄潔，華質
顯暢」，所述佛理清楚明白，經句文質有體，而翻譯模式是笈多執

---

313 同上注，卷 2，頁 435。
314 智昇：《開元釋教錄》，第 55 冊，第 2154 經，卷 7，頁 552。

本傳譯，然後彥琮、明則、行矩等沙門筆受。

諸僧具體分工，雖然史料未詳，但從笈多僧傳和經錄的描述可知端倪。[315] 史料指出法師主譯的《金剛般若經》和《普樂經》因隋末兵亂，「未及練覆」，最終「不暇重修」，未能定本。「練覆」一詞近似「陶練覆疏」的意思，表示笈多翻經工序仔細，反覆思維，可能與小組內多位筆受譯者來回討論參校，才生成最終譯本，由此可以略窺笈多的協作本末。再者，由此進一步推斷，笈多本《金剛經》之所以不符合漢文表達方式，呈現依照梵本直譯對翻的情況，該譯本很大機會只是法師漢文翻譯的初稿，因政局動盪影響而未經一眾協作譯者「練覆」的半製成品。[316]

6. 小結 —— 兼論隋代以後的小組譯經

中國中古時代的小組譯經模式至隋代極盛，融合東漢至南北朝時代譯經小組的精髓，發展成熟穩定。隋亡以後，李唐繼興，朝廷參採隋代的小組譯經方式，並抽取前代部分譯經小組的特有翻譯工序，兼及大型譯場合議經本得失的模式，衍生本書名為「精英譯場」的新式翻譯組織。精英譯場以初唐波羅頗迦羅蜜多羅的長安譯

315 《續高僧傳》記道：「初，笈多翻《普樂經》一十五卷，未及練覆，值偽鄭淪廢，不暇重修。今卷部在京，多明八相等事。」見道宣：《續高僧傳》，第 50 冊，第 2060 經，卷 2，頁 435。又智昇認為「不暇重修」的譯本，包括笈多翻譯的《金剛斷割般若波羅蜜經》，原述如下：「初笈多翻《金剛斷割般若波羅蜜經》一卷及《普樂經》一十五卷，未及練覆，值偽鄭淪廢，不暇重修。今卷部在京，多明八相等事。」見智昇：《開元釋教錄》，第 55 冊，第 2154 經，卷 7，頁 552。

316 佛教學者左冠明（Stefano Zacchetti，1968-2020）嘗言笈多所譯《金剛經》並未完成，止於筆受程序，詳閱 Stefano Zacchetti, "Dharmagupta's Unfinished Translation of the *Diamond-Cleaver* (*Vajracchedikā-Prajñāpāramitā-Sūtra*)", *T'oung Pao*, Vol. 82 Fasc. 1/3 (1996), pp. 137-152.

事為開端，分工仔細，譯師必具非凡才學方能獲選助譯經卷，譯員人數亦有一定限制，成為唐代皇家協作譯經組織的主導模式。

唐代朝廷非常重視譯經流程，亟求嚴謹，工序高度系統化，所以譯師來華弘法翻經，一旦朝廷知悉其事，大多迎請入駐皇家譯場，以「精英譯場」的制式翻出經本，而東漢三國至隋代出現的「二步協作」或「三步協作」的小組譯經模式，李唐一代基本只出現於（一）密典咒法或篇幅相對短小的經本翻譯和（二）譯師在地方籌辦的譯事，[317] 翻譯流程不離執本、度語、筆受諸步驟，[318] 故不深入細究，下文會將焦點放在解釋精英譯場的內涵。

簡言之，隋代以後的協作譯經，可說是「精英譯場為主，小組譯經為輔」，而且小組譯經的運作模式鮮有大變，但唐代並非全無值得探討的特別小組譯事，中唐德宗（742-805，779-805 在位）的天竺般若三藏（Prajñā）與外教僧侶景淨合譯佛經便是一例。中古

---

317 例子如下：（一）阿地瞿多（Atikūṭa）譯《陀羅尼集經》，沙門玄揩筆受；（二）那提譯《師子莊嚴王菩薩請問經》、《離垢慧菩薩所問禮佛法經》和《阿吒那智經》，慧澤譯語，道宣（596-667）綴文；（三）若那跋陀羅（Jñānabhadra）共智賢譯《大般涅槃經後譯荼毗分》；（四）杜行顗譯《佛頂尊勝陀羅尼經》，地婆訶羅（Divākara，614-688）證譯；（五）李無諂譯《不空羂索陀羅尼經》，波崙筆受；（六）彌陀山共法藏譯《無垢淨光大陀羅尼經》；（七）阿儞真那譯《不空羂索陀羅尼自在王呪經》，德感筆受；（八）金剛智（Vajrabodhi，669-741）譯短篇咒法多種，伊舍羅、溫古、智藏等譯語筆受；（九）懷迪與梵僧共譯《大佛頂如來密因脩證了義諸菩薩萬行首楞嚴經》；（十）善無畏（Śubhakarasiṃha，637-735）共悉達、無著譯佛典四種；（十一）法月（Dharmacandra，653-743）宣《普遍智藏般若波羅蜜多心經》原本，利言譯語；（十二）尸羅跋陀羅三藏譯《大聖妙吉祥菩薩說除災教令法輪》，慧琳筆受；（十三）菩提仙、淨智金剛、義雲合作翻譯《大聖妙吉祥菩薩祕密八字陀羅尼修行曼荼羅次第儀軌法》；（十四）滿月與菩提嚩日羅、金剛悉地重譯《陀羅尼集》，並出《佛為毘戌陀天子說尊勝經》。

318 唐代部分地方籌辦或譯僧自行組織的譯經小組，在「二步協作」或「三步協作」的基礎上，加入一些精英譯場的校訂步驟（如「證義」、「證文」），形成「半小組、半精英」的譯經組織，但數量不多，如尸羅達摩（Śiladharma）在北庭宣出《十地經》，大震筆受，法超潤文，善信證義，悟空（731-?）證梵文並譯語，是為一例，將來有機會再撰文解說。

中國的佛典漢譯活動，參與者一般是佛教沙門、居士、對佛學有興趣的官紳文士，然西元八世紀末出現佛教天竺三藏與別教僧侶合作譯經的事件，早載於圓照編修的《大唐貞元續開元釋教錄》。[319]

按圓照記述，天竺般若三藏志弘大法，於德宗貞元（785-805）初年抵華，最初止居同族親戚、禁軍將領羅好心的府邸。羅好心信奉佛教，得知般若來華弘法的大願，遂請譯《六波羅蜜經》。可是，經本的原文是以胡語書寫，史言「般若不閒胡語，復未解唐言」，[320] 無法獨力翻譯，故請通曉胡言、漢語的長安大秦寺波斯僧人景淨共譯《六波羅蜜經》，遂成佛教與景教僧侶協作譯經的特別事件，舊代甚少相關史例。

般若、景淨的私下合譯具有劃時代的意義，顯示唐代諸教交流的情況，但上述合作方式所出漢譯，質素有欠理想。究其原因，一是兩位譯師不懂對方所操方言，溝通不便，共議翻譯問題相當困難，二是景淨並非佛門中人，不識經本義理，解讀經文原語、翻胡為漢的工作卻由其執掌，經義難契佛說。因此，譯本上呈審批時，德宗斥之「理昧詞踈」，[321] 文理大為不妥，並下令改由國立的精英譯場處理，命般若三藏入內主譯，依照其所熟知的梵文本《六波羅蜜經》重翻，景教僧侶不得參與，唐室對精英譯經模式的看重亦由此可見。[322] 以上為第二章的內容總結和隋代以後的小組譯經情況略述。

---

319 圓照：《大唐貞元續開元釋教錄》（1988 年大正新修大藏經刊行會編《大正新修大藏經》本），第 55 冊，第 2156 經，卷 1，頁 756。

320 同上注。

321 同上注。

322 般若三藏以「精英譯場」模式翻譯《六波羅蜜經》的歷史本末，後文會有詳細討論。

第三章

大型譯場

1. 引言

上一章討論了東漢至隋代的小組譯經發展脈絡。最早期的譯經小組不過數人參與，由外國譯師和中土士僧協作，將經本翻為漢文，常見翻譯流程為「二步協作」（即譯主執本宣譯，然後助譯者筆受）或「三步協作」（即譯主先宣原本，傳譯者聞之口譯成漢言，再由其他助譯者筆受）。至兩晉十六國時代，小組譯經模式出現變革，一者參與者增多，二者在「二步協作」和「三步協作」的基礎上，增添新的翻譯步驟，如書梵文、參校潤飾、正寫譯本等，三者校訂經本的意識提高，看重譯本審閱的程序。步入南北朝時期，小組譯經模式主要沿襲舊代，但南北朝中後期部分小組出現變化，一者增添監譯，由僧官兼任，統籌譯者協作事務，二者重視譯事參與者的學養才幹，德學俱佳的譯者方可助譯，另有出現調解譯者糾紛的政策。隋代統一南北，小組譯經繼承南北朝時代的模式，以「二步協作」和「三步協作」為本，加上監譯制度，以十大德統領，參校譯本的程序更趨嚴謹，助譯人數曾多達數十人，規模宏大，並為唐代的精英譯場奠定基礎。

然而，唐代以前，譯經小組並不是佛典協作翻譯的唯一模式。東晉十六國和南北朝時代出現一種本書名為「大型譯場」的組織，與小組翻譯同步發展。所謂「大型譯場」，其特點如下：一者，參與人數遠較譯經小組為多，動輒百人，甚或逾千，由各方沙門和佛學人士組成；二者，翻譯過程基本由「漢譯」、「參校」兩大環節組成，百千名助譯主要參與「參校」的工序；三者，「參校」的工

序並不是單純的比較原文和譯本、修訂漢譯文句、審定經義內容，而是牽涉辯經活動，即譯主宣講漢文初譯，助譯們一同旁聽，如有不明白的地方，即時提問，譯主釋疑，如是來回答辯，集思廣益，便能將譯語不清的地方查找出來，順應中土佛子的根器，選用合適的翻譯策略加以訂正，又能藉此對外宣揚新譯，透過譯講結合的方式流通，是大型譯場獨特的翻譯程序。

　　大型譯場於東晉十六國至南北朝時期見盛，以後秦為開端，接下來將按照譯場出現的時序，剖析其運作本末，讓讀者了解當時另一種譯經協作模式。

2. 後秦的大型譯場

　　後秦是東晉十六國時代北方的其中一個割據勢力，由羌族將領姚萇（330-393，384-393 在位）建立，取代前秦苻堅政權。後秦國祚雖然不長，但第二代君主文桓帝姚興信奉佛教，大興佛典翻譯，支持鳩摩羅什等譯師創設大型譯場，吸引各地佛子前往關中長安助譯聽經。因此，後秦一代的佛教譯作甚豐，羅什所出更是堪稱經典，影響至今，廣為傳誦。綜觀而言，後秦時代先後出現多個大型譯場，分別由鳩摩羅什、佛陀耶舍（Buddhayaśas）和弗若多羅主事，其中以羅什譯場規模最大，分述如下。

　　先論鳩摩羅什譯場。羅什是中國古代著名譯師，翻經數量甚豐，對大乘佛法弘揚中土有重要貢獻。羅什本為龜茲國人，家世國相，年少隨母出家佛學，博通三藏，初學小乘，後來志心發揚大乘佛理，得西域多國君主禮重。後來，前秦君主苻堅派遣呂光（338-399）迎接羅什入關傳教，未幾苻堅敗於淝水之戰，國家分崩離析，呂光聞之，遂在河西自立為王，史稱「後涼」。因呂氏不尚佛法，法師滯留當地，無所宣化，潛藏待時，等候傳法機緣。不久，羌將

姚萇代興,在關中建立後秦政權,後秦第二代君主姚興銳意興佛,發心請什入關翻經,待以國師之禮,發兵攻滅後涼,法師終於弘始(399-416)初年抵達長安,在姚興支持下開展佛典漢譯活動。[1]

　　整合後秦的佛經翻譯史料,弘始年間,羅什譯經除了得力於姚興支持,同時因為法師「既覽舊經,義多乖謬」,發現舊譯佛典有誤,「先譯失旨,不與胡本相應」,所以大力推動佛典漢譯工作。《出三藏記集》記述節錄如下:

　　　　什至長安,待以國師之禮,甚見優寵。自大法東被,始於漢明,歷涉魏、晉,經論漸多,而支、竺所出,多滯文格。姚興少崇三寶,銳志講集,什既至止,仍請入西明閣、逍遙園譯出眾經。什率多闇誦,無不究達,轉能晉言,音譯流利。既覽舊經,義多乖謬,皆由先譯失旨,不與胡本相應。[2]

　　羅什的大型譯場籌建於長安大寺、草堂寺、逍遙園等地,參與人數少則數百,多則過千。舉例來說,《梵網經》經序有言,羅什與「義學沙門三千餘僧」,一同在草堂寺譯經,原述如下:

　　　　是以秦主識達圜中,神凝紛表,雖威綸四海而沾想盧玄,雖風偃八荒而靜慮塵外,故弘始三年,淳風東扇,於是詔天竺法師鳩摩羅什,在長安草堂寺,及義學沙門三千餘僧,手執梵文、口翻解釋五十餘部。[3]

1　關於鳩摩羅什的生平事跡,現存史料最早見於《出三藏記集》的〈鳩摩羅什傳第一〉和《高僧傳》的〈晉長安鳩摩羅什〉。另敦煌文獻中有一羅什小傳,筆者嘗撰文研究其內容,詳見蕭世友:〈敦煌文獻 S.381:佛經譯師鳩摩羅什別傳考論〉,《翻譯學研究集刊》2015 年第 19 輯,頁 69-98。

2　僧祐:《出三藏記集》,第 55 冊,第 2145 經,卷 14,頁 101。

3　鳩摩羅什譯:《梵網經》(1988 年大正新修大藏經刊行會編《大正新修大藏經》

又參《大智度論》序言，姚興「集京師義業沙門，命公卿賞契之士五百餘人，集於渭濱逍遙園堂」，君主與羅什團隊一同翻譯佛論，下為原文節錄：

> 以秦弘始三年，歲次星紀，十二月二十日，自姑臧至長安。秦王虛襟既已蘊在，昔見之心豈徒則悅而已！（中略）遂以莫逆之懷，相與弘兼忘之慧，乃集京師義業沙門，命公卿賞契之士五百餘人，集於渭濱逍遙園堂。鑾輿佇駕於洪涘，禁御息警於林間。躬覽玄章，考正名於梵本；諮通津要，坦夷路於來踐。[4]

又翻譯《大品般若經》時，秦主親自助譯，並「使沙門僧肇、僧略、僧邈等八百餘人，諮受什旨，更令出《大品》」。[5]由此可見，羅什譯場規模宏大，參與人數亦因所翻經論而有所不同，但數目必以百千計，與小組譯經有明顯不同。

考羅什譯場的運作模式，現存記載甚為詳細，特別是《大品般若經》的譯事。參照《大品般若經》譯序，並整合其他譯經序文、譯師傳記等各種史料，翻譯流程共有多個要項：一者，羅什親譯。因羅什通曉西域語言和漢文，史稱之「率多闇誦，無不究達，轉能晉言，音譯流利」，[6]所以不用譯者度語，往往能夠自行按本傳譯，「手執胡本，口宣秦言」。[7]二者，新舊參校。法師漢譯過程中，助

本），第 24 冊，第 1484 經，卷 1，頁 997。

4　鳩摩羅什譯：《大智度論》（1988 年大正新修大藏經刊行會編《大正新修大藏經》本），第 24 冊，第 1509 經，卷 1，頁 57。

5　僧祐：《出三藏記集》，第 55 冊，第 2145 經，卷 14，頁 101。

6　同上注，卷 14，頁 101。

7　同上注，卷 8，頁 53。

譯者將之與舊譯本相互對照，比較得失，選取最契合原典義理的翻譯，秦主姚興嘗參與這一程序，史言「什持胡本，興執舊經，以相讎挍」、[8]「秦王躬攬舊經，驗其得失」、[9]「鑾輿佇駕於洪涘，禁御息警於林間，躬覽玄章，考正名於梵本」，[10] 均為史證。三者，辯經參校。本章開首已略述其本末，即是透過譯主與助譯辯經問答的方式，修正譯文初稿內容，史載羅什「兩釋異音，交辯文旨」，[11] 過程中一眾沙門譯者「詳其義旨，審其文中，然後書之」。[12] 四者，注疏參校。羅什團隊翻譯《大品般若經》時，為了確保譯本經義正真無誤，特意花時間進一步翻譯《大品般若經》的梵文注本《大智度論》，對照注本與正經所述契合無違，方敢定本，史載「文雖粗定，以《釋論》檢之，猶多不盡。是以隨出其論，隨而正之。《釋論》既訖，爾乃文定」，[13] 可見當時大型譯場的參校程序十分嚴密，絕不兒戲。五者，講經供養。後秦出經花費大量人力物力，嚴肅看待經中一言一語，視若上品，所以譯經完畢，秦主會舉行法會，請法師宣說新譯佛典的法要，道俗大眾共同參與，以珍寶供養奉持，[14] 此一做法至中唐譯事仍有見聞。

8　同上注，卷 14，頁 101。

9　同上注，卷 8，頁 53。

10　鳩摩羅什譯：《大智度論》，第 24 冊，第 1509 經，卷 1，頁 57。

11　僧祐：《出三藏記集》，第 55 冊，第 2145 經，卷 8，頁 53。

12　同上注。

13　同上注。

14　以《妙法蓮華經》為例，經本譯畢以後，秦主姚興下令僧叡（355-439）、道融宣講新譯，並於譯場附近另闢清淨之處，親書《法華》，為逝去的親人祈福，記載如下：「八年，於大寺草堂之中，出《法華經》竟，命僧叡、道融講新《法華》（中略）（秦主姚興）自筆造經，兼救亡親，即於翻經院傍別造淨室，以七寶莊嚴室內，香水散灑，自香湯沐浴。（後略）」見僧祥：《法華傳記》（1988年大正新修大藏經刊行會編《大正新修大藏經》本），第 51 冊，第 2068 經，卷 7，頁 80。

　　羅什譯場所出佛典，時人讚譽有加，謂之「義皆圓通」，[15] 其譯本流傳千古，不無道理。究其成因，不但源於譯文參校認真細緻，更與羅什團隊的翻譯策略有關。羅什的翻譯宗旨是順應目標語讀者的閱讀習慣，近似德國哲學家 Friedrich Schleiermacher（1768-1834）所謂的「順化」（naturalising），[16] 極力避免譯文艱澀不通、冗長難明的情況。法師的洞察力甚高，譯經時考慮到「秦人好簡」，[17] 漢地大眾喜愛文辭精煉，好簡惡繁，然梵典內容很多時复杳不斷，一言三復，如字句直翻，很可能令讀者煩厭不堪，故繁冗之處從簡，刪削原文，「其中乖闕煩重者，法師皆裁而裨之」，[18] 並抽取精隨，意譯大要，使譯文「質而不野、簡而必詣」、[19]「文雖左右，旨不違中」。[20] 結果策略是成功的，羅什所翻，雖不是完全依照原本語句逐一對譯，但義理圓通具足，「眾心愜服，莫不欣讚」，[21] 深受大眾歡迎。[22]

15　「其新文異舊者，義皆圓通，眾心愜服，莫不欣讚焉。」見僧祐：《出三藏記集》，第 55 冊，第 2145 經，卷 14，頁 101。

16　Friedrich Schleiermacher, "On the Different Methods of Translating", in Lawrence Venuti (ed.), *The Translation Studies Reader* (London and New York: Routledge, 2012), pp. 43-63.

17　「梵文委曲，皆如初品。法師以秦人好簡故，裁而略之。若備譯其文，將近千有餘卷。」見鳩摩羅什譯：《大智度論》，第 24 冊，第 1509 經，卷 1，頁 57。

18　「今所出者，是天竺梵志，名賓伽羅，秦言青目之所釋也。其人雖信解深法，而辭不雅中，其中乖闕煩重者，法師皆裁而裨之，於經通之理盡矣。」見鳩摩羅什譯：《中論》（1988 年大正新修大藏經刊行會編《大正新修大藏經》本），第 30 冊，第 1564 經，卷 1，頁 1。

19　「以弘始六年，歲次壽星，集理味沙門，與什考校正本，陶練覆疏，務存論旨，使質而不野，簡而必詣，宗致盡爾，無間然矣。」見鳩摩羅什譯：《百論》（1988 年大正新修大藏經刊行會編《大正新修大藏經》本），第 30 冊，第 1569 經，卷 1，頁 168。

20　僧祐：《出三藏記集》，第 55 冊，第 2145 經，卷 8，頁 53。

21　同上注，卷 14，頁 101。

22　以上為鳩摩羅什大型譯場的史考總論，如欲進一步探討羅什長安譯場的具體翻

後秦第二個大型譯場是佛陀耶舍籌組的。佛陀耶舍，罽賓國人，婆羅門種，家族世代信奉別教，耶舍則少從佛教沙門修行，日誦經典萬言，博學多聞，至二十七歲受具足戒。[23] 耶舍早在西域與羅什相交，後來羅什入關譯經，耶舍在河西姑臧，羅什遂請姚興迎之入京，協助翻經弘法。史稱羅什翻譯《十住經》時，「疑難猶豫，尚未操筆」。[24] 及至耶舍抵京，「共相徵決，辭理方定」，譯場千人無不讚嘆。[25] 然而，秦主對耶舍的才學存疑，法師開譯《四分律》前，姚興「疑其遺謬」，遂令之背誦「民籍藥方各四十餘紙」，以測試其記憶能力，兩日後耶舍將文本全部誦出，「不誤一字」，眾人佩服其記憶力超群，終得開展譯事。[26]

耶舍在後秦先後籌組了兩次大型譯業。第一次是翻譯《四分律》，通過姚興的記憶力測試後開始。耶舍譯場呈現先「譯」而後「校」的運作模式，與羅什譯場近似，但不同的是羅什通曉中外語言，能夠執本自翻，耶舍則漢言未通，所以需要度語傳言。《出三藏記集》所言如下：

> 即以弘始十二年譯出為四十卷（指《四分律》），並出《長
> 阿含經》，減百萬言。涼州沙門竺佛念譯為秦言，道含執筆，

譯活動，詳參蕭世昌：《鳩摩羅什的長安譯場》（高雄：佛光文化，2010 年）。

23 「佛陀耶舍，齊言覺明，罽賓人也。婆羅門種，世事外道。有一沙門，從其家乞，其父怒，令人歐之，遂手腳攣躄，不能行止。乃問於巫師，對曰：『坐犯賢人，鬼神使然也。』即請此沙門，竭誠悔過，數日便瘳。因令耶舍出家，為其弟子。（中略）二十七方受具戒，以讀誦為務，手不釋牒。」見僧祐：《出三藏記集》，第 55 冊，第 2145 經，卷 14，頁 102。

24 同上注。

25 同上注。

26 同上注。

至十五年解坐。[27]

又〈四分律序〉的記述節錄如下：

> 才體博聞，明鍊經律，三藏、方等皆諷誦通利，即於其國
> 廣集諸經，於精舍還，以歲在戊申，始達秦國。秦主姚欣然，
> 以為深奧冥珍嘉瑞，而謂大法淵深，濟必由戒，神眾所傳，不
> 可有闕，即以其年重請出律藏。時集持律沙門三百餘人，於長
> 安中寺出，即以領弟子慧辯為譯校定，陶鍊反覆，務存無朴，
> 本末精悉，若覩初制。[28]

綜合史料記述，翻譯《四分律》時，耶舍宣讀律本原文，然後
竺佛念為譯，聽聞法師所宣，口譯漢言，道含筆受，是為初稿，屬
於第一步驟。第二步驟是沙門慧辯與持律沙門三百餘人，一同校訂
律本的漢文翻譯，史稱審定過程嚴謹，「陶鍊反覆，務存無朴，本
末精悉，若覩初制」，意謂譯者們反覆思維文中的遣詞用字，校對
內容，務求將各項戒律原則正確說明，大眾閱之，猶讀原典，是為
第一例。

耶舍譯畢《四分律》，於弘始末年開展另一譯事，將《長阿含
經》翻為漢文，是為耶舍第二次大型譯業。〈長阿含經序〉有清晰
記載：

> 大秦天王，滌除玄覽，高韻獨邁，恬智交養，道世俱濟，
> 每懼微言翳於殊俗。以右將軍使者司隸校尉晉公姚爽，質直清

---

27 同上注。

28 佛陀耶舍共竺佛念等譯：《四分律》（1988 年大正新修大藏經刊行會編《大正新
修大藏經》本），第 22 冊，第 1428 經，卷 1，頁 567。

柔，玄心超詣，尊尚大法，妙悟自然，上特留懷，每任以法
事。以弘始十二年，歲次上章閹茂，請罽賓三藏沙門佛陀耶舍
出律藏一分四十五卷，十四年訖。十五年，歲次昭陽赤奮若，
出此《長阿含》訖。涼州沙門佛念為譯，秦國道士道含筆受。
時，集京夏名勝沙門，於第校定，恭承法言，敬受無差，蠲華
崇朴，務存聖旨。[29]

《長阿含經》的譯場組織與前者相近，翻譯工作由耶舍、竺佛
念、道含主理，耶舍誦出經本原文，然後竺佛念為譯，口翻成漢
言，再由道含筆受成文。初稿既出，最後是校訂工序，當時譯場
「集京夏名勝沙門」，一同「於第校定，恭承法言，敬受無差，蠲
華崇朴，務存聖旨」，集合眾人之力，務除漢譯不善之處，顯明佛
陀教說，是為第二例。

後秦第三個大型譯場是弗若多羅籌組的翻譯組織。弗若多羅是
罽賓國沙門，戒行精進，通曉三藏，專精《十誦律》，西國眾人奉
之上首。弘始年間，弗若多羅來華弘法，得秦主姚興禮待，羅什亦
因其持律清淨，敬重有加。因當時中土佛門律典尚未具足，受大眾
所請，多羅遂於長安籌組大型譯場，開譯《十誦律》，翻梵為漢，
時為弘始六年（404）。詳見《高僧傳》記載：

弗若多羅，此云功德華，罽賓人也。少出家，以戒節見
稱，備通三藏，而專精《十誦律》部，為外國師宗，時人咸謂
已階聖果。以偽秦弘始中，振錫入關。秦上姚興待以上賓之
禮。羅什亦挹其戒範，厚相宗敬。先是，經法雖傳，律藏未
聞，聞多羅既善斯部，咸共思慕。以偽秦弘始六年十月十七

29　佛陀耶舍共竺佛念等譯：《長阿含經》（1988 年大正新修大藏經刊行會編《大正
新修大藏經》本），第 1 冊，第 1 經，卷 1，頁 1。

日，集義學僧數百餘人，於長安中寺，延請多羅誦出《十誦》
梵本，羅什譯為晉文。三分獲二，多羅攖疾，奄然棄世。眾以
大業未就，而匠人俎往，悲恨之深，有踰常痛。[30]

多羅譯場的運作流程，與佛陀耶舍的團隊相似。多羅雖為譯場
主譯，可是漢文未善，所以主責宣出《十誦律》的梵本原文，然後
羅什法師充當度語傳譯，翻為漢文，並有「義學僧數百餘人」一同
助譯。最後，多羅法師誦出律本三分之二，離世示寂，譯事中斷，
後來由曇摩流支、羅什籌組的譯經小組完成餘下內容，詳參前章解
說。多羅譯場的具體協作程序雖無詳載，未如羅什譯場的記述詳
盡，但以參與人數可判為大型譯場，是為後秦最後一例。

3. 東晉的大型譯場

東晉的大型譯場，見於佛馱跋陀羅等人協作的《華嚴經》漢譯
活動，時為義熙十四年（418 年）。譯主佛馱跋陀羅是東晉十六國
名僧，又稱「佛賢」，北天竺人，年少出家修行，誦經精進，通達
群典，後來四處弘道，遇到沙門智嚴，一同東行，前往中土說法，
先循陸路，後經海路入華，幾經艱苦終於抵達。[31] 法師聞鳩摩羅什
在長安譯經，即往關中，一見如故。[32] 後來譯場出現紛爭，佛賢南

30　慧皎：《高僧傳》，第 50 冊，第 2059 經，卷 2，頁 333。

31　「佛大跋陀，齊言佛賢，北天竺人也。五歲而孤，十七出家，與同學數人誦
經，眾皆一月，佛賢一日誦畢。（中略）及受具戒，修業精勤，博學群經，多
所通達。（中略）常欲遊方弘化，備觀風俗，會沙門智嚴至西域，遂請俱東。
於是杖錫跋涉，經歷三年，路由雪山，備極艱阻。既而中路附舶，循海而
行。」詳見僧祐：《出三藏記集》，第 55 冊，第 2145 經，卷 14，頁 103。

32　「頃之，至青州東萊郡，聞鳩摩羅什在長安，即往從之。什大欣悅，共論法

下晉境，[33] 繼續講經說法，得僧俗各方捐助支持，籌組大型譯場，翻譯大乘要典《華嚴經》，是為六十卷本《華嚴》。詳見《華嚴》的翻譯經記：

> 《華嚴經》梵本凡十萬偈，昔道人支法領，從于闐國得此三萬六千偈，以晉義熙十四年，歲次鶉火，三月十日，於揚州司空謝石所立道場寺，請天竺禪師佛度跋陀羅，手執梵文，譯梵為晉，沙門釋法業親從筆受。時吳郡內史孟顗、右衛將軍褚叔度為檀越，至元熙二年六月十日出訖。[34]

《出三藏記載》亦有記述如下：

> 先是，支法領於于闐國所得《華嚴經》胡本三萬六千偈，未有宣譯。到義熙十四年，吳郡內史孟顗、右衛將軍褚叔度即請佛賢為譯匠，乃手執梵文，共沙門慧嚴、慧義等百有餘人銓定文旨，會通華戎，妙得經體，故道場寺猶有華嚴堂焉。[35]

綜合以上史料所述，佛賢翻譯《華嚴經》的原典，是由支法領從西域于闐國取得，經本早已來華，未有譯者漢翻，至法師南下晉土，眾人禮請將經文譯出。佛賢的《華嚴》譯場籌建於東晉世族將領謝石（327-388）所立道場寺，時為義熙十四年，由吳郡內史孟

相，振發玄緒，多有妙旨。」同上注。

33 「關中舊僧道恒等，以為顯異惑眾，乃與三千僧擯遣佛賢，驅逼令去。（中略）佛賢志在遊化，居無求安，以義熙八年，遂適荊州。」同上注，頁 103-104。

34 佛馱跋陀羅（Buddhabhadra，359-429）譯：《大方廣佛華嚴經》（1988 年大正新修大藏經刊行會編《大正新修大藏經》本），第 9 冊，第 278 經，卷 60，頁 788。

35 僧祐：《出三藏記集》，第 55 冊，第 2145 經，卷 14，頁 104。

顗、右衛將軍褚叔度出錢布施，資助翻譯所需開支用度。譯場翻譯
共有三大步驟，參與人數甚多。依照《華嚴》的出經後記，第一步
驟是譯主佛賢誦出經本，史稱「手執梵文，譯胡為晉」，所持原典
即支法領在于闐請得的三萬六千偈《華嚴》寫本。第二步驟是沙門
法業「親從筆受」，記錄佛賢的漢文口譯。除此以外，參閱《出三
藏記集》的佛賢僧傳記述，譯場有沙門慧嚴、慧義等百餘人，協助
法師「銓定文旨，會通華戎，妙得經體」，確保漢譯內容與原文所
述契合無違，是為第三步驟。

　　佛賢團隊用了兩年多的時間，譯出《華嚴》。經本譯畢以後，
因要「再校胡本」，[36] 至東晉覆亡，劉宋代國，武帝劉裕（363-422，
420-422 在位）永初二年（421）才將譯文完整校畢，可見中古譯經
的審閱過程嚴謹，協作模式日趨精細。

4. 北涼的大型譯場

　　北涼大型譯場共有二例，成立於涼都姑臧，分別由曇無讖和浮
陀跋摩（Buddhavarman）籌建。

　　先論曇無讖譯場。曇無讖，中天竺人，少從達摩耶舍學佛，日
誦經句萬言，出類拔萃，聰明超群，講辯經論，眾人服膺。法師
初學小乘、五明之學，後來深入大乘佛法，志願弘通。[37] 年二十誦
大、小乘經二百餘萬言，特善咒術，靈驗非常，西域皆號之為「大

36　見《出三藏記集》收錄本的〈華嚴經記〉，同上注，卷 9，頁 61。

37　「曇無讖，中天竺人也。（中略）十歲，與同學數人讀咒，聰敏出群，誦經日得
　　萬餘言。初學小乘，兼覽五明諸論，講說精辯，莫能詶抗。」同上注，卷 14，
　　頁 102。

咒師」。[38] 後來，曇無讖希望宣揚《大般涅槃經》和諸菩薩戒本，可惜西域龜茲國信奉小乘，難以弘化，遂東行中土，入河西北涼國都姑臧傳教，涼主沮渠蒙遜「素奉大法，志在弘通」，大力支持曇無讖的經本漢譯活動。法師在都「學語三年，方共譯寫」，籌組譯場，開展《大般涅槃經》等經本的翻譯工作。[39]

曇無讖在北涼以大型協作方式，先譯《大般涅槃經》，然後譯出多種大乘佛典。〈大般涅槃經序〉記述如下：

> 天竺沙門曇無讖者，中天竺人，婆羅門種，天懷秀拔，領鑒明邈，機辯清勝，內外兼綜，將乘運流化，先至燉煌，停止數載。大沮渠河西王者，至德潛著，建隆王業，雖形處萬機，每思弘大道，為法城塹，會開定西夏。斯經與讖自遠而至，自非至感先期，孰有若茲之遇哉！讖既達此，以玄始十年，歲次大梁，十月二十三日，河西王勸請令譯，讖手執梵文，口宣秦言。其人神情既銳，而為法殷重，臨譯敬慎，殆無遺隱，搜研本正，務存經旨，唯恨梵本分離，殘缺未備耳。[40]

《出三藏記集》所載如下：

> 蒙遜素奉大法，志在弘通，請令出其經本。讖以未參土

---

38 「年二十，誦大、小乘經二百餘萬言。（中略）讖明解呪術，所向皆驗，西域號為『大呪師』。」同上注，頁 103。

39 「龜茲國多小乘學，不信涅槃，遂至姑臧，止於傳舍。（中略）河西王沮渠蒙遜聞讖名，呼與相見，接待甚厚。蒙遜素奉大法，志在弘通，請令出其經本。讖以未參土言，又無傳譯，恐言舛於理，不許。於是學語三年，翻為漢言，方共譯寫。」同上注。

40 曇無讖（Dharmakṣema，385-433）譯：《大般涅槃經》（1988 年大正新修大藏經刊行會編《大正新修大藏經》本），第 12 冊，第 374 經，卷 1，頁 365。

言，又無傳譯，恐言舛於理，不許。於是學語三年，翻為漢言，方共譯寫。是時沙門慧嵩、道朗獨步河西，值其宣出法藏，深相推重，轉易梵文，嵩公筆受。道俗數百人，疑難縱橫，讖臨機釋滯，未常留礙。嵩、朗等更請廣出餘經，次譯《大集》、《大雲》、《大虛空藏》、《海龍王》、《金光明》、《悲華》、《優婆塞戒》、《菩薩地持》，並前所出《菩薩戒經》、《菩薩戒本》，垂二十部。[41]

又《高僧傳》有以下記載：

河西王沮渠蒙遜僭據涼土，自稱為王，聞讖名，呼與相見，接待甚厚。蒙遜素奉大法，志在弘通，欲請出經本，讖以未參土言，又無傳譯，恐言舛於理，不許即翻，於是學語三年，方譯寫《初分》十卷。時沙門慧嵩、道朗，獨步河西，值其宣出經藏，深相推重，轉易梵文，嵩公筆受。道俗數百人，疑難縱橫，讖臨機釋滯，清辯若流。兼富於文藻，辭製華密，嵩、朗等更請廣出諸經，次譯《大集》、《大雲》、《悲華》、《地持》、《優婆塞戒》、《金光明》、《海龍王》、《菩薩戒本》等六十餘萬言。[42]

按照譯序、《出三藏記集》、《高僧傳》等史料所述，曇無讖主責經本翻譯，因「學語三年」，通曉漢外語言，能夠執本自翻，翻譯《大般涅槃經》時，法師「手執梵文，口宣秦言」、「轉易梵文」，即法師按照經文原本，口譯漢言，然後由河西名僧慧嵩協助筆受，

41　僧祐：《出三藏記集》，第 55 冊，第 2145 經，卷 14，頁 103。
42　慧皎：《高僧傳》，第 50 冊，第 2059 經，卷 2，頁 336。

生成初譯，融合小組譯經的「二步協作」方式。此外，曇無讖翻經仔細嚴謹，「為法殷重」，力求譯作揭示原典真如，「臨譯敬慎，殆無隱遺」，其譯場同樣採用近似羅什譯場的「辯經參校」模式，以正譯本。史稱姑臧譯場中有「道俗數百人」，曇無讖宣講新譯，然後場中助譯大眾提問存疑之處，「疑難縱橫」，法師一一解答，「臨機釋滯，未嘗留礙」、「清辯若流」，從中檢視譯本不足之處，加以訂正，終使譯文「富於文藻，辭製華密」，並藉辯經大會宣傳新出經本，此為曇無讖譯場的翻譯流程概貌。

接着討論浮陀跋摩譯場。浮陀跋摩，西域人，自幼學習三藏經書，表現非凡，特別精通《毘婆沙論》，後來遠行河西弘法。[43]時沙門道泰在西國取得《毘婆沙論》原文十萬餘偈，還至北涼國都姑臧，聞浮陀跋摩入國，遂請求法師將之漢譯，涼主沮渠茂虔（?-447，433-439 在位）支持譯事，允許於涼都閑豫宮籌組譯場，時為承和五年（437）。

關於浮陀跋摩的譯場運作，該團隊主事《毘婆沙論》的漢譯，〈毘婆沙序〉的描述如下：

> 大沮渠河西王，天懷遐廓，摽誠冲寄。雖跡纏紛務，而神栖玄境，冉能丘壑，廓舘林野。是使淵叟投竿，巖逸來庭，息心昇堂，玄客入室。誠詣既著，理感不期。有沙門道泰，才敏自天，冲氣疏朗，關博奇趣，遠參異言。往以漢土方等既備，幽宗粗暢，其所未練，唯三藏九部。故杖策冒嶮，爰至蔥西，綜攬梵文，義承高旨，並獲胡本十萬餘偈。既達涼境，王即欲令宣譯。然懼環中之固，將或未盡，所以側席虛衿，企矚明

---

43 「浮陀跋摩，此云覺鎧，西域人也。幼而履操明直，聰悟出群，習學三藏，偏善《毘婆沙論》，常誦持此部以為心要。」同上注，卷 3，頁 339。

勝。天竺沙門浮陀摩，周流敷化，會至涼境。其人開悟淵博，神懷深邃，研味鑽仰，俞不可測。以乙丑歲，四月中旬，於涼城內苑閑豫宮寺，請令傳譯理味。沙門智嵩、道朗等三百餘人，考文評義，務在本旨，除煩即實，質而不野。王屢迴駕，陶其幽趣，使文當理詣，片言有寄。至丁卯歲，七月都訖，合一百卷。[44]

另《高僧傳》記載如下：

宋元嘉之中，達于西涼。先有沙門道泰，志用強果，少遊葱右，遍歷諸國，得《毘婆沙》梵本十有萬偈，還至姑臧，側席虛衿，企待明匠，聞跋摩遊心此論，請為翻譯。時蒙遜已死，子茂虔襲位，以虔承和五年，歲次丁丑，四月八日，即宋元嘉十四年，於涼州城內閑豫宮中，請跋摩譯焉。泰即筆受，沙門慧嵩、道朗與義學僧三百餘人，考正文義，再周方訖，凡一百卷，沙門道挺為之作序。[45]

按照譯序的一手史料描述和僧傳記載，浮陀跋摩是為主譯，執本自翻，口宣漢譯，然後道泰負責筆受跋摩的口譯內容，是為譯本初稿。此外，跋摩的譯場與其他大型譯經組織相同，有過百人的助譯團隊，協助參校譯文。序文指譯場有「理味沙門智嵩、道朗等三百餘人」，僧傳亦記有「沙門慧嵩、道朗與義學僧三百人」，規模盛大，其工作是「考文詳義，務在本旨」、「考正文義，再周方訖」，意謂共同評審譯本詞章義理是否恰當，集思廣益，力求完

44　浮陀跋摩共道泰等譯：《阿毘曇毘婆沙論》（1988 年大正新修大藏經刊行會編《大正新修大藏經》本），第 28 冊，第 1546 經，卷 1，頁 1。

45　慧皎：《高僧傳》，第 50 冊，第 2059 經，卷 3，頁 339。

善。跋摩團隊譯論期間，涼主沮渠茂虔不時親身前往譯場，提供協助，兼聞法理，史謂「王屢迴駕，陶其幽趣」、「使文當理詣，片言有寄」，終成一百卷中譯本。

此外，考察浮陀跋摩的翻譯策略，譯序明言「除煩即實，質而不野」，使用了不少省略譯法（omission），刪削原文復杳之處。此等做法，近似鳩摩羅什團隊的譯經方略，漢譯務必言簡意賅，刪減繁瑣之處，以使文句精煉，顯明扼要，讀者閱之暢心，不覺內容冗贅。如什譯《大智度論》的序文所述，羅什「以秦人好簡故，裁而略之」，[46] 而且「梵夏既乖，又有煩簡之異，三分除二」，[47] 隨順中土大眾的閱讀習慣和漢文表達方式，翻譯時將原文三百二十萬言，濃縮至漢本三十萬言，但不偏本旨，「玄章婉旨，朗然可見，歸途直達，無復惑趣之疑」，[48] 譯文能夠直指人心，跋摩所出頗為契同。[49]

5. 南朝宋的大型譯場

南朝宋的大型譯場是由求那跋陀羅主事。求那跋陀羅，中天竺人，本婆羅門種，自幼學習五明學問，家族不尚佛法，故自行離家求道，請受具戒，深入三藏佛典，初學小乘，後轉大乘，講論經書均令人信服，並感動父母皈依佛門。後來，法師發心東行弘法，幾

---

46 鳩摩羅什譯：《大智度論》，第 24 冊，第 1509 經，卷 1，頁 57。

47 同上注。

48 同上注。

49 以上為北涼（397-439）曇無讖和浮陀跋摩（Buddhavarman）大型譯場的史考總論，如欲進一步探討北涼譯場的具體翻譯活動，詳參蕭世友：〈法披河西－北涼姑臧佛經譯場考論〉，《翻譯學研究集刊》2014 年第 17 輯，頁 127-160。

經險難，循海路入華，於宋文帝元嘉十二年（435）抵達廣州，刺史上奏朝廷，文帝下令迎請入京，僧俗無不禮重，由此開展中土譯事。[50]

求那跋陀羅在華之初，受皇室朝臣供養，在沙門群學的禮請下，先在祇洹寺「集義學諸僧，譯出《雜阿含經》」、「東安寺出《法鼓經》」、「於丹陽郡譯出《勝鬘》、《楞伽經》」。詳見《出三藏記集》記載：

> 元嘉十二年至廣州，時刺史車朗表聞，宋文帝遣使迎接。既至京都，勅名僧慧嚴、慧觀於新亭郊勞，見其神情朗徹，莫不虔敬，雖因譯交言，而欣若傾蓋。初住祇洹寺，俄而文帝延請，深加崇敬。琅琊顏延之通才碩學，束帶造門，於是京師遠近，冠蓋相望。宋彭城王義康、譙王義宣並師事焉。頃之，眾僧共請出經，於祇洹寺集義學諸僧，譯出《雜阿含經》，東安寺出《法鼓經》，後於丹陽郡譯出《勝鬘》、《楞伽經》。徒眾七百餘人，寶雲傳譯，慧觀執筆，往復諮析，妙得本旨。後譙王鎮荊州，請與俱行，安止新寺，更創殿房。即於新寺出《無憂王》、《過去現在因果》，及一卷《無量壽》，一卷《泥洹》、《央掘魔》、《相續解脫》、《波羅蜜》、《了義》、《第一義》、《五相略》、《八吉祥》等諸經，凡一百餘卷。[51]

又上述史料指出求那跋陀羅所譯經書，不少出自大型譯場。因法師早年未通漢言，所以主責執本宣說原文，然後沙門寶雲傳譯，口宣漢文，再由慧觀執筆，記錄譯語，並有「徒眾七百餘人」，

50　僧祐：《出三藏記集》，第 55 冊，第 2145 經，卷 14，頁 105。

51　同上注。

參採近似羅什、曇無讖譯場的「辯經參校」方式，公開讓百人助譯人員按照新出譯本初稿提問，求那跋陀羅解答，「往復諮析」，藉此確定譯文內容，契合中土大眾根器，「妙得本旨」，體現典型「譯」、「校」合一的百人大型譯場協作模式。

此外，《出三藏記集》載有《勝鬘經》譯序，經本由求那跋陀羅團隊漢譯，序中清晰記述法師及其助譯如何合作翻經，與僧傳所記契合，詳見如下：

> 司徒彭城王殖根遐劫，龍現茲生，依跡上台，協讚皇極。而神澄世表，志光玄猷，聞斯幽典，誠期愈曠。凡厥道俗，莫不響悅。請外國沙門求那跋陀羅，手執正本，口宣梵音，山居苦節，通悟息心。釋寶雲譯為宋語，德行諸僧慧嚴等一百餘人，考音詳義，以定厥文。大宋元嘉十三年，歲次玄枵，八月十四日，初轉梵輪，訖于月終。公乃廣寫雲布，以澤未洽，將興後世，同往高會道場。[52]

序文明確指出求那跋陀羅「手執正本，口宣梵音」，主理「宣梵文」，然後「釋寶雲譯為宋語」，最後「德行諸僧慧嚴等一百餘人」，共同校訂譯本，「考音詳義，以定厥文」，說明百人助譯所責工作。又按另一篇由法慈撰寫的《勝鬘經》序，文中進一步補充求那跋陀羅團隊的翻譯策略：

> 以元嘉十二年，歲在乙亥，有天竺沙門名功德賢，業素敦尚，貫統大乘，遠載胡本，來遊上京，庇迹祇洹，招學鑽訪。才雖不精絕，義粗輝揚，遂播斯旨，乃上簡帝主。于時，有優

52　同上注，卷9，頁67。

婆塞何尚之，居丹楊尹，為佛法檀越，登集京輦，敏德名望，
便於郡內請出此經。既會賢本心，又謹傳譯，字句雖質，而理
妙淵博，殆非常情所可廟慮。[53]

法師「又謹傳譯，字句雖質，而理妙淵博，殆非常情所可廟
慮」，意謂譯語偏向質直無華，案本而翻，嚴謹不差，不加文飾刪
削，以保存佛典教義為要，不失為忠實之作。求那跋陀羅的譯法似
與羅什、浮陀跋摩的譯場頗異，可見當時大型譯場翻經策略的多元
化，並非定於一尊。

6. 小結 —— 兼論大型譯場的衰落

綜合上述分析，大型譯場與小組譯經模式曾並行發展，但大型
譯場的普及程度不及譯經小組，僅於東晉十六國後期、南北朝之初
出現，後來衰落式微，隋唐以後再見不到百千名助譯一同協作翻譯
的情境。究其根本原因，要點有三：

首先，大型譯場的一大特別之處，是召集各方義學沙門共聚一
處，於參校經本時各盡所能，抒發己見，讓主譯法師了解大眾對譯
本初稿的即時看法和感受，然後綜合大眾意見，進一步訂正譯本，
以順應受眾所需。此一做法有其好處，便是參校內容是結合眾人
智慧而成，在參校大會中收集各位助譯的意見，相互問答，來回往
復，從中得知中土佛門學眾的讀後感「大數據」，按之編輯譯文，
無疑能夠切中受眾的普遍要求，生成普羅人士均感滿意的譯作。因
此，大型譯場模式是其中一項因素，有助解釋鳩摩羅什譯作「經典

53　同上注。

化」（canonisation）的本末，說明羅什所翻為何能夠流傳千古，縱然唐代先後成立多個精英譯經組織，推出很多佛門譯匠精工細作的重譯經本，始終不及羅什譯本廣受歡迎，可從大型譯場的運作方式略知究竟。

然而，凡事有利有弊，大型譯場參與人數甚多，動輒百千計，來自五湖四海，希望達到海納百川之效，盡可能收集最多意見，基本上沒有嚴謹的譯者背景審查制度，也沒有杜絕外來人士進入譯場助譯的措施，所以導致翻譯成員良莠不齊，既有才德兼備的高僧大德，也有沽名釣譽、欠缺實學之徒滲雜其中，分門分派，因見解不同而互相攻訐，掀起矛盾，製造流言蜚語，擾亂譯僧關係。史料記載後秦時代確實出現這樣的情況，「染學有淺深，得法有濃淡，澆偽之徒，因而詭滑」，[54] 致使著名譯僧被擯出關中，影響譯事發展。是故，大型譯場的構建是一雙刃劍，雖是有利生成更為中土接受的譯作，但從譯場贊助人和管理者的角度言之，參與人數過多實在難以管理，不但供養成本耗費不菲，而且人多口雜，易起風波，有機會阻礙譯事進度，後世或許觀察到前代的情況，避免延用大型譯場的方式翻經，此為其一。

再者，大型譯場的另一局限是無法阻止助譯者在參校過程中外洩未完成的譯本。以後秦羅什譯場的情況為例，該團隊翻譯《大品般若經》時，採用「辯經參校」的方式訂定經文，大眾議論縱橫，過程中其實已將漢譯初本對外流傳。按什門弟子所言，部分坐眾未待譯本完全刊正定稿，在大會過後便私自傳抄開去，導致坊間出現尚未訂正的初代譯本，與後來的正式漢譯並行流傳，令弟子們需要另花時間剔出不當本子，正本清源。[55] 由此可以看到大型譯場的

54　慧皎：《高僧傳》，第 50 冊，第 2059 經，卷 2，頁 335。

55　「以弘始五年，歲在癸卯，四月二十三日，於京城之北逍遙園中出此經。法師手執胡本，口宣秦言，兩釋異音，交辯文旨。秦王躬攬舊經，驗其得失，諮

另一潛在弊端，後人亦不難察覺有關問題，特別是唐代注重譯本
真確，嚴防地方不法人士假託偽經，[56] 妖言惑眾，煽動百姓生變，
故對譯本的流通採取嚴密的管理制度，[57] 實在難以容許百人譯場或
千人譯場再現，是為大型協作翻經難於後世延續發展的第二可能

其通途，坦其宗致，與諸宿舊義業沙門釋慧恭、僧碧、僧遷、寶度、慧精、
法欽、道流、僧叡、道恢、道標、道恒、道悰等五百餘人，詳其義旨，審其
文中，然後書之。以其年十二月十五日出盡，校正檢括，明年四月二十三日
乃訖。文雖粗定，以釋論撿之，猶多不盡，是以隨出其論，隨而正之。釋論既
訖，爾乃文定。定之未已，已有寫而傳者，又有以意增損，私以般若波羅蜜為
題者，致使文言舛錯，前後不同。良由後生虛己懷薄，信我情篤故也。」詳參
僧祐：《出三藏記集》，第 55 冊，第 2145 經，卷 8，頁 53。

56　唐玄宗（685-762，712-756 在位）以前，為了打擊奸民以幻惑之術和虛妄言論
　　聚眾作亂，朝廷頒令地方官員勤加檢察百姓聚集之所，如睿宗（662-716，684-
　　690 / 710-712 在位）之〈誡勵風俗敕〉有言：「自今已後，所在州縣官僚，各
　　宜用心檢校。或惰於農作，專事末遊，或妄說妖訛，潛懷聚結，或棄其井邑，
　　通竄外州，或自衒醫佔，誘惑愚昧，諸如此色，觸類旁求，咸須防糾，勿許藏
　　匿。」（宋敏求 [1019-1079]：《唐大詔令集》[欽定四庫全書本]，卷 110，頁
　　7。）可是，上述威脅一直存在，即便是盛唐時期，未能完全遏止。開元（713-
　　741）年間，地方有假借妖言異術，聚眾生變之事，計數約八次（參陳登武、高
　　明士：《從人間世到幽冥界：唐代的法制、社會與國家》[台北：五南圖書出
　　版公司，2015 年]，頁 105。），其中一起事變規模頗大，發生於開元二十四
　　年（736），首領為醴泉縣人劉志誠，搶掠路人，進迫咸陽地區，《資治通鑑》
　　有記載：「五月，醴泉妖人劉志誠作亂，驅掠路人，將趣咸陽。村民走告縣
　　官，焚橋斷路以拒之，其眾遂潰，數日，悉擒斬之。」（參司馬光 [1019-1086]
　　編，胡三省 [1230-1302] 音注：《資治通鑑》[北京：中華書局，1976 年]，卷
　　214，頁 6818。）《貞元新定釋教目錄》亦有記述：「洎乎明歲，劉志成狂賊潛
　　搆兇謀，卜日問於寶花三藏，天不長惡，逆黨平除。」（圓照：《貞元新定釋教
　　目錄》[1988 年大正新修大藏經刊行會編《大正新修大藏經》本]，第 55 冊，
　　第 2157 經，卷 14，頁 878。）

57　如玄宗開元二年（714）二月二十九日，朝廷敕令規限京中佛教經像的製作及
　　流通，民間不得私造圖利，經本當由寺僧親書，諸州亦從新法：「佛教者在于
　　清淨，存乎利益。今兩京城內，寺宇相望，凡欲歸依，足申禮敬。如聞坊巷之
　　內，開鋪寫經，公然鑄佛，自今已後，村坊街市等，不得輒更鑄佛寫經為業。
　　須瞻仰尊容者，任就寺禮拜。須經典讀誦者，勒于寺贖取。如經本少，僧為
　　寫供，諸州寺觀，亦宜准此。」詳見王溥（922-982）撰，王雲五（1888-1979）
　　主編：《唐會要》（1935 年上海商務印書館出版清武英殿聚珍本），卷 49，頁
　　861。

原因。

最後，中古時人已察覺上述大型譯場的問題，特別是參與者過多所衍生的人事問題，後來學眾漸漸產生一種意識，就是提倡籌組大型譯場的人士，不排除有私利在中，透過「辯經參校」的做法，蓄養私徒，自立門戶，並非弘揚正法，對有關協作方式存保留態度，初唐有史例證之。第一代精英譯場的譯主波羅頗迦羅蜜多羅便曾因為提倡重興大型譯事而遭社會上的文士嚴加批判，最終無以為之，下章有進一步剖析。

要言之，大型譯場雖有更勝小組譯經的地方，弘揚經本的效用十分顯著，但同時產生不少難以解決的譯場管理和譯本流通問題，故後世鮮有大型譯場的建設，而是嘗試將小組譯經的小規模合作分工制度和大型譯場的集思參校體制二合為一，去蕪存菁，兼二制之長，最終衍生唐代精英譯場的新合作模式。

第四章

精英譯場

1. 引言

中古中國佛經漢譯活動始自東漢，經過數百年發展，及於隋代，主要出現兩種協作模式：一為小組譯經；二為大型譯場，前文章節經已詳論。隋亡以後，李唐繼立，高祖（566-635，618-626 在位）一代天下粗安，譯事未興，至太宗（598-649，626-649 在位）即位，貞觀初年，下令支持天竺三藏波羅頗迦羅蜜多羅籌組譯場，復興佛經漢譯，啟導新的協作譯經模式，筆者謂之「精英譯場」。

所謂「精英譯場」，其內涵是（一）以隋代小組譯經結構為基礎，全面綜合東漢三國至南北朝出現的小組翻譯步驟，同時（二）結合前代大型譯場重視集思廣益、共議參校的特點，深化校對譯本的程序，並且（三）將譯員人數限在十多人至數十人，由朝廷挑選的佛門英傑充任，最終生成分工明確細緻、由譯經精英合組而成的新協作模式，由波頗三藏在長安落實推行，是為精英譯場之濫觴，然後玄奘繼襲，後代譯師加以推行，調整修正，成為唐代官方主要的翻經組織，詳考如下。

2. 波羅頗迦羅蜜多羅的精英譯場

波羅頗迦羅蜜多羅早在唐太宗貞觀初年，在朝廷的支持下，於長安籌組精英譯場，開展唐代首個佛經漢譯活動，成立時間較著名譯經師玄奘的譯經團隊更早，其模式更影響後代的協作譯事。譯

主波羅頗迦羅蜜多羅是中天竺人，本婆羅門種，十歲隨師出家修行，誦經不倦，持戒精進，並參訪西域各處，向名師請益問學，最終兼通大、小二乘。法師學有所成，與門侶四出弘法，開導尚未奉佛之邊族，後來到達葉護可汗領地，深受禮重。[1] 至武德九年（626），高平王奏請波頗三藏入唐弘法，唐室允許，下令徵召，法師遂隨高平王進京，於貞觀元年（627）到達關中，駐居長安，受朝廷供養。[2] 時李世民繼高祖之位，史稱太宗，以「諸有非樂，物我皆空，眷言真要，無過釋典」，[3] 認為佛典是傳揚佛法的根本，遂支持波頗於大興善寺開譯經本，時為貞觀三年（629），是為唐代首個精英譯場成立的背景。

　　關於波頗譯場的翻經流程，譯前主要工作是挑選譯師，籌組翻譯團隊。中古中國初期的協作譯經，參與人士並無嚴格要求，至南北朝漸現規範，隋代彥琮更提出「八備」之說，[4] 說明擔任佛門譯

1　「波羅頗迦羅蜜多羅，唐言作明知識，或一云波頗，此云光智，中天竺人也。本剎利王種，姓剎利帝。十歲出家，隨師習學，誦一洛又大乘經，可十萬偈。受具已後，便學律藏，博通戒網，心樂禪思。又隨勝德修習定業，因修不捨，經十二年。末復南遊摩伽陀國那爛陀寺，值戒賢論師盛弘《十七地論》，因復聽採。以此論中兼明小教，又誦一洛又偈小乘諸論。波頗識度通敏，器宇沖邃，博通內外，研精大小，傳燈教授，同侶所推。承化門人般若因陀羅跋摩等，學功樹勣，深達義綱，今見領徒本國匡化，為彼王臣之所欽重。但以出家釋子不滯一方，六月一移，任緣靡定。承北狄貪勇，未識義方，法藉人弘，敢欲傳化，乃與道俗十人展轉北行，達西面可汗葉護衙所，以法訓勗。」見道宣：《續高僧傳》，第 50 冊，第 2060 經，卷 3，頁 439-440。

2　「武德九年，高平王出使入蕃，因與相見。承此風化，將事東歸，而葉護君臣留戀不許。王即奏聞，下勅徵入，乃與高平同來謁帝。以其年十二月達京，勅住興善。」同上注，頁 440。

3　同上注。

4　「彥琮法師云：『夫預翻譯，有八備十條：一、誠心受法，志在益人；二將踐勝場，先牢戒是；三文詮三藏，義貫五乘；四傍涉文史，工綴典詞，不過魯拙；五襟抱平恕，器量虛融，不好專執；六沉於道術，淡於名利，不欲高衒；七要識梵言，不墜彼學；八傳閱《蒼》、《雅》，粗諳篆隸，不昧此文。（後略）』」宋雲：《翻譯名義集》（1988 年大正新修大藏經刊行會編《大正新修大藏經》

經師的基本條件。及至唐代，時人對譯者的德行才幹越加重視，入朝譯經需具備一定能力，不如大型譯場般道俗大眾均可參與助譯。因此，波頗團隊籌建時，朝廷派遣官員徵求德學俱佳的譯師，史稱「下詔所司，搜敭碩德」，[5]要求譯者「兼閑三教，備舉十科」，意謂兼通佛門本宗和教外的學問，而「十科」與隋代彥所說的「十條」相通，即譯者應當通曉句韻、問答、名義、經論、歌頌、咒功、品題、專業、字部和字聲十大範疇，[6]同時譯師人數限在十九人，經過挑選方可進駐譯場。

翻譯團隊籌組以後，譯主波頗三藏在京師主持譯事，翻出《寶星陀羅尼經》、《般若燈論釋》和《大乘莊嚴經論》三部佛典，其譯序均有詳細記述翻譯流程本末，有助重構最早的精英譯場情況。按法琳（571-639）撰寫的《寶星陀羅尼經》譯序：

> 有中天竺國三藏法師波頗，唐言光智，誓傳法化，不憚艱危遠涉蔥河，來遊真丹。以貞觀元年景戌，洎于京輦，既登上席，爰懋錦衣。有詔所司，搜敭碩德，兼閑三教，備舉十科者，一十九人，於大興善寺，請波頗三藏，相對翻譯，沙門慧乘等證義，沙門玄謨等譯語，沙門慧明、法琳等執筆。承旨慇懃詳覆，審名定義，具意成文。起貞觀三年三月，訖四年四月，凡十卷十三品，用紙一百三十幅，總六萬三千八百八十二

本），第 54 冊，第 2131 經，卷 1，頁 1067。

5 波羅頗迦羅蜜多羅（Prabhākaramitra，565-633）譯：《寶星陀羅尼經》（1988 年大正新修大藏經刊行會編《大正新修大藏經》本），第 13 冊，第 402 經，卷 1，頁 536。

6 「十條者：一、句韻；二、問答；三、名義；四、經論；五、歌頌；六、咒功；七、品題；八、專業；九、字部；十、字聲。」宋雲：《翻譯名義集》，第 54 冊，第 2131 經，卷 1，頁 1067。

言。歸命一切佛菩薩。[7]

　　經本在大興善寺開譯，譯主波頗與一眾助譯「相對翻譯」，宣出原文，是為第一步驟，然後由「沙門慧乘等證義」，恢復類似前秦出現的「證梵文」工序，核實法師所述的原典內容無誤，然後開展漢譯，史稱「沙門玄謩等譯語」，再由「沙門慧明、法琳等執筆」，具體工作是「承旨慇懃詳覆，審名定義，具意成文」，一眾譯者經過反覆校對，確認譯本與原文所載義理契合無違，再落墨書寫定稿，於貞觀三年至四年（629-630）期間完成。由此可見，初唐首次精英譯事是改良自前代的協作翻譯模式，重現查證原文的步驟，執筆校訂的具體工作也有更為詳細清晰的說明。

　　波頗第二次譯事是翻出龍樹（Nāgārjuna）《中論》的另一本子，兼附分別明菩薩的釋文，題為「般若燈論釋」。〈般若燈論釋序〉有詳細記述譯事本末：

　　　　四年六月移住勝光，乃召義學沙門慧乘、慧朗、法常、曇藏、智首、慧明、道岳、僧辯、僧珍、智解、文順、法琳、靈佳、慧賾、慧淨等傳譯，沙門玄謩、僧伽及三藏同學崛多律師等，同作證明，對翻此論。尚書左僕射邠國公房玄齡、太子詹事杜正倫、禮部尚書趙郡王李孝恭等，並是翊聖賢臣，佐時匡濟，盡忠貞而事主、外形骸以求法。自聖君肇慮，竟此弘宣，利深益厚，寔資開發。監譯勅使右光祿大夫太府卿蘭陵蕭璟，信根篤始、慧力要終，寂慮尋真、虛心慕道，贊揚影響、勸助無輟。其諸德僧，夙興匪懈，研覈幽旨，去華存實，目擊則欣其會理、函丈則究其是非，文雖定而覆詳、義乃明而重審。歲

7　波羅頗迦羅蜜多羅譯：《寶星陀羅尼經》，第 13 冊，第 402 經，卷 1，頁 536。

次壽星十月十七日，撿勘畢了了。[8]

貞觀四年（630），三藏譯畢《寶星陀羅尼經》後，移住勝光寺，協助翻譯的義學沙門甚多，有慧乘（555-630）、慧朗、法常（567-645）、曇藏（567-635）、智首（567-635）、慧明、道岳（568-636）、僧辯（568-642）、僧珍、智解、文順、法琳（571-639）、玲佳、慧賾（580-636）、慧淨（578-?）等十五位特選譯者主理傳譯，將法師所宣原文翻為漢文，然後由「沙門玄謨、僧伽及三藏同學崛多律師，同作證明，對翻此論」，經過多人「夙興匪懈，研覆幽旨，去華存實」，共同日夜參校，訂定文理，以省略繁瑣之處、保存論本精髓為翻譯核心策略，方成定本，可見精英譯場與大型譯場同樣重視檢校譯本的程序，只是參與人數大減，限於由唐室選任的譯師執事。除了沙門譯者，譯場運作的大小事務由朝廷官員房玄齡、杜正倫、李孝恭（591-640）一同主理，謂之「監譯」，並有奉佛名臣蕭璟「勸助無輟」，繼續採用南北朝至隋代出現的譯場監護制度，最後論本於貞觀六年（632）譯畢。

波頗譯場於貞觀四年開始翻譯《般若燈論釋》，同時處理《大乘莊嚴經論》的漢譯工作，法師謂之「外國凡大、小乘學，悉以此論為本」，而且「若於此不通，未可弘法」，所以朝廷十分重視，不容有誤。李百藥（565-648）撰寫的《大乘莊嚴經論》譯序描述譯事經過如下：

　　粵以貞觀四年，恭承明詔。又勅尚書左僕射邢國公房玄齡、散騎常侍行太子左庶子杜正倫銓定，義學法師慧乘、慧

8　龍樹菩薩（Nāgārjuna）造，分別明菩薩釋，波羅頗迦羅蜜多羅譯：《般若燈論釋》，第 30 冊，第 1566 經，卷 1，頁 51。

朗、法常、智解、曇藏、智首、道岳、惠明、僧辯、僧珍、法琳、靈佳、慧賾、慧淨、玄謨、僧伽等，於勝光寺共成勝業。又勅太府卿蘭陵男蕭璟監掌修緝。三藏法師云：外國凡大小乘學，悉以此論為本；若於此不通，未可弘法。是以覃思專精，特加研究。慧淨法師，聰敏博識，受旨綴文。玄謨法師，善達方言，又兼義解，至心譯語，一無紕謬。以七年獻春此始撰定斯畢，勒成十有三卷二十四品。[9]

　　按譯序所言，譯場中除了主譯的波頗三藏，還有慧乘、慧朗、法常、智解、曇藏、智首、道岳、惠明、僧辯、僧珍、法琳、靈佳、慧賾、慧淨、玄謨、僧伽等人助譯，與上述班子近同，其中慧淨「受旨綴文」，玄謨「善達方言，又兼義解，至心譯語」，貢獻尤多，另有多位朝臣協助訂正譯文，房玄齡和杜正倫負責「銓定」，蕭璟從旁「監掌修緝」。由是觀之，「綴文」一職初次見於波頗譯場，開始將精簡譯文的工作訂定為其中一項翻譯工序，推動譯場的協作流程系統化，又從李百藥的記述可知初唐的監護職責不再限於統籌譯場行政事務和譯師供給，兼事譯文修訂，與沙門共同參校，可見譯經組織中的譯者職能進一步變化。

　　除了以上譯序，《續高僧傳》的波頗傳記有總論初代精英譯場的建置規模和整體分工，謂譯場中慧乘等擔任證義，玄謨等擔任譯語，慧賾、慧淨、慧明、法琳等擔任綴文，房玄齡、杜正倫負責「參助勘定」，蕭璟則「總知監護」，譯師們的四事供養，均由朝廷負責。僧傳內容可與譯序史料互證，補充說明波頗譯場的運作概況和譯者所責工序，原文記載見下：

9　無著菩薩造，波羅頗迦羅蜜多羅譯：《大乘莊嚴經論》，第 31 冊，第 1604 經，卷 1，頁 590。

（波頗三藏和十九位譯師）於大興善創開傳譯，沙門慧乘等證義，沙門玄謨等譯語，沙門慧賾、慧淨、慧明、法琳等綴文。又勅上柱國尚書左僕射房玄齡、散騎常侍太子詹事杜正倫參助勘定，光祿大夫太府卿蕭璟總知監護，百司供送，四事豐華（後略）。[10]

綜合上述的波頗譯事，精英譯場的出現可謂中古中國協作翻譯的另一次變革，籌組譯場、翻譯程序、譯者職責均有深化，融合前代的小組譯經和大型譯場模式的精髓，推陳出新，力求完善。然而，值得一提的是譯事開展以後，波頗三藏其實曾提出在精英譯事的基礎上，恢復重建大型譯場。按法師門人靈佳轉述，波頗認為「苻、姚兩代，翻經學士乃有三千」，[11] 大型譯場集合眾人一同翻經，各抒己見，更能達到集思廣益的效果，「明德同證，信非徒說」，[12] 所出譯本更為大眾接受，不是少數譯者自認恰當的作品，較「大唐譯人不過二十」的組織為佳。[13] 可是，波頗做法備受時人批評，認為集合大眾之舉，名為翻經，實是擴大個人聲威，收納門徒，互送利益，只求「僥倖時譽，取馳於後」，[14] 無助弘法事業。或許十六國、南北朝時期大型譯場衍生的人事流弊，後人經已察見，加上初唐社會出現「盛德自私諸己」的不良風氣，[15] 識者深恐禍及佛門，所以舊日模式難以復興，誠與社會大眾的規範力量有關。最後，波頗的構想無法實行，在輿論聲中黯然而逝，「本志頹然，雅

10　道宣：《續高僧傳》，第 50 冊，第 2060 經，卷 3，頁 440。

11　同上注。

12　同上注。

13　同上注。

14　同上注。

15　同上注。

懷莫訴」。[16] 無論如何，波頗第一代精英譯場無疑啟導了新的協作譯經，組織更見嚴謹，工序更見分明，玄奘等後世譯師多有繼承，成為唐代皇家譯場的基本運作模式，功不可沒。

3. 玄奘的精英譯場

波頗三藏於貞觀初年來華弘法，在京翻譯雖然不過數年，但其開創的譯場為李唐一代的官方精英譯事奠定基礎，中國翻譯史上著名的玄奘譯經團隊，其實也是參採波頗模式，開展協作譯事。玄奘是名揚中外的佛教譯經師，其西行取經的事跡流傳千古，現存不少原始史料記錄其求法本末，[17] 後世研究亦甚豐博，故不贅述。本節的譯師生平史考，主要討論玄奘的語言學習問題，探索法師甚麼時候開始學習西域語言（如梵文），使之在西域溝通無礙，並能夠執本自譯，翻梵為華。考究現存史料，玄奘自幼隨兄長捷法師出家學佛，訪尋巴蜀、荊吳地區的沙門名師，勤習經論，升座說法，廣為人知，但其時尚未善梵文。及至玄奘於太宗即位之初重返長安，開始學習梵語，《集古今佛道論衡》有言：「（玄奘）以貞觀初入關，住莊嚴寺，學梵書語」。[18] 同時，玄奘籌備結伴出國取經，上表朝廷請求批文，雖未獲許，法師依然積極學習外語，尋訪京中外國人的聚居之地，向其請教，伺機出關，以應未來所需，史言「頓迹京

16　同上注。

17　關於玄奘生平事跡的重要歷史紀錄，詳見（一）《大唐故三藏玄奘法師行狀》、（二）《續高僧傳》中〈京大慈恩寺釋玄奘傳〉和（三）《大唐大慈恩寺三藏法師傳》（簡稱「慈恩傳」）。此外，《寺沙門玄奘上表記》載錄玄奘與太宗、高宗的往還文書，有助分析玄奘回國後的弘法活動，屬另一種重要史料。

18　道宣：《集古今佛道論衡》（1988 年大正新修大藏經刊行會編《大正新修大藏經》本），第 52 冊，第 2104 經，卷 3，頁 387。

皐，廣就諸蕃，遍學書語，行坐尋授」。[19] 由此推斷，玄奘出發天竺前對梵文等西域語言已有一定認識，後來親往西國，與當地人不斷交流，參與法會，日復一日，反覆操習，前後經過近二十年，便能掌握中外諸語，返國以後翻譯佛經，自然得心應手。

玄奘取經十餘年，攜同大批經像，在西域諸國的護持下，終於貞觀十九年正月二十四日返回中國，僧俗夾道歡迎，幢幡處處，場面盛大。[20] 玄奘回國後，與太宗會面，論及西域風土，兼言譯事。《續高僧傳》記述如下：

> 主上虛心企仰，頻下明勅，令奘速至。但為事故留連，不早程達。既見洛宮，深沃虛想，即陳翻譯，搜擢賢明。上曰：「法師唐、梵具瞻，詞理通敏，將恐徒揚仄陋，終虧聖典。」奘曰：「昔者二秦之譯，門位三千，雖復翻傳，猶恐後代無聞，懷疑乖信。若不搜舉，同奉玄規，豈以褊能，妄參朝委？」頻又固請，乃蒙降許。[21]

玄奘指出翻譯佛典應「搜擢賢明」，同參共議，譯本方得妥善，但太宗認為法師既明華梵兩種語言，「唐梵具瞻，詞理通敏」，多人參與，才學不一，反而影響譯文質素，「徒揚仄陋，終虧聖

19　道宣：《續高僧傳》，第 50 冊，第 2060 經，卷 4，頁 447。

20　「貞觀十九年春正月景子，京城留守左僕射梁國公房玄齡等承法師齎經、像至，乃遣右武侯大將軍侯莫陳寔、雍州司馬李叔眘、長安縣令李乾祐等奉迎，自漕而入，舍於都亭驛，其徒若雲。是日有司頒諸寺，具帳輿、花幡等，擬送經、像於弘福寺，人皆欣踊，各競莊嚴。翌日大會於朱雀街之南，凡數百件，部伍陳列。」見慧立（615-?）著，彥悰箋：《大唐大慈恩寺三藏法師傳》（1988 年大正新修大藏經刊行會編《大正新修大藏經》本），第 50 冊，第 2053 經，卷 6，頁 252。

21　道宣：《續高僧傳》，第 50 冊，第 2060 經，卷 4，頁 455。

典」。玄奘對此不表贊同，謂「二秦之譯，門徒三千」，翻譯時大眾同證譯事，兼聞新譯，然後對外廣泛流通，可以避免「後代無聞，懷疑乖信」，減少後世懷疑譯本真偽。玄奘多次上請徵召善譯者合作翻經，最後太宗允許，籌組初唐第二代精英譯場。上述關於譯經模式的對答，篇幅雖然短，但對探討中古佛經漢譯史甚有意義，揭示當時非翻譯人士與佛門譯者對協作譯經的基本看法，屬於古代譯經現象研究的重要史料。太宗是為非翻譯人士，以為翻譯程序越簡單越好，由原語、譯語俱善的譯者獨自處理為佳，可以減少眾口不一而導致譯文疏漏，固有其理。然而，玄奘此等譯界中人持不同意見，其觀點與前文波頗三藏所述有類通之處，均以更宏觀的角度分析協作譯經的優點。兩代譯師同樣指出譯者共翻可以提高譯本的認受程度，不但能起集思廣益之效，同校譯本，力求最善，更重要的是讓普羅助譯人士一起見證譯事本末，知悉實有其事，殊非妄偽，以免後代誤傳，弄真作假，長久而言對護持法門正統甚有益處。古代溝通科技未備，資訊流通並不發達，主要依賴大眾口耳相傳和文獻紀錄，越多人見證翻譯，便能排除妄言假說。因此，協作譯經一方面能夠提高譯經成效，另一方面有助譯本的流通攝受。譯經中人的觀點與教外人士所想相異，但各自點出協作譯經的利與弊，說明該等模式在中古落實推動時的實際情形，有助理解古人的佛經漢譯思想。

　　玄奘譯場於貞觀末年開始運作，至高宗（628-683，649-683 在位）初年為終，內部組織經過變革，令協作模式更趨完善，現整合玄奘的翻譯紀錄，說明譯場的運作架構和演化進程。先考貞觀年代的情況，按《慈恩傳》的記載，玄奘譯場最初在弘福寺籌辦，選任特定數目的譯師入內翻經，其中十二為「證義大德」，皆是「諳解大、小乘經論，為時輩所推者」，九人為「綴文大德」，一人為「字學大德」，一人為「證梵語、梵文大德」，分工細緻，譯場監護房玄齡主理譯場供給和人事統籌，領詔行事，「務使周備」，呈現精

英譯場的特徵。原述如下:

> 三月己巳,法師自洛陽還至長安,即居弘福寺。將事翻
> 譯,乃條疏所須證義、綴文、筆受、書手等數,以申留守司空
> 梁國公玄齡,玄齡遣所司具狀發使定州啟奏。令旨依所須供
> 給,務使周備。夏六月戊戌,證義大德諳解大小乘經、論為時
> 輩所推者,一十二人至,即京弘福寺沙門靈潤、沙門文備,羅
> 漢寺沙門慧貴,實際寺沙門明琰,寶昌寺沙門法祥,靜法寺沙
> 門普賢,法海寺沙門神昉,廓州法講寺沙門道深,汴州演覺寺
> 沙門玄忠,蒲州普救寺沙門神泰,綿州振嚮寺沙門敬明,益州
> 多寶寺沙門道因等。又有綴文大德九人至,即京師普光寺沙門
> 栖玄、弘福寺沙門明濬、會昌寺沙門辯機、終南山豐德寺沙門
> 道宣、簡州福聚寺沙門靜邁、蒲州普救寺沙門行友、捿巖寺沙
> 門道卓、豳州昭仁寺沙門慧立、洛州天宮寺沙門玄則等。又有
> 字學大德一人至,即京大總持寺沙門玄應。又有證梵語、梵文
> 大德一人至,即京大興善寺沙門玄謨。自餘筆受、書手,所司
> 供料等並至。[22]

此外,大正藏本《瑜伽師地論》的譯本末部,詳列譯經沙門的
名稱、寺處和職責,有助了解貞觀時期玄奘譯場的組織。[23] 資料記
載《瑜伽師地論》的漢譯經過多重步驟處理,首先是玄奘一人為
譯,將原典翻為漢文,估計是法師華梵兼善,而且深懂唯識義理,

---

22 慧立著,彥悰箋:《大唐大慈恩寺三藏法師傳》,第 50 冊,第 2053 經,卷 6,
    頁 253-254。

23 玄奘(602-664)譯:《瑜伽師地論》(1988 年大正新修大藏經刊行會編《大正
    新修大藏經》本),第 30 冊,第 1579 經,卷 100,頁 881-882。

由其漢譯全論最為切當，可以避免名相翻譯見異，內容誤解的情況。此外，漢文初譯生成的過程中，需要經過多重檢校步驟，由多位翻經沙門合作處理：一者「證義」，由文備、神泰、道深、法祥、慧貴、明琰和道洪負責；二者「證梵語」，玄謨負責；三者「正字」，明濬、玄應負責；四者「證文」，辨機（?-649）、靖邁、行友、道智、玄忠負責，另有沙門知仁、靈雋、道觀、道卓、明覺五人主責「筆受」，朝臣許敬宗「監閱」，最後「書手」抄寫定本全文，頒行天下。由此可見，玄奘譯場的運作極具條理，譯經程序和分工遠較前代的小組譯經和大型譯場嚴謹具體，亦較波頗三藏初代精英譯場成熟。

　　貞觀二十三年（649），太宗逝世，高宗繼位，仍然支持佛經翻譯，大興佛法，繼續贊助玄奘譯場翻經，玄奘亦可以深入藏經，專注譯事。因太宗在世時經常下命法師入宮說法，談論西域風土人情，譯業頗受影響，高宗以後「專務翻譯，無棄寸陰」，而且「每日自立程課，若晝日有事不充，必兼夜以續之」，[24] 精進非常，故能翻出眾經。玄奘譯場在高宗朝得以延續，供養不斷，同時出現兩項變革：一者，君主決定譯場所翻佛典。按照《慈恩傳》記述，高宗下令玄奘「所欲翻經、論，無者先翻，有者在後」，[25] 選擇所譯佛

24　「自此之後，專務翻譯，無棄寸陰。每日自立程課，若晝日有事不充，必兼夜以續之。過乙之後方乃停筆，攝經已復禮佛行道，至三更暫眠，五更復起，讀誦梵本，朱點次第，擬明旦所翻。每日齋訖，黃昏二時講新經論，及諸州聽學僧等恒來決疑請義。」詳見慧立著，彥悰箋：《大唐大慈恩寺三藏法師傳》，第 50 冊，第 2053 經，卷 7，頁 260。

25　「法師在京之日，先翻《發智論》三十卷。及《大毘婆沙》未了，至是有勅報法師曰：『其所欲翻經、論，無者先翻，有者在後。』法師進表曰：『竊聞冕旒庸俗，咸競前修，述作窮神，必歸　睿后。皇帝造物，玄猷遠暢，掩王城於侯甸，光貝葉於羽陵。傍啟譯寮，降緝鴻序，騰照千古，流輝萬葉。陛下纂承丕業，光敷遠韻，神用日新，賞鑒無惑。玄奘濫沐天造，肅承明詔，每撫庸躬，恒深悚息。去月日奉勅，所翻經論，在此無者宜先翻，舊有者在後翻。但《發智毘婆沙論》有二百卷，此土先唯有半，但有百餘卷，而文多舛雜，今更整頓

典有主次先後之分，玄奘其時希望翻譯中土未備的《發智毘婆沙論》，但受皇命影響，論本翻譯一度延後，法師以「此《論》於學者甚要」，上奏請求特許先譯。在此以前，乃至唐代或更早時代，君主很少干預譯主的譯經選材，此為一變。二者，監護人員增加，協助修正譯本。監譯制度早見於南北朝，隋唐繼承，太宗時代精英譯場的監護人員已較舊代為多，由房玄齡、杜正倫、蕭璟等朝臣任職，與舊代由沙門僧官兼職不同。至高宗時，朝廷進一步下令官員于志寧（588-665）、來濟（610-662）、許敬宗、薛元超（622-683）、李義府（614-666）多人「時為看閱」，管理譯場事務，並可按照情況訂定譯本，史稱「有不穩便處，即隨時潤色」，力求「慈恩翻譯，文義須精」，而且如要更多學士幫忙，可以「任量追兩三人」，俗官參與譯事程度之高，可謂前所未見，此為二變。[26] 於此，玄奘的解釋為「譯經雖位在僧，光價終憑朝貴」，意思是越多朝廷重臣助譯護持，便可對外表示譯本得唐室群臣拱照，真實不虛，從而提高譯本的認受性，有助吸引普羅大眾信受奉持，推動新譯流通，否則「不足光遠」。[27] 此一解釋與上述玄奘提倡協作翻譯的用意如出

翻之。去秋以來已翻得七十餘卷，尚有百三十卷未翻。此《論》於學者甚要，望聽翻了。餘經論有詳略不同及尤舛誤者，亦望隨翻，以副聖述。』帝許焉。」同上注，卷9，頁272-273。

26 「又顯慶年中恩勅云：『大慈恩寺僧玄奘所翻經、論，既新翻譯，文義須精，宜令太子太傅尚書左僕射燕國公于志寧、中書令兼撿校吏部尚書南陽縣開國男來濟、禮部尚書高陽縣開國男許敬宗、黃門侍郎兼撿校太子左庶子邠陰縣開國男薛元超、守中書侍郎兼撿校太子右庶子廣平縣開國男李義府時為看閱，有不隱便處，即隨事潤色。若須學士，任量追兩人。』」見冥詳：《大唐故三藏玄奘法師行狀》（1988年大正新修大藏經刊行會編《大正新修大藏經》本），第50冊，第2052經，頁218，另可參閱慧立著，彥悰箋：《大唐大慈恩寺三藏法師傳》，第50冊，第2053經，卷8，頁266。

27 承上注，《續高僧傳》進一步補充說明高宗下旨派遣多名官員進駐玄奘譯場的背景因由：「顯慶元年正月，為皇太子於慈恩設大齋，朝宰總至。黃門郎薛元超、中書郎李義府曰：『譯經佛法之大，未知何德以光揚耶？』奘曰：『公此之問，常所懷矣。譯經雖位在僧，光價終憑朝貴。至如姚秦鳩摩羅什，則安成侯

一徹，旨在借助第三方之力認證譯事真確，提升譯本地位，最終促進經本傳承。

關於玄奘譯場所出譯本的特點，史料略有記述，主要有二：一者，玄奘梵漢俱佳，執本自翻，助譯沙門略加修飾，便可成定本，質素上佳，令人手不釋卷。史稱舊代譯經，因受語言所限，一典譯出，往往成於眾手，特別是筆受之人常「亂理文句」，以致「中間增損，多墜金言」，譯本內容時有不足。玄奘翻譯能力上善，而且通曉經義，由梵成華，可以一人主譯，手執原文，口宣漢言，「意思獨斷，出語成章」，初稿完成以後，「詞人隨寫，即可披翫」，時人評價甚高。[28] 二者，玄奘所出，往往忠於原本，極力保持內容完整，與姚秦鳩摩羅什譯場的翻譯策略不同。羅什出經，特點是「除繁去重」，[29] 如前章所述，法師以「秦人好簡」，原文重複的地方多有刪削，希望譯本簡單易讀，順應漢地大眾的閱讀習慣，所以其漢譯本內容顯得精到，並非依照原文字句逐一對翻，但始終無違

姚嵩筆受；元魏菩提流支，則侍中崔光錄文；貞觀初波頗初譯，則僕射蕭瑀、太府蕭璟、庶子杜正倫等監閱詳定。今並無之，不足光遠。又大慈恩寺，聖上切風樹之哀，追造壯麗，騰實之美，勿過碑頌。若蒙二公為致，則不朽之迹，自形於今古矣。』便許之。明旦，遣給事宣勅云：『所須官人助翻者，已處分訖，其碑朕自作。』尋勅：『慈恩翻譯，文義須精，宜令左僕射于志寧、中書令來濟、禮部許敬宗、黃門郎薛元超、中書郎李義府等，有不安穩，隨事潤色。若須學士，任追三兩人。』」見道宣：《續高僧傳》，第 50 冊，第 2060 經，卷 4，頁 457。玄奘得到高宗特遣朝臣助譯佛典以後，親自上表言謝，表文見於《寺沙門玄奘上表記》（1988 年大正新修大藏經刊行會編《大正新修大藏經》本），第 52 冊，第 2119 經，頁 821，題為〈謝許製大慈恩寺碑文及得宰相助譯經表〉。

28　「自前代以來，所譯經教，初從梵語，倒寫本文，次乃迴之，順同此俗，然後筆人亂理文句，中間增損多墜全言。今所翻傳，都由奘旨，意思獨斷出語成章，詞人隨寫，即可披翫。」同上注，頁 455。

29　慧立著，彥悰箋：《大唐大慈恩寺三藏法師傳》，第 50 冊，第 2053 經，卷 10，頁 276。

佛說，羅什翻譯的《大智度論》便是顯例。[30] 然而，玄奘譯經忠於原典，儘量做到與原文相應，「一如梵本」，如非必要不加刪減，《大般若經》的漢譯是為一例。[31] 是故，古人評羅什、玄奘的翻譯特色時，有「取意譯經，則什為最」、「敵對唐梵，則奘稱能」的評說，[32] 或謂「會意譯經，秦朝羅什為最」、「若敵對翻譯，大唐三藏稱能」。[33] 以上為玄奘精英譯場於太宗、高宗兩朝的運作情況。

4. 地婆訶羅的精英譯場

波頗、玄奘的精英譯場模式，高宗以後延用不斷，地婆訶羅（Divākara，614-688）主持的翻譯組織是為一例。地婆訶羅，又稱「日照」，中印度人，戒行超群，洞達五明，精通四阿含經典，特別善於咒法，於高宗儀鳳（676-679）年間來華譯經，至武后（624-705，690-705 在位）即位，繼續弘法，先後在兩京東、西太原寺

---

30 「梵文委曲，皆如初品。法師以秦人好簡故，裁而略之。若備譯其文，將近千有餘卷。」見鳩摩羅什譯：《大智度論》，第 24 冊，第 1509 經，卷 1，頁 57。

31 「至五年春正月一日，起首翻《大般若經》。經梵本總有二十萬頌，文既廣大，學徒每請刪略，法師將順眾意，如羅什所翻，除繁去重。作此念已，於夜夢中即有極怖畏事以相警誡，或見乘危履嶮，或見猛獸搏人，流汗戰慄，方得免脫。覺已驚懼，向諸眾說，還依廣翻。夜中乃見諸佛菩薩眉間放光，照觸己身，心意怡適。法師又自見手執花燈供養諸佛，或昇高座為眾說法，多人圍繞，讚嘆恭敬。或夢見有人奉己名菓，覺而喜慶，不敢更刪，一如梵本。」見慧立著，彥悰箋：《大唐大慈恩寺三藏法師傳》，第 50 冊，第 2053 經，卷 10，頁 275-276。

32 子璿（965-1038）：《金剛經纂要刊定記》（1988 年大正新修大藏經刊行會編《大正新修大藏經》本），第 33 冊，第 1702 經，卷 7，頁 227。

33 澄觀（738-839）：《大方廣佛華嚴經隨疏演義鈔》（1988 年大正新修大藏經刊行會編《大正新修大藏經》本），第 36 冊，第 1736 經，卷 19，頁 148。

和弘福寺翻出佛典十餘部，譯作甚豐，均出自官方支持的精英譯場。[34]

按照史料記述，地婆訶羅精英譯場的運作共涉五大步驟，原述如下：

> 以天皇儀鳳初，至天后垂拱末，於兩京東西太原寺（西太原寺即今西崇福寺是也，東太原寺即今大福先寺是也）及西京弘福寺，譯《大乘顯識經》等一十八部。沙門戰陀、般若提婆譯語，沙門慧智證梵語，勅召名德十人，助其法化。沙門道成、薄塵、嘉尚、圓測、靈辯、明恂、懷度等證義，沙門思玄、復禮等綴文筆受。天后親敷睿藻，製序標首，光飾像教，傳之不朽也。[35]

第一步是譯主地婆訶羅宣說經本原文；第二步是沙門戰陀、般若提婆（Prajñādeva）聽聞譯主所宣，口譯漢文，謂之「譯語」；第三步是沙門慧智「證梵語」，執行第一重校訂工作，兼有名德十人協助流通法語，均受皇命而為之；第四步是「證義」，參與譯者甚多，計有道成、薄塵、嘉尚、圓測（613-696）、靈辯、明恂、懷度等諸位沙門，屬於第二重檢校；第五步是「綴文」和「筆受」，簡化譯文，去蕪存菁，生成定本，由思玄、復禮等沙門負責，最後由武后親撰經序，以示正真無誤，對外流通。

從上可見，地婆訶羅譯場的基本架構與前代相似，繼承波頗、

34　「沙門地婆訶羅，唐言日照，中印度人。洞明八藏，博曉四含，戒行清高，學業優贍，尤工呪術，兼洞五明，志在利生，來遊此國。」智昇：《開元釋教錄》，第 55 冊，第 2154 經，卷 9，頁 564。

35　同上注。

玄奘的協作翻譯模式而來。

5. 提雲般若的精英譯場

提雲般若主持的譯經組織，是武后時代另一精英譯場。提雲般若，于闐國人，又稱「提雲陀若那」，意譯「天智」。法師兼通大、小二乘佛法、禪法、咒術無不通達。永昌（689）年間，提雲般若東來中土弘教，受命於大周東寺翻譯佛典，出釋教經論多部。詳見《開元釋教錄》記載：

> 沙門提雲般若，或云提雲陀若那，唐云天智，于闐國人。學通大小，智兼真俗，咒術禪門，悉皆諳曉。以天后永昌元年，來屆于此，即以其年，謁帝于洛，勅於魏國東寺，後改為大周東寺翻經。以永昌元年己丑至天授二年辛卯，總出經論六部。沙門戰陀、慧智等譯語，沙門處一等筆受，沙門復禮等綴文，沙門德感、慧儼、法明、弘景等證義。[36]

提雲般若的譯場組織與前述十分近似，先由譯主提雲般若宣說佛典原文，然後沙門戰陀、慧智等譯語，聽聞法師所宣內容，口譯漢言，再由多位沙門譯者記錄編輯口譯初稿，處一等沙門筆受，復禮等沙門綴文，並有德感、慧儼、法明、弘景（634-712）等翻經大德證義，參校譯文，方成定本，整體運作架構屬唐代典型的皇家精英譯場。

36　同上注，頁565。

6. 實叉難陀的精英譯場

　　實叉難陀（Śikṣānanda，652-710）的譯經組織，是武后時代其中一個規模龐大的精英譯場。實叉難陀，于闐沙門，大、小二乘佛法兼通，以弘法利生為本務。時武后敬重大乘佛法，特別留意《華嚴》學說，因中土《華嚴》經本尚未完備，朝廷遂派遣使者往西域尋找原典，並請通曉經本的譯者來華傳翻，實叉難陀獲邀入國，於證聖元年（695）抵達關中，受命駐居東都大內大遍空寺，啟譯八十卷本《大方廣佛華嚴經》，是為實叉難陀第一場精英譯事。[37]

　　實叉難陀的譯事得到皇室的大力支持，現存經序等史料有詳細說明其譯經本末，加以整理，便可重構當時的協作翻譯盛況。武后親撰的《華嚴》經序記載如下：

　　　　朕聞其梵本，先在于闐國中，遣使奉迎，近方至此。既覩百千之妙頌，乃披十萬之正文。粵以證聖元年，歲次乙未，月旅沽洗，朔惟戊申，以其十四日辛酉，於大遍空寺，親受筆削，敬譯斯經。遂得甘露流津，預夢庚申之夕；膏雨灑潤，後覃壬戌之辰。式開實相之門，還符一味之澤。以聖曆二年，歲次己亥，十月壬午朔，八日己丑，繕寫畢功。[38]

　　又《開元釋教錄》的記述節錄如下：

---

37 「沙門實叉難陀，唐云喜學，于闐國人。智度弘曠，利物為心，善大小乘，兼異學論。天后明揚佛日，敬重大乘，以《華嚴》舊經處會未備，遠聞于闐有斯梵本，發使求訪，並請譯人。實叉與經同臻帝闕，以天后證聖元年乙未，於東都大內大遍空寺譯《華嚴經》。」同上注，頁 566。

38 實叉難陀（Śikṣānanda，652-710）譯：《大方廣佛華嚴經》（1988 年大正新修大藏經刊行會編《大正新修大藏經》本），第 10 冊，第 279 經，卷 1，頁 1。

以天后證聖元年乙未，於東都大內大遍空寺譯《華嚴經》。
天后親臨法座，煥發序文，自運仙毫，首題名品。南印度沙門
菩提流志、沙門義淨同宣梵本，後付沙門復禮、法藏等於佛授
記寺譯，至聖曆二年己亥功畢。[39]

按照歷史檔案記載，《華嚴》啟譯之時，武后親臨大遍空寺譯
場提供協助，「親受筆削，敬譯斯經」，並親筆書寫經本各個分品
題目，「自運仙毫，首題名品」，譯場內南印度沙門菩提流志（572-
727）和義淨（635-713）一同宣講梵本原文，然後將初出本子交付
復禮、法藏（643-712）等沙門翻譯編輯，至聖曆二年（699）定本
流通。

《華嚴》譯畢以後，武后繼續供養實叉難陀的精英翻譯團隊，
於三陽宮內、西京清禪寺和東都授記寺翻出眾經。協助實叉難陀翻
經的人士眾多，兼及高僧沙門和朝廷中人，史稱波崙、玄軌等沙門
筆受，復禮等沙門綴文，法寶、弘景（634-712）等沙門證義，並
有太子中舍賈膺福（?-713）重任譯場監護，統籌譯場運作和眾人
供給，與過去的精英譯場運作大抵無異。詳見《開元釋教錄》記載：

又至久視元年庚子，於三陽宮內譯《大乘入楞伽經》，及
於西京清禪寺、東都授記寺譯《文殊授記》等經，前後總譯
一十九部。沙門波崙、玄軌等筆受，沙門復禮等綴文，沙門法
寶、弘景等證義，太子中舍賈膺福監護。[40]

---

39 智昇：《開元釋教錄》，第 55 冊，第 2154 經，卷 9，頁 566。

40 同上注。

7. 義淨的精英譯場

　　義淨三藏的翻經組織是橫跨武后和中宗（656-710，684 / 705-710 在位）、睿宗（662-716，684-690 / 710-712 在位）復辟時代的著名精英譯場。義淨，齊州人，年少出家，訪尋名師，學佛修行，十分喜愛閱讀，博通古今和內外典籍，才學非凡，年十五便有西行求法的志向。高宗咸亨（670-674）初年，義淨與同伴從廣州出發，循海路遠赴天竺取經學佛，歷經二十載，訪問三十多國，於武后證聖元年（695）返回關中，將大量珍貴佛門原典和聖物傳到中土，武后敬重非常。[41]

　　義淨返國以後，初駐佛授記寺，安放新來梵本，並協助實叉難陀翻譯《華嚴經》，法師當時尚未有獨立的翻譯團隊，史稱：「勑於佛授記寺安置，所將梵本並令翻譯。初，共于闐三藏實叉難陀翻《華嚴經》，久視已後，方自翻譯。」[42] 後來，法師在朝廷的大力支持下，籌組精英譯場，規模宏大，翻出多部從西國新取的佛教經典，包括大量律藏戒規，今存譯經檔案有明確記述其規建。

　　第一期譯事以久視元年（700）為始，長安三年（703）為終，翻出《金光明最勝王》、《能斷金剛般若》等佛典二十部。由通曉

41　「沙門釋義淨，齊州人，俗姓張，字文明。髫齓之年，辭榮落彩，於是遍詢名匠，廣探群藉，內外閑曉，今古遍知。年十有五，志遊西域，仰法顯之雅操，慕玄奘之高風，加以勤無棄時，手不釋卷，弱冠登具，逾屬堅貞。咸亨二年，三十有七，方叶夙懷，遂之廣府。初結誓同志，數滿十人，泊乎汎舶，餘皆退罷，唯淨堅心轉熾，遂即孤行，備歷艱難，漸達印度。所至之境，皆洞言音，凡遇王臣，咸蒙禮重。（中略）凡所歷遊，三十餘國，往來問道，出二十年。以天后證聖之元，乙未仲夏，還至河洛，將梵本經、律、論近四百部，合五十萬頌，金剛座真容一鋪，舍利三百粒。天后敬法重人，親迎于上東門外。洛陽緇侶，備設幢旛，兼陳鼓樂，在前導引。勑於佛授記寺安置，所將梵本，並令翻譯。」同上注，頁 568。

42　同上注。

梵、漢二言的義淨主譯，北印度沙門阿儞真那（？-721）主責證梵文義，波崙、復禮、慧表、智積等沙門共同筆受、證文，法寶、法藏、德感、成莊、神英、仁亮、大儀、慈訓等多位沙門證義，並有成均太學助教許觀擔任譯場監護，並負責繕寫譯文定本，將新譯上呈武后親覽作序，史曰：「天后製〈新翻聖教序〉，令標經首。」[43]

翻出上述佛典以後，義淨團隊尚有三期譯事，精英模式隨之演化，更見規模。法師於東都內道場和大福先寺主譯《孔雀王經》、《勝光天子》、《香王菩薩呪》、《一切功德莊嚴王》等四部佛典，盤度讀梵文，玄傘筆受，大儀證文，勝莊、利貞等證義，兵部侍郎崔湜（671-713）、給事盧粲（？-713）等潤文、正字，秘書大監駙馬都尉觀國公楊慎交（675-728）監護，《一切功德莊嚴王》譯本有具列譯者名單和職責，[44] 是為第二期翻譯活動，[45] 不久兼出《藥師經》

---

43 「即以久視元年庚子至長安三年癸卯，於東都福先寺及西京西明寺，譯《金光明最勝王》、《能斷金剛般若》、《入定不定印》、《彌勒成佛》、《一字呪王》、《莊嚴王陀羅尼》、《善夜》、《流轉》、《諸有》、《妙色王因緣》、《無常》、《八無暇有暇》、《長爪梵志》等經，《根本說一切有部毘奈耶》、《尼陀那目得迦》、《百一羯磨》及《律攝》等，《掌中》、《取因假設》、《六門教授》等論，及《龍樹勸誡頌》，已上二十部，一百一十五卷。北印度沙門阿儞真那證梵文義，沙門波崙、復禮、慧表、智積等筆受、證文，沙門法寶、法藏、德感、成莊、神英、仁亮、大儀、慈訓等證義，成均太學助教許觀監護繕寫進內。天后製〈新翻聖教序〉，令標經首。」同上注。

44 「大唐神龍元年七月十五日，三藏法師義淨奉制于洛州大福先寺新譯並綴文正字。翻經沙門婆羅門大德槃度讀梵文。翻經沙門荊州大唐龍興寺大德弘景證文。翻經沙門大總持寺上座大宜證文。翻經沙門大薦福寺大德勝莊證義。翻經沙門相州禪河寺大德玄傘筆受。翻經沙門溜州大雲寺大德慧沼證義。翻經沙門大唐龍興寺大德智積證義。中大夫檢校兵部侍郎臣崔湜潤文。大中大夫行給事中上柱國臣盧粲潤文正字。」義淨譯：《佛說一切功德莊嚴王經》（1988 年大正新修大藏經刊行會編《大正新修大藏經》本），第 21 冊，第 1374 經，頁 894。

45 「暨和帝龍興，神龍元年乙巳，於東都內道場譯《孔雀王經》，又於大福先寺譯《勝光天子》、《香王菩薩呪》、《一切功德莊嚴王》等經。上四部六卷，沙門盤度讀梵文，沙門玄傘筆受，沙門大儀證文，沙門勝莊、利貞等證義，兵部侍郎崔湜、給事盧粲等潤文正字，秘書大監駙馬都尉觀國公楊慎交監護。和帝心崇釋典，製序褒揚，號為〈大唐龍興三藏聖教序〉。帝御洛城西門，宣示群

新譯，帝主中宗親自筆受。[46]

　　至景龍四年（710），義淨受命於大薦福寺翻經，共計二十部。是次協作翻譯活動的助譯人士甚眾，吐火羅沙門達磨末磨和中印度沙門拔弩證梵義，罽賓沙門達磨難陀證梵文，居士東印度首領伊舍羅證梵本，沙門慧積、中印度居士李釋迦、度頗多等讀梵本，沙門文綱（636-727）、慧沼（652-715）、利貞、勝莊、愛同、思恒（651-726）等證義，沙門玄傘、智積等筆受，東印度居士瞿曇金剛、迦濕彌羅國王子阿順等證譯，修文館大學士特進趙國公李嶠、兵部尚書逍遙公韋嗣立（654-719）、中書侍郎趙彥昭、吏部侍郎盧藏用（664-713）、兵部侍郎張說（667-713）、中書舍人李乂（649-716）、蘇頲（670-727）等二十餘人次文潤色，左僕射舒國公韋巨源（631-710）、右僕射許國公蘇瓌（639-710）等監譯，秘書大監嗣虢王李邕（687-727）監護，是為第三期翻譯。[47]又今存義淨翻譯《根

辟，淨所新翻，並令標引。」智昇：《開元釋教錄》，第 55 冊，第 2154 經，卷9，頁 568。

46　「三年丁未，帝召入內，並同翻經沙門，九旬坐夏。帝以昔居房部，幽厄無歸，祈念藥師，遂蒙降祉。賀茲往澤，重闡洪猷，因命法徒，更令翻譯，於大佛光殿，譯成二卷，名『藥師瑠璃光七佛本願功德經』。帝御法筵，手自筆受。」同上注。

47　「又至景龍四年庚戌，於大薦福寺譯《浴像功德》、《數珠功德》、《如意心》、《尊勝》、《拔除罪障》、《出家入胎》、《五蘊皆空》、《三轉法輪》、《譬喻》、《療痔病》等經，《根本說一切有部苾芻尼毘奈耶》、《毘奈耶雜事》、《二眾戒經》、《毘奈耶頌》、《雜事攝頌》、《尼陀那目得迦攝頌》、《唯識寶生》、《觀所緣釋》等。已上二十部八十八卷，吐火羅沙門達磨末磨、中印度沙門拔弩證梵義，罽賓沙門達磨難陀證梵文，居士東印度首領伊舍羅證梵本，沙門慧積、居士中印度李釋迦、度頗多等讀梵本，沙門文綱、慧沼、利貞、勝莊、愛同、思恒等證義，沙門玄傘、智積等筆受，居士東印度瞿曇金剛、迦濕彌羅國王子阿順等證譯，修文館大學士特進趙國公李嶠、兵部尚書逍遙公韋嗣立、中書侍郎趙彥昭、吏部侍郎盧藏用、兵部侍郎張說、中書舍人李乂、蘇頲等二十餘人次文潤色，左僕射舒國公韋巨源、右僕射許國公蘇瓌等監譯，秘書大監嗣虢王李邕監護。」同上注，頁 568-569。

本說一切有部尼陀那目得迦》、⁴⁸《根本說一切有部毘奈耶尼陀那目

---

48 「大唐景龍四年，歲次庚戌，四月壬午朔十五日景申，三藏法師大德沙門義淨宣釋梵本並綴文正字。翻經沙門吐火羅大德達磨秣磨證梵義。翻經沙門中天竺國大德拔努證梵義。翻經沙門罽賓國大德達磨難陀證梵文。翻經沙門淄州大雲寺大德慧沼證義。翻經沙門洛州崇光寺大德律師道琳證義。翻經沙門福壽寺主大德利明證義。翻經沙門渭州太平寺大德律師道恪證義。翻經沙門大薦福寺大德勝莊證義。翻經沙門相州禪河寺大德玄傘證義。筆受翻經沙門大薦福寺大德智積證義。正字翻經沙門德州大雲寺主慧傘證義。翻經沙門西涼州白塔寺大德慧積讀梵本。翻經婆羅門右驍衛翊府中郎將員外置宿衛臣李釋迦讀梵本。翻經婆羅門東天竺國左屯衛翊府中郎將員外置同正員臣瞿金剛證義。翻經婆羅門東天竺國大首領臣伊金羅證梵本。翻經婆羅門左領軍衛中郎將迦濕彌羅國王子臣何順證義。翻經婆羅門東天竺國左領軍右執戟直中書省臣頗具讀梵本。翻經婆羅門龍播國大達官准五品臣李輸羅證譯。金紫光祿大夫守尚書左僕射同中書門下三品上柱國史舒國公臣韋嗣源監譯。尚書右僕射同中書門下三品上柱國許國公臣蘇瓌監譯。特進行太子少師同中書門下三品上柱國宋國公臣唐休璟監譯。特進太子少保兼揚州大都督同中書門下三品監修國史上柱國彭國公臣韋溫監譯。特進同中書門下三品修文館大學士監修國史上柱國趙國公臣李嶠筆受兼潤色。特進侍中監修國史上柱國公臣韋安石監譯。侍中監修國史上柱國越國公臣紀處訥監譯。光祿大夫行中書令修文館大學士監國史上柱國郢國公宗楚客監譯。中書令監修國史上柱國鄭國公臣蕭至忠監譯。翻經學士銀青光祿大夫守兵部尚書門下三品修文館大學士上柱國逍遙公臣韋嗣立、翻經學士中散大夫守中書侍郎同中書門下三品著紫佩金魚修文館學士上柱國臣趙彥昭、翻經學士太中大夫守秘書監員外置同正員修國史修文館學士上柱國臣劉憲、翻經學士銀青光祿大夫行中書侍郎修文館學士兼修國史上柱國朝陽縣開國子臣岑羲、翻經學士通議大夫守吏部侍郎修文館學士兼修國史上柱國臣崔湜、翻經學士朝議大夫守兵部侍郎兼修文館學士修國史上柱國臣張説、翻經學士太中大夫檢校兵部侍郎騎尉修文館學士安平縣開國子臣崔日用、翻經學士朝請大夫守中書舍人兼檢校吏部侍郎修文館學士經車都尉臣盧藏用、翻經學士銀青光祿大夫行禮部侍郎修文館學士修國史上柱國慈源縣開國子臣徐堅貞、翻經學士正議大夫行國子司業修文館學士上柱國臣郭山惲、翻經學士禮部郎中修文館直學士輕車都尉河東縣開國男臣薛稷、翻經學士正議大夫前蒲州刺史修文館學士上柱國高平縣開國子臣徐彥伯、翻經學士中大夫行中書舍人修文館學士上柱國臣李乂、翻經學士中書舍人修文館學士上柱國金鄉縣開國男韋元旦、翻經學士中大夫行中書舍人修文館學士上柱國臣馬懷素、翻經學士朝請大夫守給事中修文館學士上柱國臣李適、翻經學士中書舍人修文館學士上柱國臣蘇頲、翻經學士朝散大夫守著作郎修文館學士兼修國史臣鄭愔、翻經學士朝散大夫行起居郎修文館直學士上護軍臣沈佺期、翻經學士朝請大夫行考功員外郎修文館直學士上輕車都尉臣武平、翻經學士著作佐郎修文館直學士臣閻朝隱、翻經學士修文館直學士臣符鳳、書手秘書省楷書令史臣趙希令寫。」義淨譯：《根本說一切有部尼陀那目得迦》（1988 年大正新修大藏經刊行會編《大正新修大藏經》本），第 24 冊，第 1452 經，卷 1，頁 418-419。

得迦攝頌》、[49]《成唯識寶生論》諸寫本，[50] 各有分述譯者名稱和分工，直見法師第三期譯事的譯經流程嚴謹細緻，甚具規模。

至睿宗景雲二年（711），義淨團隊在大薦福寺完成最後一期的精英翻譯活動，出經論佛讚多種，史稱：「又至睿宗景雲二年辛亥，於大薦福寺復譯《稱讚如來功德神咒》、《佛為龍王說法印》、《略教誡》等經，《能斷般若論頌》及《釋因明理門》、《觀總相頌》、《止觀門頌》、《手杖》等論及《法華》、《集量》百五十讚，

---

49 「大唐景龍四年，歲次庚戌，四月壬午朔十五日景申，三藏法師大德沙門義淨宣釋梵本並綴文。正字翻經沙門吐火羅大德達摩秫唐證梵義。翻經沙門中天竺國大德校努證梵義。翻經沙門罽賓國大德達摩難陀證梵文。翻經沙門淄州大雲寺大德慧沼證義。翻經沙門洛州崇光寺大德律師道琳證義。翻經沙門福壽寺寺主大德利明證義。翻經沙門洛州太平寺大德律師道恪證義。翻經沙門大薦福寺大德勝莊證義。翻經沙門相州禪河寺大德玄傘證義筆受。翻經沙門大薦福寺大德律師智積證義正字。翻經沙門德州大雲寺寺主慧傘證義。翻經沙門西涼州白塔寺大德慧積讀梵本。翻經婆羅門右驍衛翊府中郎員外置宿衛臣李釋迦讀梵本。翻經婆羅門東天竺國左屯翊府中郎將員外置同正員臣瞿金剛證譯。翻經婆羅門東天竺國大首領臣伊舍羅證梵本。翻經婆羅門東天竺國左執戟直中書省臣度頗具讀梵本。翻經婆羅門龍播國大達官准三品臣李輸羅證譯。金紫光祿大夫守尚書左僕射同中書門下三品上柱國鄃國公臣韋洰源等及修文館學士二十六人同監。」義淨譯：《根本説一切有部毘奈耶尼陀那目得迦攝頌》（1988 年大正新修大藏經刊行會編《大正新修大藏經》本），第 24 冊，第 1456 經，頁 520。

50 「大唐景龍四年，歲次庚戌，四月壬午朔十五日景申，三藏法師大德沙門義淨宣釋梵本並綴文正字。翻經沙門吐火羅大德達秣磨證梵義。翻經沙門中天竺國大德拔努證梵義。翻經沙門罽賓國大德達摩難陀證梵文。翻經沙門淄州大雲寺大德惠沼證義。翻經沙門洛州崇光寺大德律師道琳證義。翻經沙門福壽寺寺主大德利明證義。翻經沙門洛州太平寺大德律師道恪證義。翻經沙門大薦福寺大德大勝莊證義。翻經沙門相州禪河寺大德玄傘證義筆受。翻經沙門大薦福寺大德律師智積證義正字。翻經沙門德州大雲寺寺主惠傘證義。翻經沙門西涼州伯塔寺大德惠積讀梵本。翻經婆羅門右驍衛翊府中郎將員外置宿衛臣李釋迦讀梵本。翻經婆羅門東天竺國左衛翊府中郎將員外置同正員臣瞿金剛證譯。翻經婆羅門東天竺國大首領臣伊舍羅證梵本。翻經婆羅門左領軍衛中郎將迦濕彌羅國王子臣阿順證譯。翻經婆羅門東天竺國左執戟直中書省度頗具讀梵本。翻經婆羅門龍播國大達官准五品臣李輸羅證譯。金紫光祿大夫守尚書左僕射同中書門下三品上柱國史館國公臣匡臣源等及修文館學士三十三人同監。」義淨譯：《成唯識寶生論》（1988 年大正新修大藏經刊行會編《大正新修大藏經》本），第 31 冊，第 1591 經，卷 1，頁 81。

合一十二部二十一卷。」[51] 是次譯事，除了義淨主譯，沙門偈利末底烏帝提婆等負責讀梵本，玄傘、智積等筆受，慧沼等證義，太常卿衛國公薛崇胤（?-713）監護。

綜合上述文獻記載，義淨的四期譯事進一步推動精英協作模式的變革，譯經分工變得更為具體細緻，參校程序十分嚴謹，非但兼及原文和譯文多重校對，參與譯事的僧俗人數亦是史無前例的，有來自西域的王子居士協助核證經本，可見當時的中外交流頻繁密切，佛經翻譯是東西溝通的重要橋樑。再者，唐代精英譯場制度至此進一步系統化，趨於成熟完善，極具規模，職工架構清晰，後世宋代傳法院的協作方式與之十分相似。

8. 菩提流志的精英譯場

除了實叉難陀和義淨的翻譯組織，武后至睿宗復位年間另一重大精英譯場是由菩提流志主持的。菩提流志，南印度人，婆羅門種，本號「達摩流支」，武后改名「菩提流志」。法師自幼聰敏異常，博通陰陽、曆法、地理、天文、咒術、醫學各門學問，後來深入佛門，不過五年，洞達三藏經典。高宗時代，唐室聞知菩提流志高名，遣使西行，請之入關，終於武后長壽二年（693）抵達京畿，受供翻經。[52]

---

51 智昇：《開元釋教錄》，第 55 冊，第 2154 經，卷 9，頁 569。

52 「沙門菩提流志，本名達摩流支，唐言法希。天后改為菩提流志，唐云覺愛。南印度人，婆羅門種，姓迦葉氏。聰叡絕倫，風神爽異。生年十二，外道出家，師稟波羅奢羅，學彼經術，遂洞曉聲明，尤閑數論，陰陽、曆數、地理、天文、呪術、醫方，皆如指掌。（中略）天皇遠聞雅譽，遣使往邀，未及使還，白雲遽駕。暨天后御極，方赴帝京，以長壽二年癸巳，創達都邑（後略）。」同上注，頁 570。

　　菩提流志在華譯經甚多，出自皇家資助的精英譯場，其中《寶雨經》和《大寶積經》的協作譯事，現今史料有詳述其本末規建，有助了解菩提流志主事的精英譯經活動。菩提流志抵華以後，初駐佛授記寺翻譯《寶雨經》，聖語藏本《寶雨經》和《開元釋教錄》[53]內有翻譯紀錄詳細說明流志的團隊成員和分工。其時譯場流程十分細緻，出現十五項分工，包括：「監譯」、「宣釋梵本」、「兼宣梵本」、「譯語」、「證譯語」、「證梵文」、「筆受」、「綴文」、「證議」、「證譯」、「寫梵本」、「裝」、「寫」、「專當」和「勅撿挍」，涵蓋原文處理、經本翻譯、校訂覆核、書寫定本、裝理經典、譯場管理等步驟，部分職位前所未見，由僧俗專員分任諸職，是為法師入關

53 「大周長壽二年歲次癸巳九月丁亥三月己丑佛授記寺譯。大白馬寺大德沙門懷義監譯。南印度沙門摩流支宣釋梵本。中印度王使沙門梵摩兼宣梵本。京濟法寺沙門戰陀譯語。佛授記寺沙門慧智證譯語。佛授記寺沙門道昌證梵文。天宮寺沙門摩難陀證梵文。大周東寺都維那清源縣開國公沙門處一筆受。佛授記寺都維那昌平縣開國公沙門德感筆受。佛授記寺沙門思玄綴文。長壽寺主沙門智澂綴文。佛授記寺都維那贊皇縣開國公沙門知靜證議。佛授記寺主渤海縣開國公沙門行感證議。大周東寺都維預章縣開國公沙門惠儼證議。天宮寺上座沙門知道證議。大周東寺上座江陵縣開國公沙門法明證議。長壽寺上座沙門知機證議。大奉光寺上座當陽縣開國公沙門惠稜證議。佛授記寺沙門神英證議。京西明寺沙門圓測證議。波羅門僧般若證譯。波羅門僧臣度破具寫梵本。鴻州度山縣人臣叱干智藏寫梵本。婆羅門臣迦葉烏擔寫梵本。婆羅門臣剎利烏臺寫梵本。尚方監匠臣李審恭裝。麟臺揩書令史臣杜大賓寫。專當典並寫麟臺揩書令史臣徐元處。專當使文林郎守左術翊二府兵曹參軍事臣傅守真。勅撿挍翻經使典司賓寺府史趙思泰。勅撿挍翻經使司賓寺錄事攝然孫承辟。」詳見菩提流志（572-727）譯：《佛說寶雨經》（1988 年大正新修大藏經刊行會編《大正新修大藏經》本），第 16 冊，第 660 經，卷 2，頁 292。除了聖語藏本《寶雨經》，上述文獻亦見於其他寫本（如敦煌寫本、東博本等），內容微異，日本學者大西磨希子（Onishi Makiko）曾比對各個本子，重構譯場列位，參〈五月一日經『寶雨經』餘滴〉，《敦煌寫本研究年報》2015 年 3 月第 9 號，頁 39-55。另《開元釋教錄》的記載如下：「以長壽二年癸巳創達都邑，即以其年於佛授記寺譯《寶雨經》。中印度王使沙門梵摩同宣梵本，沙門戰陀、居士婆羅門李無諂譯語，沙門慧智證譯語，沙門處一等筆受，沙門思玄等綴文，沙門圓測、神英等證義，司賓寺丞孫辟監護。」見智昇：《開元釋教錄》，第 55 冊，第 2154 經，卷 9，頁 570。

後的初期協作翻經情況。

此後，菩提流志移居大周東寺、西崇福寺等道場翻出多種佛典，其中包括篇幅甚廣的《大寶積經》，屬武后時代又一重要大乘漢譯經典，同樣出自精英譯場之手。《大寶積經》的經文原本早見於初唐玄奘之世，玄奘翻出六百卷《大般若經》後，信眾請譯《大寶積經》，法師執筆試譯數行，認為「譯《寶積》之功，不謝於《般若》」，而且「余生涯已窮，恐不終其事」，最終未能成事，至菩提流志入國，方續玄奘未竟之業。[54]

按史料所載，《大寶積經》協作翻譯開始之前，唐室和法師做了很多前期準備工作。朝廷下令「廣鳩碩德，並召名儒」，[55] 挑選才德兼備之士進駐譯場，其工作是「尋繹舊翻之經，考校新來之夾」，[56] 意謂協助考究舊譯內容，比對新來原典所述，前人舊譯無誤即採用之，若然未備，依照原文完整翻譯，史稱「上代譯者，勘同即附，昔來未出，案本具翻」，[57] 又「兼復舊義擁迷，詳文重譯」，[58] 由此訂定新經的翻譯策略。

《大寶積經》的譯事始於神龍二年（706），睿宗先天二年（713）方成。菩提流志團隊啟譯之日，中宗親臨，聽聞譯主所出，協助筆受譯文，並有一眾官員後宮成員同觀，後來睿宗即位，亦曾到譯場

---

54 詳見智昇：《開元釋教錄》，第 55 冊，第 2154 經，卷 9，頁 570。《大唐大慈恩寺三藏法師傳》亦有記載如下：「麟德元年春正月朔一日，翻經大德及玉華寺眾慇懃啟請翻《大寶積經》。法師見眾情專至，俛仰翻數行訖，便攝梵本停住，告眾曰：『此經部軸與《大般若》同，玄奘自量氣力不復辦此，死期已至，勢非賒遠。今欲往蘭芝等谷禮拜辭俱胝佛像。』於是與門人同出，僧眾相顧莫不潸然。」慧立著，彥悰箋：《大唐大慈恩寺三藏法師傳》，第 50 冊，第 2053 經，卷 10，頁 276。

55 智昇：《開元釋教錄》，第 55 冊，第 2154 經，卷 9，頁 570。

56 同上注。

57 同上注。

58 同上注。

擔任筆受助譯，以示唐室對佛經譯事的尊崇。[59]《大寶積經》的協作翻譯模式，與義淨譯場近似，規模十分盛大。整合〈大寶積經述〉和《開元釋教錄》所載，[60] 沙門思忠及東印度大首領伊舍羅、直中

---

59 「創發題日，於大內佛光殿，和帝親御法筵，筆受經旨，百僚侍坐，妃后同觀，求之古人，無以加也。逮睿宗嗣曆，復於北苑白蓮、華亭及大內甘露等殿，別開會首，亦親筆受。」同上注。

60 〈大寶積經述〉題為「唐朝議郎行河南府告成縣主簿徐鍔撰」，置於大正藏本《大寶積經》開首、睿宗御序之後，內有列明助譯名稱、才學背景和負責工作，節錄如下：「太上皇以澤深智海，掌耀禪珠；神皇帝以勛格梵空，胸懸法印。肅敷玄誥，照灑鴻波，歷選緇徒，明敭列寀，博考同異，聿興刊緝，勇振頹綱，嚴持絕紐。爰有沙門大德思忠、東天竺國婆羅門大首領臣伊舍羅等譯梵文者，求善住緣，悟無生忍，博聞強識，精而譯之。復有天竺沙門波若屈多、沙門達摩證梵義者，開忍辱場，破煩惱眾，弼諧神侶，明而辨之。復有沙門大德履方、宗一、普敬、慧覺等筆授者，令聞孔膠，威儀不忒，手握仙札，受而字之。復有沙門大德深亮、勝莊、塵外、無著、慧迪等證義者，國之大師，佛之右臂，探諸了義，演而證之。復有大德沙門承禮、雲觀、神暕、道本等次文者，庇影多林，息肩香窟，勤修精進，纂而次之。復有潤文官者，銀青光祿大夫、邠王傅、上柱國、固安縣開國伯盧粲，銀青光祿大夫、太子詹事、崇文館學士兼修國史上柱國東海縣開國公徐堅、朝議大夫守中書舍人崇文館學士上柱國野王縣開國男蘇晉、朝議郎給事中內供奉崔璩等，位列鳳舞，聲流雞圍，分別二諦，潤而色之。復有銀青光祿大夫守侍中兼太子左庶子兼修國史上柱國鉅鹿縣開國公魏知古、兵部尚書上柱國郭元振、銀青光祿大夫檢校中書令上柱國范陽縣開國男張說、銀青光祿大夫行中書侍郎同中書門下三品監修國史上柱國興平縣開國侯陸象先等，朝踐瑣闥，夕遊珠域，護持四法，總而閱之。爾乃杖錫之士，端珪之俊，麻列定筵，林攢樂土。蔭祥雲而演譯，倏換炎涼；吸甘露而勤求，載淹衡晷。大乘章句，義不唐捐；小品精微，拯無遺溺。能事畢矣，佛何言哉！今所新翻經，凡有四十九會，七十七品，合一十二帙，以類相從，撰寫咸畢。以先天二年六月三十日進太上皇，八月二十一日進皇帝。」見菩提流志譯：《大寶積經》（1988 年大正新修大藏經刊行會編《大正新修大藏經》本），第 11 冊，第 310 經，卷 1，頁 1-2。另《開元釋教錄》記述如下：「沙門思忠及東印度大首領伊舍羅、直中書度頗具等譯梵文，北印度沙門達摩、南印度沙門波若丘多等證梵義，沙門慧覺、宗一、普敬、履方等筆受，沙門勝莊、法藏、塵外、無著、深亮、懷迪等證義，沙門承禮、神暕、雲觀等次文，太子詹事東海郡公徐堅、邠王傅固安伯盧粲、尚書右丞東海男盧藏用、中書舍人野王男蘇瑨、禮部郎中彭景直、左補闕祁縣男王瑨、太府丞顏溫之、太常博士賀知章等潤色，中書侍郎平興侯陸象先、侍中鉅鹿公魏知古等監譯，前太常卿薛崇胤、通事舍人弘農男楊仲嗣監護。繕寫既了，將本進內。睿宗外總萬方，內崇三寶，御筆製序，標於經首。前後總譯五十三部，合一百一十一卷。」見智

書度頗具等譯梵文，南印度沙門波若屈多、北印度沙門達摩等證梵義，沙門履方、慧覺、宗一、普敬等筆受，沙門承禮、雲觀、神暕、道本等次文，沙門深亮、勝莊、塵外、無著、慧迪、懷迪、法藏等證義，盧粲（？ -713）、徐堅（659-729）、蘇晉（676-734）、崔璩、盧藏用（664-713）、彭景直、王琚、顏溫之、賀知章（659-744）等潤文，魏知古（647-715）、郭元振（656-713）、張說、陸象先（665-736）、薛崇胤（?-713）、楊仲嗣等監譯、監護。

9. 不空的精英譯場

精英譯經模式創自太宗貞觀初年的波頗三藏，歷經高宗、武后、中宗、睿宗多朝，加以調整改良，臻於成熟具足。玄宗（685-762，712-756 在位）以後至武宗（814-846，840-846 在位）滅佛之前，國中尚有兩次規模相當盛大的精英譯事，一是橫跨玄宗天寶（742-756）、肅宗（711-762，756-762 在位）、代宗（726-779，762-779 在位）三朝的不空（Amoghavajra，705-774）譯場，二是德宗朝的般若譯場。

先論不空精英譯場的翻譯活動。不空，天竺國人，自幼愛好佛法，離家修行，追隨佛門名僧金剛智（Vajrabodhi，669-741）。玄宗開元（713-741）之初，金剛智和不空一同抵華弘法，不空擔任譯語，協助翻經，自是累積豐富的佛典漢譯經驗。開元十九年（731），金剛智入滅，不空循海路前往西域，返回天竺，進修密法，學習精進，並取得大批梵本經論，於天寶五載（746）再臨中土長安弘傳，法師咒法靈驗，名揚宮內。天寶八載（749），不

昇：《開元釋教錄》，第 55 冊，第 2154 經，卷 9，頁 570。整合兩種史料記載，便能重構《大寶積經》譯場的組織架構。

空請求回國，玄宗允許，法師途中染疾，暫居韶州，翻譯不斷。天寶十二載（753），帝令不空返京傳譯，供養豐厚。天寶十四載（755），安史之亂爆發，不空譯事依然，藉翻新經和舉辦法會，為唐室追福，祈求亂平，並協助提供淪陷區域的情報，[61] 歷經玄宗、肅宗、代宗三代，帝主信重非常，待之厚禮。[62]

　　不空的精英譯事於肅、代二宗時代甚盛，翻譯模式大抵繼承舊代，但並非與昔日協作譯經完全相同，有三大特點值得注意：一者，不空譯場的翻經活動，明確以「息難除災」、[63]「度災禦難」為目的，[64] 希望借助佛力密法平定國內叛亂和邊疆兵戈，史稱「所譯諸大乘經典，皆是上資邦國，息滅災危」、[65]「仰恃佛力，輔成國家」，[66] 不是單純的為了弘揚佛門哲學而為之，以佛消災的思想較前代強烈；二者，新譯佛典定本以後，往往伴隨盛大的供經法儀，讓普羅大眾參與，或設大型法壇，依照新經執行儀軌，將協作翻譯與供經追福的宗教儀式二合為一，規模較前代為大；三者，承上而

61　「至德中，鑾駕在靈武風翔，大師常密使人問道，奉表起居，又頻論剋復之策。肅宗皇帝亦頻密謀使者到大師處求秘密法，並定收京之日，果如所料。」見趙遷：〈大唐故大德贈司空大辨正廣智不空三藏行狀〉（1988 年大正新修大藏經刊行會編《大正新修大藏經》本），第 50 冊，第 2056 經，頁 292-294。又《貞元新定釋教目錄》有言：「肅宗撫軍，建號靈武，旋歸整教，迴駕鳳翔。三藏雖陷賊中，竊申報國，潛使來往，具獻丹誠。」見圓照：《貞元新定釋教目錄》，第 55 冊，第 2157 經，卷 15，頁 881。

62　關於不空三藏（Amoghavajra，705-774）的生平事跡，除了不空弟子趙遷撰寫的〈大唐故大德贈司空大辨正廣智不空三藏行狀〉，可以參閱圓照《大唐貞元續開元釋教錄》、《貞元新定釋教目錄》和贊寧《宋高僧傳》收錄的不空傳記，記載詳盡。

63　同上注，頁 882。

64　圓照集：《代宗朝贈司空大辨正廣智三藏和上表制集》（1988 年大正新修大藏經刊行會編《大正新修大藏經》本），第 52 冊，第 2120 經，卷 1，頁 829。

65　同上注，卷 3，頁 840。

66　同上注。

言，因不空出經往往牽涉佛門宗教儀式和經咒唱誦，為朝廷求福消災，所以法師的譯場中增添了新的譯場職位，專責佛唄韻律，確保譯後的誦經儀式順利進行，音正無誤，前所未見。不空於肅、代二朝籌辦的《仁王般若經》協作譯事便是其中一例，可資說明以上三大要點。

《仁王般若經》是佛門著名的護國經典，肅、代二宗深信其效。當時不空指出舊世的《仁王經》漢譯「文義脫略，華夷語乖」，[67] 請求重翻，肅宗大力支持，冀望不空「翻傳眾經，以安社稷」，[68] 切盼譯經功德能息國內兵亂。是故，朝廷下令徵召才德兼備的譯師進駐內道場，「集京城義學大德，應制翻譯」，[69] 最終選得譯者十七人。現存史料明確記載眾人職責分工，不空譯梵本，法崇證梵本義，良賁（717-777）筆受兼潤文，子隣兼輔，懷感、建宗、飛錫、義嵩、潛真（718-788）、道液、趙悟、應真、歸性、慧靈、慧靜等證義，圓寂梵音，沙門道林讚唄，義秀校勘，弘照撿校，並有朝廷中人馬奉、楊利全、駱奉仙、魚朝恩（722-770）、常袞（729-783）、柳枕等監護譯事，大力推動譯事的代宗亦曾「執舊經，對讀新本」，從旁參輔。[70] 眾職之中，「梵音」、「讚唄」牽涉經文音

67　「三藏和上詳覽晉經，校於梵本，文義脫略，華夷語乖，錄表上聞，再請翻譯。」見圓照：《貞元新定釋教目錄》，第 55 冊，第 2157 經，卷 15，頁 884。

68　良賁（717-777）：《仁王護國般若波羅蜜多經疏》（1988 年大正新修大藏經刊行會編《大正新修大藏經》本），第 33 冊，第 1709 經，卷 1，頁 430。

69　詳見（一）不空譯：《仁王護國般若波羅蜜多經》（1988 年大正新修大藏經刊行會編《大正新修大藏經》本），第 8 冊，第 246 經，卷 1，頁 834 和（二）圓照：《貞元新定釋教目錄》，第 55 冊，第 2157 經，卷 15，頁 884。

70　「恩旨頒下，令譯斯經，爰集京城義學大德，應制翻譯一十七人。三藏大興善寺沙門三藏不空譯梵本，大聖千福法花寺沙門法崇證梵本義，翻經大德青龍寺主沙門良賁筆受兼潤文，大安國寺沙門子隣潤文，大安國寺兼西明寺上座沙門懷感證義，荷恩寺沙門建宗、大聖千福法花寺沙門飛錫、大薦福寺沙門義嵩、大興善寺上座沙門潛真、資聖寺沙門道液、大興唐寺沙門超悟、保壽寺沙門應真、西明寺都維那沙門歸性、大興善寺主沙門慧靈、西明寺沙門慧靜等並證

韻和唱誦，屬新創譯場職位，其職責或許與贊寧《宋高僧傳》所謂的「梵唄」近同，負責「法筵肇啟，梵唄前興，用作先容，令生物善」，[71] 舊代協作翻經未聞，「唐永泰中方聞此位」，[72] 精英模式至此又有一變。

《仁王般若經》新譯畢功以後，尚有多重譯後工作：一是禮供新經。代宗下令「兩街大德，嚴潔幡花、幢蓋、寶車」，[73] 以及「太常音樂梨園仗內及兩教坊，詣銀台門，百戲系奏」，[74] 以盛大的儀仗隊伍「護送新經，出於大內」，[75] 並有禁軍將領隨行。二是宣講祈福。資助譯事的代宗相信修持新出《仁王經》能夠「化流賢劫，福利蒼生」，[76] 所以經本譯出以後，進一步出資供養不空僧團，於資聖、西明二寺開設百座，廣說新譯，祈願佛法「助寧國土」，[77]

義，保壽寺沙門圓寂梵音，大興唐寺沙門道林讚唄，崇福寺沙門義秀校勘，寺主沙門弘照撿校，典內侍省內闍上柱國臣馬奉獻、判官儒林郎行內侍省掖庭局官教博士員外置同正員臣楊利全、副使特進右驍衛大將軍上柱國東陽郡開國公臣駱奉仙、駕使開府儀同三司兼左監門衛大將軍仍兼知處置神策軍兵馬事知內侍省事內飛龍廄弓箭等使上柱國馮翊郡開國公魚朝恩兼統其事，翰林學士常袞、柳枕等同崇翻譯。粵惟聖唐肅宗文明武德大聖大宣孝皇帝，重昌堯化，革弊救焚，至憂黎元，澡心齋戒，請南天竺執師子國灌頂三藏，法諱智藏，號曰不空，翻傳眾經，以安社稷。茲願未滿，仙駕歸天。洎代宗睿文孝武皇帝，重明舜日，再造乾坤，禮樂惟新，四聰明達，恭嗣先訓，恩累請焉。勅於大明宮南桃園翻譯，起自月朔，終乎月望，於承明殿灌頂道場，御執舊經，對讀新本。」見圓照：《貞元新定釋教目錄》，第 55 冊，第 2157 經，卷 15，頁 884-885。

71　贊寧：《宋高僧傳》，第 50 冊，第 2061 經，卷 3，頁 724。

72　同上注。

73　圓照：《大唐貞元續開元釋教錄》，第 55 冊，第 2156 經，卷 1，頁 751-752。

74　同上注。

75　同上注。

76　同上注，頁 751。

77　同上注。

法會中以「香花飲食，鼓樂絃歌」上供，[78] 夜後信徒同集大講堂，「舉眾齊聲稱念『摩訶般若波羅蜜多』，為國為家，願無憂懼」，[79] 京城寺觀依此行道。

凡此種種，無不體現上文所述的不空精英譯場三大特點，同時說明中唐的協作佛經譯事不是單純的文化工作，與君主「譯經消災」的信仰和國內的動盪政局有密切關連。

10. 般若的精英譯場

唐武宗滅佛前最後一個精英譯場，是由中唐德宗時代的般若三藏籌組的。般若，北天竺人，七歲辭親出家修行，二十歲受具足戒，初學小乘，二十三歲在中天竺那爛陀寺進修大乘佛法，師從智護、進友、智友三大論師，後來前往南天竺修持密法，故法師精通佛門各家學說。後來，法師聽聞文殊菩薩現身中土說法，立志親赴拜會，在漢地弘揚佛教，遂帶同梵本原典，循海路入華，德宗建中（780-783）初年抵達廣府，然後赴京，貞元之初寄居鄉親兼禁軍將領羅好心宅邸，伺機翻經。[80]

般若法師來華以後，德宗支持籌組精英譯場，翻譯眾經，其

78　同上注。

79　圓照：《大唐貞元續開元釋教錄》，第 55 冊，第 2156 經，卷 1，頁 752。

80　「法師梵名般剌若，唐言智慧，北天竺境迦畢試國人也。（中略）穎悟天假，七歲發心，違侍二親，歸依三寶。時依大德，名調伏軍（中略）。七年，此國學習小乘。至二十三，詣中天竺那爛陀寺，受學大乘（中略），並依智護、進友、智友三大論師。時乃遊從雙林八塔，往來瞻禮一十八年。時聞南天尚持明藏，遂便往詣，諮稟未聞。（中略）嘗聞支那大國，文殊在中，東赴大唐，誓傳佛教。（中略）洎建中三年，屆于上國矣。至貞元二祀，訪見鄉親袖策十將羅好心，即般若三藏舅氏之子也。」詳參圓照：《大唐貞元續開元釋教錄》，第 55 冊，第 2156 經，卷 1，頁 755-756。

中《六波羅蜜經》和四十卷本《華嚴經》便是出自般若譯場，運作模式近似前代，而且與不空譯經的情況類似，即是翻經目的有協助唐室護國息災之意，同時經本翻出以後往往伴隨規模盛大的供經法會。先論《六波羅蜜經》的協作譯事本末。般若初臨京師，未得德宗見用，只好聯同景教僧侶共同試譯《六波羅蜜經》（第二章小結已略述其事），再由羅好心上呈御覽，但德宗認為佛典漢譯應由佛門中人自行處理，不可涉及別教，而且譯文質素欠理想，所以下令在京師籌組譯場，般若擔任譯主，並「精選有諸行僧」，以為助譯。[81] 按照般若三藏的助譯圓照法師親述，般若主責宣釋梵本，光宅寺利言譯梵語，西明寺圓照筆受，資聖寺道液、西明寺良秀、莊嚴寺圓照潤文，慈恩寺應真、醴泉寺超悟、光宅寺道岸、西明寺辯空證義，[82] 翻譯期間有多位朝臣「同來瞻禮」、[83]「設供觀譯」，[84] 貞元四年（788）十月畢功，歷時半年，然後繕寫全文，呈上全譯，德宗親自撰序。[85] 譯事完成以後，德宗下令同年十二月一日在西明寺舉行無遮齋會，供養新經，「嚴肅道場，燃燈萬盞」，[86] 兼誦《仁王》等經典，「上資聖壽」，[87] 為國祈福，做法如肅、代二宗時代的不空譯場。

81　同上注，頁 756。

82　同上注，並參德宗御序，載於般若（Prajña）譯：《大乘理趣六波羅蜜多經》（1988年大正新修大藏經刊行會編《大正新修大藏經》本），第 8 冊，第 261 經，卷1，頁 865。另《大唐貞元續開元釋教錄》記般若「宣譯梵本」，《貞元新定釋教目錄》則書為「宣釋梵本」，般若漢言未善，譯梵成漢的步驟主要倚仗沙門利言，故文中採用《貞元錄》說法為正，詳見圓照：《貞元新定釋教目錄》，第 55 冊，第 2157 經，卷 17，頁 892。

83　圓照：《貞元新定釋教目錄》，第 55 冊，第 2157 經，卷 17，頁 892。

84　同上注。

85　德宗御序載於大正藏本《大乘理趣六波羅蜜多經》譯文開首。

86　圓照：《貞元新定釋教目錄》，第 55 冊，第 2157 經，卷 17，頁 892。

87　同上注，頁 892-893。

般若翻出《六波羅蜜經》後，繼續得到德宗支持，譯出《六波羅蜜經》的真言契印法門、廣本《般若波羅蜜經多心經》、《守護國界主陀羅尼經》等，[88] 並將《佛說大花嚴長者問佛那羅延力經》翻為漢文，[89] 史稱「宣布、譯語、筆受、潤文及證義沙門，並同《六波羅蜜經》，更無增減」，[90] 意謂經本由先前負責翻譯《六波羅蜜經》的譯經師執筆處理，一脈相承，均出自精英譯場。以上譯事既畢，般若在華最後一項大型譯事，便是翻出四十卷本《華嚴經》。德宗對此十分重視，四處徵召善於梵、漢譯語的譯僧入京，「制令翻譯，頻使催迫」，[91] 經本最後在貞元十四年（798）譯成。史載般若宣梵文，廣濟譯語，圓照筆受，智柔、智通迴綴，道弘、鑒靈潤

88　「案《守護國界主經》是般若譯，牟尼證梵本，翰林待詔光宅寺智真譯語，圓照筆受，鑒虛潤文，澄觀證義焉。」見贊寧：《宋高僧傳》，第 50 冊，第 2061 經，卷 3，頁 721。又《縮刻藏》收錄《佛說造塔延命功德經》一卷，舊代藏經不載，記為般若翻譯，經末有短語指出牟尼室利（?-806）、圓照、鑑虛助翻，其實待考，見《大正藏》第 19 冊，第 1026 經，頁 727-728。

89　「於進經日，先奉恩旨，令再譯《六波羅蜜經》中真言契印法門，唐、梵相對進來者。至五年二月四日，繕寫畢功，與沙門良秀等進上，勅賜茶三十串。復以西明寺沙門圓照，於翻譯時，承旨筆受，經中讚佛，節節之中，皆有八萬四千六百六十三種那羅延力，雖見此說，未識其由，因請般若三藏法師，翻茲秘典，名曰『佛說大花嚴長者問佛那羅延力經』。宣布、譯語、筆受、潤文及證義沙門，並同《六波羅蜜經》，更無增減。即貞元四年二月十五日，繕寫功畢，纔一紙餘。」同上注，頁 893。又廣本《心經》的譯事記載如下：「復有千福寺講論大德沙門智柔，戒行精苦，好樂大乘，傳《花嚴經》及《大佛頂》，又常諷味《般若心經》。此經羅什翻譯，名曰『大明呪經』。玄奘法師當往西方，臨發之時，神人授與，路經砂磧，險難之中，至心諷持，災障遠離。『是大神呪』，斯言不虛。後得梵夾，譯出無異，唯少序分及後流通。次於開元末年，法月三藏復譯此經，二文並有。今遇般若三藏，甲具有此，則與法月經同本異譯也。誠心懇請，重出真文，未及參詳，三藏出使。八月十一日，證義潤文，繕寫功畢，修表進上，意願流行。」圓照：《貞元新定釋教目錄》，第 55 冊，第 2157 經，卷 17，頁 893。

90　同上注。

91　同上注，頁 895。

文，道章撿勘證義，大通證禪義，澄觀（738-839）、靈邃詳定，[92]，譯後廣宣流通，「上資皇祚，下祐群生」。[93]

般若三藏的譯場組織繼承前朝，但有多個地方值得留意，並非完全與舊代契同。首先，德宗一代，出自皇家譯場的新譯佛典如要流通，必先得到君主親覽允批，否則不可外傳，如《佛說大花嚴長者問佛那羅延力經》譯出以後，上疏匆遽，因由不詳，[94] 未得君主審閱，刊行只得延後，此等做法與初唐、盛唐或中唐初期的君主不同，監管力度明顯較強。再者，德宗時期，邊疆局勢不穩，精通西域語言的般若三藏要兼任朝廷特派任務，幫忙處理外交問題，若情況危急，譯事更要暫緩，如法師翻譯廣本《心經》時，便收到皇命「奉使西蕃」、「出使北天」，[95] 經本「未及參詳」，[96] 便要出行，不如

92　《貞元新定釋教目錄》記載：「罽賓國三藏賜紫沙門般若宣梵文，東都天宮寺沙門廣濟譯語，西明寺賜紫沙門圓照筆受，保壽寺沙門智柔、智通迴綴，成都府正覺寺沙門道弘、章敬寺沙門鑒靈潤文，大覺寺沙門道章撿勘證義，千福寺沙門大通證禪義，大原府崇福寺沙門澄觀、千福寺沙門靈邃詳定」，並由南珍貢、霍仙鳴（?-798）、竇文場等上表德宗，進呈新譯，同上注，頁895。又大正藏本《華嚴經》的譯經後記具列譯者分職，記述更為仔細：「貞元十一年十一月十八日，進奉梵夾。十二年六月五日，奉詔於長安崇福寺譯。十四年二月二十四日，譯畢進上。罽賓國三藏賜紫沙門般若宣梵文。東都天宮寺沙門廣濟譯語。西明寺賜紫沙門圓照筆受。保壽寺沙門智柔迴綴。保壽寺沙門智通迴綴。成都府正覺寺沙門道弘潤文。章敬寺沙門鑒虛潤文。大覺寺沙門道章校勘證義。千福寺沙門大通證禪義。太原府崇福寺沙門澄觀詳定。千福寺沙門虛邃詳定。專知官右神策軍散兵馬使衙前馬軍正將兼押衙特進行鄧州司法參軍南珍貢、右神策軍護軍中尉兼右街功德使元從興元元從雲麾將軍右監門衛大將軍知內侍省事上柱國交城縣開國男食邑三百戶臣霍仙鳴、左神策軍護軍中尉兼左街功德使元從興元元從驃騎大將軍行左監門衛大將軍知內侍省事上柱國邠國公食邑三千戶臣竇文場等進。」見般若譯：《大方廣佛華嚴經》（1988年大正新修大藏經刊行會編《大正新修大藏經》本），第10冊，第293經，卷40，頁848-849。

93　同上注。

94　同上注，頁893。

95　圓照：《大唐貞元續開元釋教錄》，第55冊，第2156經，卷1，頁757。

96　圓照：《貞元新定釋教目錄》，第55冊，第2157經，卷17，頁893。

中古之初的譯師能專注譯事，不兼俗務，此為玄宗以後另一特殊翻譯現象，與當時局勢動盪不安、朝廷求才戡亂的政治因素相關。

11. 小結 —— 兼論中晚唐以後的精英譯業

波頗三藏於太宗貞觀初年創立首個精英譯場，以隋代的譯經組織為基礎，統合兩晉南北朝時代的譯經職位，兼融大型譯場共議同證的特點，命令譯者需要經過挑選方可進駐譯場，成就第一代精英譯事。貞觀末年，玄奘從天竺回國翻經，參採波頗的譯經模式，在京畿翻出多部佛典。至高宗、武后和中宗、睿宗復位時代，多位譯師繼續波頗、玄奘開展出來的協作方式，加以拓展，譯場中參校職位更臻完善，分工更見細緻，一度多達十多項程序，是為初次改良，其中義淨和菩提流志團隊的助力尤深。玄宗天寶以後，不空建構的精英譯場規模最為宏大，多涉咒經，得玄宗、肅宗、代宗三朝君主支持，其時譯事往往與消災祈福相連，出經以後伴隨盛大的宗教活動，同時增添新職，專責梵唄音律，以利譯本唱誦，是為二次改良。最後的大型精英譯事見於德宗朝，由般若三藏主理，影響貞元時代十多年的譯經活動，又所出新譯，必經德宗核准方可流通。此後，中土歷經武宗滅佛和多次禍亂，佛教遭遇重創，唐室勢力日衰，除了零星的小組和個人譯經活動，大規模的皇家精英譯場不復見聞。

唐亡以後，中國進入五代十國時代（902-979），終由趙宋統一。宋室上承唐代的精英制，籌組傳法院，協作譯事再次復興，歷時百歲。宋代《佛祖統紀》有文綜述傳法院規建，可讓今人略知大概，譯者基本分工如下：（一）由譯主宣說佛經原文；（二）譯者聽過譯主所誦原文後，與譯主一同檢驗原典，核實經本所述，謂之「證文」、「證義」；（三）另有譯者聞受原典後，將所聽內容全以漢

文音譯，記錄成篇，謂之「書字」；（四）另有譯者將書字所出音譯文本，逐字意譯成漢文，不理語序，謂之「筆受」；（五）另有譯者修訂筆受所出意譯文本，按照漢文語法調整語序，成為漢地讀者能閱讀理解的譯經初稿，謂之「綴文」；（六）另有譯者比對原文與上述所出譯文，確保內容表述無誤，謂之「參譯」；（七）另有譯者負責精簡譯句，力求言簡意賅，謂之「刊定」；（八）另有譯者修飾譯本文辭，必要時增補語句，以顯明教理，謂之「潤文」。[97] 今有學者嘗試整理現存史料，重構北宋傳法院的運作本末，詳參其著。[98] 以上便是李唐一代的精英譯事和後續發展概貌。

97　志磐：《佛祖統紀》（1988 年大正新修大藏經刊行會編《大正新修大藏經》本），第 49 冊，第 2035 經，卷 43，頁 398。

98　重要著作有梁天錫著〈北宋漢譯佛經之類別、部卷、譯者及譯成時間考 —— 北宋傳法院研究之一〉，《能仁學報》2013 年第 9 期，頁 54-112 和《北宋傳法院及其譯經制度》。近年的重要作品有馮國棟：〈宋代譯經制度新考 —— 以宋代三部經錄為中心〉，《中央研究院歷史語言研究所集刊》2019 年第 90 本第 1 分，頁 54-112。

第五章

結

論

1. 中古中國佛經協作翻譯的發展總脈絡

　　中古中國的佛經漢譯，一般出於二途，一是個人翻譯，即譯經師以個人之力翻出全文，二是協作翻譯，即譯經師們分工合作，逐步譯出經文，本書的研究焦點放在佛經協作譯事。古代的佛經協作翻譯，可以分為三類，一為小組譯經，二為大型譯場，三為精英譯場，並可循六大階段討論三類協作譯經的演化進程，現總結要點如下：

　　第一階段是東漢三國時代，屬小組譯經的萌芽時期。當時佛法初傳中國，部分西域譯經師在華弘法，漢言未善，需要他人協助傳譯，筆錄成篇，一些有志學佛的中土信眾從旁輔助，遂衍生「二步協作」（即（一）譯主自依經本，口譯漢言和（二）譯者聽聞譯主口譯，筆受記錄，以成定本）和「三步協作」（即（一）譯主宣說經本原文、（二）助譯聽聞譯主所說內容，口譯成漢文和（三）另一譯者聽聞漢文口譯，筆受成文）的小組譯經模式。

　　第二階段是西晉時代，小組譯經出現初次改良。當時的佛經漢譯活動由竺法護主導，先後翻出多部重要大乘典籍，故有「敦煌菩薩」的稱號。法師在前代流行的小組譯經基礎上，修正其協作架構，翻譯《正法華經》時擴充助譯參與人數，同時增添參校譯本的程序，確保漢文質素，並加入寫經、釋經、講經的譯後工序，加強漢譯對外流通的成效，由此促成小組譯經模式的首次變革。

　　第三階段是東晉十六國時代，其歷史發展特點有二：一者，小組譯經出現二次改良。當時「二步協作」和「三步協作」的小組譯

經模式已十分流行，後世部分譯師繼承竺法護的譯事改革，進一步調整小組協作流程，嘗試增添書梵文、檢校等新的譯經職工，譯後覆閱亦更為仔細，力求減少原文傳翻過程中的錯漏誤解，是為小組譯經的第二次變革，前秦見盛，道安、趙正屬核心推動人士。二者，大型譯場初次登場。東晉十六國是中古中國佛經協作翻譯的重要變革期，屢見新法，除了小組譯經的二次改良，並有新式譯經模式出現，本書謂之「大型譯場」，其特點是助譯人數極多，基本過百，多者逾千，在宣梵、度語、筆受的譯經過程中，加入講經、答辯、訂正的環節，筆者謂之「辯經參校」，鼓勵譯場中百千坐眾參與，希望做到集思廣益，明德同證，務使譯本契合中土大眾的閱讀習慣，披覽稱心。此等大型協作源自後秦鳩摩羅什的長安譯場，北涼續有見聞。

第四階段是南北朝時代，其協作譯事特點有三：一者，延續舊代的小組譯經模式。南北朝的小組協作譯經基本維持前代的「二步協作」或「三步協作」方式，未有很大改革，但譯經贊助人對助譯人士的才學和選任越加重視，小組譯者的人數亦較舊朝為多。二者，增添監譯成員。至南北朝中期，北朝開始出現監譯制度，統籌譯經小組的運作，處理譯師供給所需，加強佛經翻譯工作的集體管理，南朝末期亦漸見其制。三者，大型譯場偶爾出現。大型譯場的全盛時期為東晉十六國時期，該等模式雖然對譯本流傳和「經典化」有相當助力，但執行過程中有很多管理問題難以處理，如百千助譯良莠不齊的情況、譯本並未訂定便於參校過程中外洩等等，故大型譯場於南北朝走向衰落，遠不及小組譯事普遍。

第五階段是隋代，主要延續南北朝的小組譯經模式和擴充譯經小組規模。隋代上承前代的小組譯經模式，分工細緻，除了宣梵、傳譯、筆受，還有譯者專責文本參校訂正的程序，並以十大德僧官擔任譯場監護，確保譯事運作順暢無阻，整體譯經架構臻於成熟。再者，隋代部分翻譯小組的助譯多達二十餘人，甚具規模，參

與人數遠較中古初期的譯經小組為多，為唐代精英譯場的建設奠定基礎。

第六階段是唐代，其譯業特徵是創建融合小組譯經和大型譯場的精英翻譯模式。唐代的協作譯事，大型譯場為主，小組譯經為輔。精英譯場的特點是以隋代的譯經模式為本，統合東漢三國至南北朝時代的小組譯經職工，兼融大型譯場共議校正的特點而發展出來的。同時，唐室十分重視譯師的才學背景，初唐便以「十條」為選任原則，殊非一般人士可以進駐譯場，譯者人數有限。總的來說，唐代精英譯場始見於太宗貞觀初年，波頗創設，玄奘繼承，高宗至睿宗復位年間進一步完善，其中義淨和菩提流志兩大譯場的助力特顯，是為初次革新。玄宗天寶以後的精英譯事由不空主導，橫跨肅、代二朝，增添職位專事譯文的梵唄音律，是一革新，而且協作譯經活動與朝廷護國息災的信仰相連。唐代最後的大規模精英譯事見於德宗貞元時代，般若主持，此後因武宗滅佛和國勢日下而譯業受阻。至北宋創建傳法院，仿照唐制，精英譯場方見中興。

2. 四大後續研究方向

關於後續研究方向，要點有四：

其一，進一步探討中國中古時代的佛經翻譯問題。本書考究不同佛典漢譯歷史檔案，分析東漢三國至隋唐年間的三種協作譯經模式，並略述各個翻譯組織的發展本末、核心譯者的生平和基本翻譯流程，讓研習翻譯史或佛經翻譯的大專學生、研究人士和普羅大眾，從簡明的角度認識中國古代的佛典漢譯特徵，將來尚有多個議題值得深入探究：一者，譯事緣起。可援引翻譯學者 Chesterman

的因果模型（causal model），[1] 分析促成不同時代協作譯事的因素，[2] 如歷史文化背景、中古翻經慣例、譯師個人決策云云，有助進一步揭示中國古代譯經活動的本質。二者，翻譯策略。部分譯經的原文流傳至今，未來可以比對原文和譯文內容，從語言學的角度作詳細文本分析，考究不同譯經組織的翻譯策略，思考其策略的生成與分工程序的關聯，或可借用翻譯學中的規範理論（norm theory），[3] 研究中古譯經界中的各種規範力量，怎樣左右譯者們的翻譯決策，凡此種種，有助大眾了解協作譯經的具體運作經過。三者，譯本流傳。譯經組織翻出眾經以後，怎樣對外流通，令中土佛子得知新譯，是另一值得詳究的議題，書中略有論述，未來可兼引社會學的行動者網絡理論（actor-network theory）解構箇中史事。

　　其二，研究中國中古時代的個人譯經活動。如本章文首所言，古代佛經漢譯活動出於二途，本書已略述協作翻譯模式的大概情

1　翻譯學者 Andrew Chesterman 於 "A Causal Model for Translation Studies" 一文提出三大模型，以開拓翻譯現象的研究，包括：（一）對比模型（comparative model），即透過比對譯文與原文本或平行未譯文本，尋找其關聯特點；（二）流程模型（process model），即探究不同時段的翻譯程序及其演化；（三）因果模型（causal model），即討論翻譯事件的各種成因和對讀者或文化圈子的影響，詳閱 Andrew Chesterman, *Reflections on Translation Theory* (Amsterdam, Philadelphia: John Benjamins Publishing Company, 2017), pp. 123-146。

2　承上注，根據 Chesterman 的因果模型（causal model），影響翻譯活動生成的因素有七，包括：（一）社會文化條件（socio-cultural conditions）、（二）翻譯事件（translation event）、（三）翻譯行為（translation act）、（四）翻譯概況（translation profile）、（五）認知影響（cognitive effects）、（六）行為影響（behavioural effects）和（七）社會文化影響（socio-cultural effects），此一模型框架可資於分析古代佛典漢譯的成因。

3　關於翻譯規範的基本概念，可以參閱以下重要著作：Gideon Toury, *In Search of a Theory of Translation* (Tel Aviv: The Porter Institute for Poetics and Semiotics, 1980)、Christina Schäffner, "The Concept of Norms in Translation Studies", in *Translation and Norms*, ed. Christina Schäffner (Multilingual Matters: Clevedon, England, 1999)、Andrew Chesterman, *Memes of Translation: The Spread of Ideas in Translation Theory* (Amsterdam; Philadelphia: John Benjamins Publishing Company, 2016)。

況，但個人譯經尚未詳明。綜觀現存的譯經史料，譯經師以個人之力獨立翻譯的例子，其實甚多，絕不亞於協作譯例。當時部分譯師極具語言天賦，如東漢譯師安世高，來華不久便通漢言，可是未獲皇室或他人供養資助，遂自行執本翻經，獨力為之，對外講授，[4] 此等個案於歷史記載中屢有見聞。因此，將來另一個重點研究方向，便是以中古中國的個人譯經史為題，專論獨力翻譯的譯師史事，透過譯序、經錄、僧傳等材料，重考各個案例，討論譯者翻譯經過，探討其譯經思想和策略，以及詳探譯文有否體現其翻譯思維。書中鋪排或許可以參考翻譯學者 Douglas Robinson 的《西方翻譯理論：從希羅多德到尼采》（*Western Translation Theory from Herodotus to Nietzsche*），[5] 每一譯師作一專傳，先述生平譯事，然後列出與譯師相關的原始文獻和研究著作。若能成事，便能與本書合成姊妹篇，幫助讀者全面認識中古中國佛經翻譯史面貌。

其三，研究宋代以後的協作譯經活動。中古時代是中國佛經漢譯活動的全盛時期，唐代以後，北宋朝廷開設傳法院，上承唐代的精英制，透過成熟的協作方式翻譯佛典，歷時百載，此後因印度佛教更加衰落，缺乏新經，西僧日少，加上東亞文化政治局勢的轉變，邊族相繼自立成國，與中原王朝並立，譯經活動遂出現轉向，不只限於佛典由西域語言翻為漢言，而是兼及蒙文、滿文等邊族譯語，或將舊代已翻的漢文佛典轉譯成邊族語言，廣為東亞不同族群的人士持誦，當中往往牽涉協作翻譯模式。是故，本書以中古中國的翻譯組織為題，僅為研究的開端，未來可以拓展課題，討論兩宋

4　「既而遊方弘化，遍歷諸國，以漢桓之初，始到中夏。才悟機敏一聞能達，至止未久，即通習華言。於是宣譯眾經，改胡為漢，出《安般守意》、《陰持入》、大小《十二門》及《百六十品》。」詳見慧皎：《高僧傳》，第 50 冊，第 2059 經，卷 1，頁 323。

5　第一版見 Douglas Robinson, *Western Translation Theory from Herodotus to Nietzsche* (London and New York: Routledge, 2002)，第二版於 2015 年推出。

或以後的譯經組織，主要課題有二：一者，西夏國的協作譯經史。隨著十九世紀黑水城等地發現大量西夏出土文獻，其中很多是佛教典籍，不乏西夏國人譯經的一手紀錄，[6]可讓今人重見夏國君主如何支持佛經翻譯和國中譯師怎樣合作譯經，進而討論西夏國的譯經團隊與中原王朝的譯場組織是否類同、有否兼融漢地規制，推陳出新，別樹一幟等等，均為十分有趣的研究課題，探明其實，有助建構近古的東亞佛經協作翻譯歷史。二者，清代的協作翻譯史。過往雖有不少論著探討滿清的佛經翻譯活動，特別是滿文《大藏經》的譯刻，[7]但從本書的協作翻譯角度分析者，仍有不足，未來可以重考《清實錄》等譯經記述，兼覽近年電子化的滿文經本，[8]重探清代佛典滿譯的制度和翻譯模式，從而揭示中古以後的譯經組織史況。

　　其四，開發中國佛經翻譯史電子教研平台。二十一世紀的數位人文（digital humanities）發展蓬勃，如何善用最新的資訊科技，協助探究佛經翻譯史，是一新興課題，值得學者們共同研討。[9]筆者認為現階段除了繼續將譯經史料檔案電子化，整合現有的研究成果，公開大眾使用，更要進一步開發具備人工智能和資料視像化（data visualisation）的電子系統，透過互動立體的角度展示文本史料，幫助研究人士發現過去忽略的歷史問題，並可用於課堂教學，

6　關於西夏出土佛經的數量和種類概覽，參閱史金波：《西夏佛教史略》（銀川：寧夏人民出版社，1988 年），頁 84-93。

7　過去的滿文藏經翻譯研究綜述，詳閱章宏偉：〈《清文繙譯全藏經》書名、修書機構、翻譯刊刻時間考〉的前言。

8　詳見法鼓文理學院（Dharma Drum Institute of Liberal Arts）的「滿文藏經研究資料」（Research Material for the Manchu Buddhist Canon），系統網址為 http://buddhistinformatics.dila.edu.tw/manchu/。

9　關於數位人文（digital humanities）與佛經翻譯研究的結合和未來探討總方向，參閱蕭世友：《二十一世紀佛典翻譯及研究方法論》（香港：正法文庫，2019 年）。

讓學生們利用系統學習，以佛經翻譯為引子，了解古代中外文化交流史。筆者其中一個構想便是整合從各方蒐集得來的佛經翻譯史料，設計一個名為「中古中國佛經協作翻譯史教研平台」，將歷代的協作譯場原始材料集合一處，兼附注釋，並內置全文搜尋器，方便使用者查找相關檔案，並將各個譯場的譯者關係考出，以力導向圖（force-directed graph）等立體互動圖譜展現出來，眾人聯繫一目了然，然後借用翻譯學中的譯者研究框架加以分析，說明譯師社交網絡與譯經活動生成的關係，該系統同時可以應用於本科和研究生的翻譯史課程，利用電子化的工具闡述中國古代錯綜複雜的譯經史事本末和人物關係，加深學生印象，促進教學成效，繼往開來，推動未來的佛經翻譯研究。

參考書目 ●────────────────

1. 古籍書目

子璿:《金剛經纂要刊定記》（1988 年大正新修大藏經刊行會編《大正新修大藏
　　經》本）。

不空譯:《仁王護國般若波羅蜜多經》（1988 年大正新修大藏經刊行會編《大正
　　新修大藏經》本）。

支婁迦讖譯:《道行般若經》（1988 年大正新修大藏經刊行會編《大正新修大藏
　　經》本）。

月婆首那譯:《勝天王般若波羅蜜經》（1988 年大正新修大藏經刊行會編《大正
　　新修大藏經》本）。

王溥撰，王雲五主編:《唐會要》（1935 年上海商務印書館出版清武英殿聚珍本）。

世親菩薩釋，真諦譯:《攝大乘論釋》（1988 年大正新修大藏經刊行會編《大正
　　新修大藏經》本）。

司馬光編，胡三省音注:《資治通鑑》（北京：中華書局，1976 年）。

弗陀多羅多造，真諦譯:《律二十二明了論》（1988 年大正新修大藏經刊行會編
　　《大正新修大藏經》本）。

玄奘譯:《瑜伽師地論》（1988 年大正新修大藏經刊行會編《大正新修大藏經》
　　本）。

吉迦夜譯:《佛說稱揚諸佛功德經》（1988 年大正新修大藏經刊行會編《大正新
　　修大藏經》本）。

佛陀耶舍共竺佛念等譯:《四分律》（1988 年大正新修大藏經刊行會編《大正新
　　修大藏經》本）。

佛陀耶舍共竺佛念等譯:《長阿含經》（1988 年大正新修大藏經刊行會編《大正
　　新修大藏經》本）。

佛馱跋陀羅譯:《大方廣佛華嚴經》（1988 年大正新修大藏經刊行會編《大正新
　　修大藏經》本）。

宋敏求:《唐大詔令集》（欽定四庫全書本）。

宋雲:《翻譯名義集》（1988 年大正新修大藏經刊行會編《大正新修大藏經》本）。

志磐:《佛祖統紀》（1988 年大正新修大藏經刊行會編《大正新修大藏經》本）。

李延壽撰，楊家駱主編:《南史》（台北：鼎文書局，1981 年）。

沈約撰，楊家駱主編:《宋書》（台北：鼎文書局，1980 年）。

良賁:《仁王護國般若波羅蜜多經疏》（1988 年大正新修大藏經刊行會編《大正
　　新修大藏經》本）。

法雲:《翻譯名義集》（1988 年大正新修大藏經刊行會編《大正新修大藏經》本）。

波羅頗迦羅蜜多羅譯:《寶星陀羅尼經》（1988 年大正新修大藏經刊行會編《大
　　正新修大藏經》本）。

竺佛念譯:《鼻奈耶》（1988 年大正新修大藏經刊行會編《大正新修大藏經》本）。

姚察、謝炅、魏徵、姚思廉合撰，楊家駱主編:《梁書》（台北：鼎文書局，

1980 年）。

冥詳：《大唐故三藏玄奘法師行狀》（1988 年大正新修大藏經刊行會編《大正新修大藏經》本）。

浮陀跋摩共道泰等譯：《阿毘曇毘婆沙論》（1988 年大正新修大藏經刊行會編《大正新修大藏經》本）。

般若譯：《大方廣佛華嚴經》（1988 年大正新修大藏經刊行會編《大正新修大藏經》本）。

般若譯：《大乘理趣六波羅蜜多經》（1988 年大正新修大藏經刊行會編《大正新修大藏經》本）。

智昇：《開元釋教錄》（1988 年大正新修大藏經刊行會編《大正新修大藏經》本）。

智昇撰，富世平點校：《開元釋教錄》（北京：中華書局，2018 年）。

無著菩薩造，真諦譯：《攝大乘論》（1988 年大正新修大藏經刊行會編《大正新修大藏經》本）。

菩提流志譯：《大寶積經》（1988 年大正新修大藏經刊行會編《大正新修大藏經》本）。

菩提流志譯：《佛説寶雨經》（1988 年大正新修大藏經刊行會編《大正新修大藏經》本）。

費長房：《歷代三寶紀》（1988 年大正新修大藏經刊行會編《大正新修大藏經》本）

圓照：《大唐貞元續開元釋教錄》（1988 年大正新修大藏經刊行會編《大正新修大藏經》本）。

圓照：《貞元新定釋教目錄》（1988 年大正新修大藏經刊行會編《大正新修大藏經》本）。

圓照集：《代宗朝贈司空大辨正廣智三藏和上表制集》（1988 年大正新修大藏經刊行會編《大正新修大藏經》本）。

義淨譯：《成唯識寶生論》（1988 年大正新修大藏經刊行會編《大正新修大藏經》本）。

義淨譯：《佛説一切功德莊嚴王經》（1988 年大正新修大藏經刊行會編《大正新修大藏經》本）。

義淨譯：《根本説一切有部尼陀那目得迦》（1988 年大正新修大藏經刊行會編《大正新修大藏經》本）。

義淨譯：《根本説一切有部毘奈耶尼陀那目得迦攝頌》（1988 年大正新修大藏經刊行會編《大正新修大藏經》本）。

道宣：《大唐內典錄》（1988 年大正新修大藏經刊行會編《大正新修大藏經》本）。

道宣：《集古今佛道論衡》（1988 年大正新修大藏經刊行會編《大正新修大藏經》本）。

道宣：《續高僧傳》（1988 年大正新修大藏經刊行會編《大正新修大藏經》本）。

靖邁：《古今譯經圖紀》（1988 年大正新修大藏經刊行會編《大正新修大藏經》本）。

鳩摩羅什譯：《大智度論》（1988 年大正新修大藏經刊行會編《大正新修大藏經》本）。

鳩摩羅什譯：《中論》（1988 年大正新修大藏經刊行會編《大正新修大藏經》本）。

鳩摩羅什譯：《百論》（1988 年大正新修大藏經刊行會編《大正新修大藏經》本）。

鳩摩羅什譯：《梵網經》（1988 年大正新修大藏經刊行會編《大正新修大藏經》本）。

鳩摩羅佛提等譯：《四阿鋡暮抄解》（1988 年大正新修大藏經刊行會編《大正新修大藏經》本）。

僧伽提婆共竺佛念譯：《阿毘曇八犍度論》（1988 年大正新修大藏經刊行會編《大正新修大藏經》本）。

僧伽跋澄等譯：《尊婆須蜜菩薩所集論》（1988 年大正新修大藏經刊行會編《大正新修大藏經》本）。

僧伽跋澄等譯：《僧伽羅剎所集經》（1988 年大正新修大藏經刊行會編《大正新修大藏經》本）。

僧祐：《出三藏記集》（1988 年大正新修大藏經刊行會編《大正新修大藏經》本）。

僧祐撰，蘇晉仁、蕭鍊子點校：《出三藏記集》（北京：中華書局，2013 年）。

僧祥：《法華傳記》（1988 年大正新修大藏經刊行會編《大正新修大藏經》本）。

實叉難陀譯：《大方廣佛華嚴經》（1988 年大正新修大藏經刊行會編《大正新修大藏經》本）。

趙遷：〈大唐故大德贈司空大辨正廣智不空三藏行狀〉（1988 年大正新修大藏經刊行會編《大正新修大藏經》本）。

慧立著，彥悰箋：《大唐大慈恩寺三藏法師傳》（1988 年大正新修大藏經刊行會編《大正新修大藏經》本）。

慧皎：《高僧傳》（1988 年大正新修大藏經刊行會編《大正新修大藏經》本）。

澄觀：《大方廣佛華嚴經隨疏演義鈔》（1988 年大正新修大藏經刊行會編《大正新修大藏經》本）。

蔣超：《峨眉山志》（民國二十三年（1934）排印本）。

曇無讖譯：《大般涅槃經》（1988 年大正新修大藏經刊行會編《大正新修大藏經》本）。

曇摩難提譯：《阿育王息壞目因緣經》（1988 年大正新修大藏經刊行會編《大正新修大藏經》本）。

瞿曇僧伽提婆譯：《中阿含經》（1988 年大正新修大藏經刊行會編《大正新修大藏經》本）。

瞿曇僧伽提婆譯：《增壹阿含經》（1988 年大正新修大藏經刊行會編《大正新修大藏經》本）。

魏收撰，楊家駱主編：《魏書》（台北：鼎文書局，1980 年）。

魏徵等撰，楊家駱主編：《隋書》（台北：鼎文書局，1980 年）。

贊寧：《宋高僧傳》（1988 年大正新修大藏經刊行會編《大正新修大藏經》本）。

寶唱：《比丘尼傳》（1988 年大正新修大藏經刊行會編《大正新修大藏經》本）。

灌頂：《大般涅槃經玄義》（1988 年大正新修大藏經刊行會編《大正新修大藏經》本）。

佚名：《分別功德論》（1988 年大正新修大藏經刊行會編《大正新修大藏經》本）。

佚名：《寺沙門玄奘上表記》（1988 年大正新修大藏經刊行會編《大正新修大藏經》本）。

2. 中文書目

小野玄妙著，楊白衣譯：《佛教經典總論》（台北：新文豐，1983 年）。

水野弘元著，許洋主譯：《佛教文獻研究：水野弘元著作選集（一）》（台北：法鼓文化，2003 年）。

王文顏：《佛典漢譯之研究》（台北：天華出版，1984 年）。

史金波：《西夏佛教史略》（銀川：寧夏人民出版社，1988 年）。

印順：《印順法師佛學著作集：中國禪宗史》（台北：正聞出版社，1994 年）。

朱志瑜、朱曉農著：《中國佛籍譯論選輯評注》（北京：清華大學出版社，2006 年）。

辛嶋靜志：〈試探西晉竺法護譯《正法華經》的原語面貌〉，《佛光學報》，2019 年新 5 卷第 2 期，頁 1-14。

岡部和雄、田中良昭編，辛如意譯：《中國佛教研究入門》（台灣：法鼓文化，2013 年）。

夏曾佑：《中國古代史》（上海：商務出版社，1933 年）。

曹仕邦：《中國佛教譯經史論集》（台北：東初出版社，1992 年）。

梁天錫：《北宋傳法院及其譯經制度》（香港：志蓮淨苑，2003 年）。

梁天錫：〈北宋漢譯佛經之類別、部卷、譯者及譯成時間考 —— 北宋傳法院研究之一〉，《能仁學報》2013 年第 9 期，頁 54-112。

章宏偉：〈《清文繙譯全藏經》書名、修書機構、翻譯刊刻時間考〉，《法鼓佛學學報》2008 年第 2 期，頁 313-356。

陳國燦：〈吐魯番出土的《諸佛要集經》殘卷與敦煌高僧竺法護的譯經考略〉，1983 年《敦煌學輯刊》，頁 6-13。

陳登武、高明士：《從人間世到幽冥界：唐代的法制、社會與國家》（台北：五南圖書出版公司，2015 年）。

湯用彤：《漢魏兩晉南北朝佛教史》（台北：臺灣商務印書館，1991 年）。

馮國棟：〈宋代譯經制度新考 —— 以宋代三部經錄為中心〉，《中央研究院歷史語言研究所集刊》2019 年第 90 本第 1 分，頁 54-112。

蔡耀明：〈解讀有關《首楞嚴三昧經》的四篇前序後記 —— 以《首楞嚴三昧經》相關文獻的探討為背景〉，《佛學研究中心學報》，2003 年第 8 期，頁 1-42。

蕭世友：〈法披河西 —— 北涼姑臧佛經譯場考論〉，《翻譯學研究集刊》2014 年第 17 輯，頁 127-160。

蕭世友：〈書評：《中國佛教研究入門》，岡部和雄、田中良昭編，辛如意譯〉，《東方文化》2014 年第 47 期 1 號，頁 101-105。

蕭世友：〈敦煌文獻 S.381：佛經譯師鳩摩羅什別傳考論〉，《翻譯學研究集刊》2015 年第 19 輯，頁 69-98。

蕭世友：《二十一世紀佛典翻譯及研究方法論》（香港：正法文庫，2019 年）。

蕭世昌：《鳩摩羅什的長安譯場》（高雄：佛光文化，2010 年）。

謝偉傑：〈何謂「中古」？——「中古」一詞及其指涉時段在中國史學中的模塑〉，《中國中古史集刊》2016 年第 2 輯，頁 4。

3. 外文書目

Albert E. Dien, *State and Society in Early Medieval China* (Hong Kong: Hong Kong University Press, 1990).

Andrew Chesterman, "Questions in the Sociology of Translation", in João Ferreira Duarte, Alexandra Assis Rosa, and Teresa Seruya (eds.), *Translation Studies at the interface of Disciplines* (Amsterdam/Philadelphia: John Benjamins Publishing Company, 2006), pp. 9-27.

Andrew Chesterman, "The Name and Nature of Translator Studies", *HERMES - Journal of Language and Communication in Business* No. 42 (2009), pp. 13-22.

Andrew Chesterman, *Memes of Translation: The Spread of Ideas in Translation Theory* (Amsterdam; Philadelphia: John Benjamins Publishing Company, 2016).

Andrew Chesterman, *Reflections on Translation Theory* (Amsterdam/Philadelphia: John Benjamins Publishing Company, 2017).

Anthony Pym, *Method in Translation History* (London and New York: Routledge, 1998).

Cheung P. Y., "Chinese Discourse on Translation as Intercultural Communication: The story of *jihe* (幾何)", in Juliane House (ed.), *Translation: A Multidisciplinary Approach* (Basingstoke: Palgrave McMillan, 2014), pp. 56-72.

Christina Schäffner, "The Concept of Norms in Translation Studies", in *Translation and Norms*, ed. Christina Schäffner (Multilingual Matters: Clevedon, England, 1999).

Christopher Rundle, "Translation as an Approach to History", *Translation Studies* Vol. 5 Issue. 2 (2012), pp. 232-248.

Douglas Robinson, *Western Translation Theory from Herodotus to Nietzsche* (London and New York: Routledge, 2002).

Friedrich Schleiermacher, "On the Different Methods of Translating", in Lawrence Venuti (ed.), *The Translation Studies Reader* (London and New York: Routledge, 2012), pp. 43-63.

Gideon Toury, *In Search of a Theory of Translation* (Tel Aviv: The Porter Institute for Poetics and Semiotics, 1980).

James St. André, "History of Translation", in Mona Baker and Gabriela Saldanha (eds.), *Routledge Encyclopedia of Translation Studies (Third Edition)* (London and New York: Routledge, 2020), pp. 242-246.

Jean Delisle and Judith Woodsworth, *Translators through History* (Amsterdam/ Philadelphia: John Benjamins Publishing Company, 1995).

Lawrence Venuti, *The Translator's Invisibility: A History of Translation* (Abingdon, Oxon; New York: Routledge, 2008).

P. L. Vaidya, *Buddhist Sanskrit Texts No.6* (Darbhanga: The Mithila Institute of Post-Graduate Studies and Research in Sanskrit Learning, 1960).

Roberta Raine, " 'Translation Archaeology' in Practice: Researching the History of Buddhist Translation in Tibet", *Meta* Vol. 59 Issue. 2 (2014), pp. 278-296.

Stefano Zacchetti, "Dharmagupta's Unfinished Translation of the *Diamond-Cleaver* (*Vajracchedikā-Prajñāpāramitā-Sūtra*)", *T'oung Pao*, Vol. 82 Fasc. 1/3 (1996), pp. 137-152.

大西磨希子：〈五月一日經『寶雨經』餘滴〉，《敦煌寫本研究年報》2015 年 3 月第 9 號，頁 39-55。

內藤湖南著，神田喜一郎、內藤乾吉編：《內藤湖南全集（十）》（東京：筑摩書房，1969-1976 年）。

西田龍雄：《西夏文華嚴經・一》（京都：京都大學文學部，1977 年）。

香川默識：《西域考古図譜・下巻》（東京：大日本國華社，1915 年）。

船山徹：《仏典はどう漢訳されたのか ―― スートラが経典になるとき》（東京：岩波書店，2013 年）。

4. 電子資源

SAT 大藏經テキストデータベース研究会「大正新修大蔵経（SAT 版）」：https://21dzk.l.u-tokyo.ac.jp/SAT/。

中央研究院歷史語言研究所「漢籍電子文獻資料庫」（Scripta Sinica）：http://hanchi.ihp.sinica.edu.tw/ihp/hanji.htm。

京都漢籍資料庫「漢リポ Kanseki Repository」：https://www.kanripo.org/。

国立情報学研究所「ディジタル・シルクロード・プロジェクト」（Digital Silk Road Project）：http://dsr.nii.ac.jp/。

法鼓文理學院「CBETA 線上閱讀」（CBETA Online Reader）：https://cbetaonline.dila.edu.tw/。

法鼓文理學院「佛學規範資料庫」（Buddhist Studies Authority Database Project - Person Authority Database）：https://authority.dila.edu.tw/person/。

法鼓文理學院「滿文藏經研究資料」（Research Material for the Manchu Buddhist Canon）：http://buddhistinformatics.dila.edu.tw/manchu/。

責任編輯：黃杰華
封面設計：簡雋盈
排　版：陳美連
印　務：劉漢舉

中古中國佛經協作翻譯史

□
編著
蕭世友

□
出版
中華書局（香港）有限公司
香港北角英皇道 499 號北角工業大廈 1 樓 B
電話：(852)2137 2338 傳真：(852)2713 8202
電子郵件：Info@chunghwabook.com.hk
網址：http://www.chunghwabook.com.hk

□
發行
香港聯合書刊物流有限公司
香港新界荃灣德士古道 220-248 號荃灣工業中心 16 樓
電話：(852)2150 2100　傳真：(852)2407 3062
電子郵件：info@suplogistics.com.hk

□
印刷
美雅印刷製本有限公司
九龍觀塘榮業街 6 號海濱工業大廈 4 樓 A

□
版次
2024 年 1 月初版
© 2024 中華書局（香港）有限公司

□
規格
16 開（230mm x 170mm）

□
ISBN：978-988-8860-90-6